东南学术文库

SOUTHEAST UNIVERSITY ACADEMIC LIBRARY

阅读的进化

从深阅读到浅阅读

Evolution of Reading:
From Deep Reading to Shallow Reading

袁曦临 ● 著

东南大学出版社
·南京·

内容提要

　　本书围绕网络数字阅读环境中的读者、阅读文本(书籍)、阅读行为和阅读服务四个主要节点,探究数字阅读的规律性特征,具体包括网络数字出版形态、数字文本结构、数字阅读内在机制和数字阅读行为。研究表明网络数字阅读行为具有屏幕化、碎片化、浅表化以及互文性等特点,这些特征促使读者的阅读习惯和认知过程发生改变,由此对教育学、图书馆学、心理学以及出版领域产生重大而深远的影响。面对阅读认知模式的改变,教学、出版传媒以及图书馆亟须建立起一种适应网络数字阅读的新模式,培育读者的元阅读能力和数字素养,并逐渐渗透到教学、出版和图书馆阅读服务与阅读推广之中。

图书在版编目(CIP)数据

　　阅读的进化:从深阅读到浅阅读/袁曦临著. —南京:东南大学出版社,2020.7
　　ISBN 978 - 7 - 5641 - 9016 - 3

　　Ⅰ.①阅⋯　Ⅱ.①袁⋯　Ⅲ.①电子图书-阅读-研究　Ⅳ.①G255.75

　　中国版本图书馆 CIP 数据核字(2020)第 131364 号

阅 读 的 进 化 : 从 深 阅 读 到 浅 阅 读
Yuedu De Jinhua: Cong Shenyuedu Dao Qianyuedu

著　　者:袁曦临
出版发行:东南大学出版社
社　　址:南京市四牌楼 2 号　邮编:210096
出 版 人:江建中
网　　址:http://www.seupress.com
经　　销:全国各地新华书店
排　　版:南京星光测绘科技有限公司
印　　刷:江阴金马印刷有限公司
开　　本:700mm×1000mm　1/16
印　　张:15.25
字　　数:290 千字
版　　次:2020 年 7 月第 1 版
印　　次:2020 年 7 月第 1 次印刷
书　　号:ISBN 978 - 7 - 5641 - 9016 - 3
定　　价:75.00 元

编委会名单

身处南雍　心接学衡

——《东南学术文库》序

　　每到三月梧桐萌芽，东南大学四牌楼校区都会雾起一层新绿。若是有停放在路边的车辆，不消多久就和路面一起着上了颜色。从校园穿行而过，鬓后鬓前也免不了会沾上这些细密嫩屑。掸下细看，是五瓣的青芽。一直走出南门，植物的清香才淡下来。回首望去，质朴白石门内掩映的大礼堂，正衬着初春的朦胧图景。

　　细数其史，张之洞初建两江师范学堂，始启教习传统。后定名中央，蔚为亚洲之冠，一时英杰荟萃。可惜书生处所，终难避时运。待旧邦新造，工学院声名鹊起，恢复旧称东南，终成就今日学府。但凡游人来宁，此处都是值得一赏的好风景。短短数百米，却是大学魅力的极致诠释。治学处的静谧景，草木楼阁无言，但又似轻缓倾吐方寸之地上的往事。驻足回味，南雍余韵未散，学衡旧音绕梁。大学之道，大师之道矣。高等学府的底蕴，不在对楼堂物件继受，更要仰赖学养文脉传承。昔日柳诒徵、梅光迪、吴宓、胡先骕、韩忠谟、钱端升、梅仲协、史尚宽诸先贤大儒的所思所虑，求真求是的人文社科精气神，时值今日依然是东南大学的宝贵财富。给予后人滋养，勉励吾辈精进。

　　由于历史原因，东南大学一度以工科见长。但人文之脉未断，问道之志不泯。时值国家大力建设世界一流高校的宝贵契机，东南大学作为国内顶尖学府之一，自然不会缺席。学校现已建成人文学院、马克思主义学院、艺术学院、经济管理学院、法学院、外国语学院、体育系等成建制人文社科院系，共涉及 6 大学科门类，5 个一级博士点学科，19 个一级硕士点学科。人文社科专任教师 800 余人，其中教授近百位，"长江学者"、国家"万人计划"哲学社会科学领军人才、全国文化名家、"马工程"首席专家等人文社科领域内顶尖人才济济一堂。院系建设、人才储备以及研究平台等方面多年来的铢积锱累，为东南大学人文社科的进一步发展奠定了坚实基础。

在深厚人文社科历史积淀传承基础上，立足国际一流科研型综合性大学之定位，东南大学力筹"强精优"、蕴含"东大气质"的一流精品文科，鼎力推动人文社科科研工作，成果喜人。近年来，承担了近三百项国家级、省部级人文社科项目课题研究工作，涌现出一大批高质量的优秀成果，获得省部级以上科研奖励近百项。人文社科科研发展之迅猛，不仅在理工科优势高校中名列前茅，更大有赶超传统人文社科优势院校之势。

东南学人深知治学路艰，人文社科建设需戒骄戒躁，忌好大喜功，宜勤勉耕耘。不积跬步，无以至千里；不积小流，无以成江海。唯有以辞藻文章的点滴推敲，方可成就百世流芳的绝句。适时出版东南大学人文社科研究成果，既是积极服务社会公众之举，也是提升东南大学的知名度和影响力，为东南大学建设国际知名高水平一流大学贡献心力的表现。而通观当今图书出版之态势，全国每年出版新书逾四十万种，零散单册发行极易淹埋于茫茫书海中，因此更需积聚力量、整体策划、持之以恒，通过出版系列学术丛书之形式，集中向社会展示、宣传东南大学和东南大学人文社科的形象和实力。秉持记录、分享、反思、共进的人文社科学科建设理念，我们郑重推出这套《东南学术文库》，将近些年来东南大学人文社科诸君的研究和思考，付之枣梨，以飨读者。知我罪我，留待社会评判！

是为序。

《东南学术文库》编委会
2016 年 1 月

中文摘要

　　阅读是一个由读者主导的复杂的信息加工过程,包含了字词识别、词汇与句法分析、涵义理解、推理判断等一系列交替进行的认知理解活动。网络及数字化技术的发展,在促进文字信息激增和阅读载体形态改变的同时,也改变了读者的阅读行为和阅读习惯。目前有关阅读方面的研究主要以纸质文献为主,而我国数字阅读的人数已成规模,主要阅读载体为手机,最常阅读的内容是新闻资讯和小说。因此,数字阅读是一个重要的研究新领域。

　　从阅读文本层面看,随着超文本和网络技术的发展,超文本作品因其结构上的开放性,导致阅读的多元性,从而深刻影响了出版和阅读的生态,改变了作者的写作叙事模式、出版编辑形态以及读者的认知阅读行为,传统的阅读方式与场景均正在发生颠覆性变化。"超阅读"已经突破理论研究和试验性阶段,成为当下人们阅读的主流形式。

　　从读者及其阅读行为层面看,伴随阅读行为的持续改变,人脑的神经结构会进行相应的调整与重塑,产生新的神经联结,形成新的神经回路。数字阅读过程中大量的网络检索、屏幕阅读和快速浏览等阅读行为,导致阅读加工模式发生一定改变,形成碎片化知识加工和非线性协同思维模式,进而产生对于认知的影响,其主要表现可归纳为:(1)网络数字阅读增加了读者认知负荷;(2)发展出一种快速浏览、降低记忆量和记忆强度的"浅阅读"形态,以降低认知成本;(3)对读者的元阅读能力提出了更高要求。网络数字阅读行为正在改变"阅读脑",促使读者逐渐从书本知识的耕耘者向网络知识的采集发现者转变。因此,培养读者的元阅读能力显得尤为重要,元阅读能力在网络数字阅读中是一个值得重点关注的领域,对于提升网络环境下读者的阅读理解效果具有深刻的影响。

本研究揭示,传统纸质阅读和网络数字阅读在对于文本简单信息的认知加工方面,理解与记忆效果差别不大;但数字阅读对于复杂信息的认知加工效果较纸质阅读略差;对于理解阐释性的内容,数字阅读的表现逊于纸本阅读;在长期记忆方面,数字阅读内化阅读材料的能力较纸质阅读为弱;但在阅读信息的加工速度和广度方面,数字阅读较纸质阅读具有优势。因此,在网络数字环境中的读者有必要训练自己对两种阅读方式的适应度,一方面应进一步鼓励纸质阅读,增加读者深入分析和理性思考的机会;另一方面,也需要有策略有步骤地加强数字阅读,提升读者数字阅读的技能。两者兼顾,才能实现阅读认知理解效果的整体提高。本研究结果对于学校教师的教学导向,个体学习模式的选择以及图书馆的阅读推广都有现实意义。

Abstract

Reading is a complex information processing, including a series of cognitive understanding behaviors such as phonological analysis, morphological analysis, lexical analysis, syntax analysis, meaning understanding and reasoning. With the development of the network and digital technology, growth of literature increases rapidly in amount. Meanwhile the media of reading is changing, affecting the reader's reading behavior patterns. The existing research is mainly based on paper books, but the mobile phone is the major reading device today; and readers prefer to read news and novels online. So digital reading is becoming the focus of reading study.

Due to the extensibility and openness of the hypertext works structure, it leads to the diversity of reading, and profoundly affects the publishing and reading ecological environment. Not only did the narrative mode of writing and reading change, but publishing and editing forms changed too. Reading revolution is taking place. Hyperreading has exceeded theoretical research and experimental stage, become the mainstream form of reading at present.

With the changes in reading behaviors and habits of digital reading, the neural structure of the brain will be also adjusted and remodeled, generating new neural connections, forming new neural circuits to fit the change of network digital reading behaviors. "Reading Brain" means "the brain in the reading". Network retrieval, screen reading and fast browsing behaviors in process of digital reading may cause some changes in the reading processing mode, led to fragmentation information processing and nonlinear collaborative thinking mode, and then have great impacts on cognition, could be summarized in three main propositions: (1) increasing cognitive load; (2) meanwhile reducing reader's cognitive costs, and develop new reading model similar to the "memory outsourcing to Internet" mode; (3) put forward higher requirements for the reader's meta-reading ability. With the development of network digital reading behavior, the "Reading Brain" is also changing, and the role of readers is also changed from the knowledge cultivator to the hunter of information. So developing the reader's meta-reading ability is emphases the research area of Internet digital reading. It has profound impact for upgrading the level of reading comprehension in cyber-environment.

The study shows that the readers are more likely to skip and skim in the way of digital reading than paper reading. And in terms of recognition, no significant difference for simple information processing, but for complex information processing the performance of digital reading is slightly worse. In long-term memory of the text, the preferment of paper reading is better than digital reading. So we can say that paper reading should help system thinking, deep understanding and memory, and digital reading should strengthen the ability of information access. Readers in digital environment have necessity to enhance the adaptability of two reading ways, and develop digital reading skills. The results of study have certain implications for school teaching, individual learning and library reading promotion. And the library services need more exploration in reading service models and digital hypertext technology.

前　言

　　阅读是人类的一种认知过程,不仅是人们获取信息和知识的主要方式,也是认识自我、创造自我、探索未知、认识世界的重要途径。正是借由书籍,人类的知识才得以传承,文化才可能延续。然而,在阅读这一过程中,书籍只是文化继承和学习创造的必要条件,而非充分条件;只有通过读者的阅读,才能促使书籍的意义得以彰显,并使得文化的继承和创造成为可能。

　　新南威尔士大学教授 Martyn Lyons 在其著作 *Books：A Living History* 中指出网络文本的出现是抄本革命以来最为重要的变化,其革命性超过了印刷革命。2018 年第 41 次《中国互联网络发展状况统计报告》显示,截至 2017 年 12 月,我国网民规模达 7.72 亿,全年共计新增网民 4 074 万人。互联网普及率为 55.8%,较 2016 年底提升 2.6 个百分点。[1]《第十五次全国国民阅读调查报告》发布,国民阅读习惯趋向多元化,有声阅读成为国民阅读新增长点;同时,国民网上深度阅读行为占比偏低,城乡居民阅读差异明显。相关统计显示,数字化阅读方式(网络在线阅读、手机阅读、电子阅读器阅读、Pad 阅读等)的接触率为 73.0%,较 2016 年的 68.2% 上升了 4.8 个百分点。[2] 由此可见,网络数字阅读已经成为阅读的趋向和潮流,数字阅读更是成为年轻读者群体的首选。

---

　　〔1〕 CNNIC. 第 41 次《中国互联网络发展状况统计报告》[EB/OL]. [2019 - 1 - 10]. https://www. sohu. com/a/220479506_118392.

　　〔2〕 新浪读书. 第十五次全国国民阅读调查报告发布[EB/OL]. [2019 - 1 - 10]. http:// book. sina. com. cn/news/whxw/2018 - 04 - 18/doc-ifzihnep4386289. shtml.

从历史角度看,纸质阅读乃是印刷文化的典型范式。在网络时代,数字阅读已然成为网络文化的典范形式之一。在这场阅读变革中,传统阅读的方式与场景发生着颠覆性变化,急需有关数字阅读理论与方法的指导,而这一领域的研究刚刚起步。

仔细分析一下可以发现,网络数字阅读涉及四个主要方面:读者、阅读文本(书籍)、阅读行为和阅读服务,这四者构成一个完整的阅读系统。围绕这四个方面,目前虽然已经展开了一些研究和实践,但相关理论和实践研究仍较薄弱。对于如何认识数字环境下读者阅读行为的转变、数字文本对阅读和出版的影响,以及如何顺利实现出版的数字化转型、如何做好图书馆数字阅读服务,提出有效的数字导读与推广策略等重要问题,都尚待进一步深入探究。因此,本书将围绕这四个方面进行系统分析与阐述。

其一是读者。伽达默尔曾经这么说:"艺术作品的存在就是那种需要观赏者接受才能完成的游戏。"[1]从现象学角度看,文本的视角汇合点与读者的立足点都是虚的,只有通过读者的"结构化行为"——阅读,才能将文本和读者实在化。英国小说家戴维·洛奇在其作品《小世界》中写道:"从某种意义上说,小说是一种游戏,一种至少需要两个人玩的游戏:一位读者,一位作者。"[2]这一比喻形象地阐明了作品和读者之间的关系,是一种类似于棒球运动中投手和捕手的关系:投手负责"发送",捕手的责任是"接收"。从这一角度来看,所有的阅读都是读者主导的,读者是阅读行为发生和持续的主体,也是唯一的驱动。伴随着网络成长起来的年青一代读者,其阅读行为、阅读习惯以及对于阅读、对待书籍的态度都将异于传统印刷时代的读者群体而呈现出不一样的特质。

其二,阅读文本或者说书籍。文本(text)一词从概念定义上看,是指书写或印刷的文件或原文。文本是一个复合概念,并不仅仅指书籍,也包含电视、电影、图像等其他阅读载体形态的作品。从载体形态层面看,不同形态的文本无疑会影响到读者的阅读体验,泥版、雕版、纸质文本、数字文本带给读者的心理感受和阅读体验是迥异的。从文本的形式层面看,文本越来越由纸面向数字介质跃迁,超文本、跨文本等等新型文本形态,极大地影响着阅读过程中的每一位读者,带给读者全然不同于既往的阅读体验,也影响着读者的阅

〔1〕 伽达默尔.真理与方法(上卷)[M].洪汉鼎,译.上海:上海译文出版社,1999：211.

〔2〕 (英)戴维·洛奇.小世界[M].赵光育,译.北京:作家出版社,1998.

读效率与理解程度。从文本内容层面看,恰如卡尔维诺在《为什么要读经典作品?》中所说:"一部经典作品是一本从不会耗尽它要向读者说的一切东西的书。"原因在于经典作品留有足够多的"空白点",这些"空白点"向读者发出邀请,让他们运用自己的体会、经验阅历乃至想象去解释和填充。因此只有当文本中的"空洞"被读者的认识和理解填空和补白时,文本才得以彰显其意义。而随着数字技术的发展,不仅阅读文本形态发生变化,文本内容的结构也在发生变化,相应的读者的理解、体验和视角也随之改变,相对于作者创作出的第一文本——"作品"而言,读者在阅读过程中借由自己的理解形成的"第二文本"才是更为重要的。

其三,读者和阅读文本(书籍)之间的关系,是必须通过阅读行为才能得以发生的。阅读心理学家基于信息加工的认知心理学理论,对阅读行为和阅读过程进行过许多研究和分析。认为"阅读是从书面材料中提取意义的过程","阅读乃是对于符号的解释"[1]。在此过程中阅读行为受到阅读载体和阅读环境的影响和制约,阅读环境影响并改变着读者的阅读习惯和阅读方式。在网络兴起之前,阅读无疑是一种孤独的属于个人的体验,是一个人与他所读的书之间的单一关系;而在网络兴起之后,原本孤立存在的读者通过网络聚合在了一起,自发形成了一个个基于兴趣和爱好的虚拟社区,如豆瓣、知乎,从而把有着共同阅读爱好和兴趣的读者汇聚一堂,在阅读中分享,在分享中阅读。由此,也产生了专属于网络时代的有关数字阅读的疑问:网络数字阅读的内在机制究竟是怎样的? 相比于传统的纸质阅读,读者的数字阅读行为究竟发生了哪些改变? 这些阅读行为的改变又给读者的阅读理解带来哪些影响? 对于这些问题的回答,不仅是心理学家、教育学家关心的课题,其实也是图书馆学界、出版界所共同关注的领域。

网络已经成为人类基本的生存环境,网络数字阅读并不是对纸质阅读的简单替代,在此背景下要求读者放下手中的智能手机和 iPad,拿起书本,去拥抱深度阅读,可能是一种有些不切实际的倡导和呼吁。阅读是人类发展的内在需求,阅读的生态是围绕读者建立起来的,读者永远是阅读的主体。就图书馆的阅读服务而言,只有深入认识网络数字阅读对读者阅读机制的影响,了解读者网络数字阅读行为的基本特质,才有可能提出更有意义和价值的阅读倡议。伴随阅读载体从纸本到网络的演化,网络环境下读者自发的数字阅

---

[1] 张必隐.阅读心理学(修订版)[M].北京:北京师范大学出版社,2004:1-3.

读行为存在着一定的碎片化、屏幕化、浅表化、互文性等特征。面对网络环境中读者的阅读品质存在被削弱的危险，作为知识殿堂和市民学堂的图书馆有责任和义务引领读者在经典阅读、深度阅读等方面做出进一步的努力，提升其阅读素养和人文素质。目前，图书馆的阅读推广与导读服务方式仍以传统纸质图书为主，在网络新媒介阅读面前显得有些捉襟见肘。特别是面对网络一代的读者，图书馆往往缺乏足够的吸引力。如何顺应数字环境和读者阅读行为变化的需要，深化图书馆既有的读者服务工作，做好全民阅读推广和网络数字导读日益成为图书馆界的关注重点。

本书的结论建立在一系列调研和若干实验研究基础之上，整合了包括青年学生群体阅读行为调查、高校图书馆阅读服务现状调查、网络数字阅读认知效果评估实验、数字阅读体验实验以及图书馆网络数字导读相关实践等一系列研究。就本书的研究结论来看，网络数字阅读所具有的屏幕化、碎片化、浅表化以及互文性等等特点及其形成机制，确实影响到读者的认知方式和理解效果，并在一定程度上改变着人们的阅读脑结构；与此同时，大脑也相应发展出新的阅读认知和信息加工模式，进一步促成读者阅读习惯和认知过程的改变。

在口头传统文化中，人类的知识受制于记忆的能力；进入书本时代，人们可以把更多的知识转移到纸本上，从而减轻记忆的负担，提高阅读的深度和广度；而随着网络环境的发展以及知识的剧增，大脑将放下更多的包袱，建立起一种元阅读的架构能力，以便能够处理更多的信息，发掘更有意义的知识。伴随着网络环境的发展以及数字阅读行为的不断演化，人类的大脑必将催生并发展出一种新的阅读加工模式以适应日益激增、瞬息万变的知识与信息，这无疑是一种阅读的进化，一种网络时代的自然选择。尽管这种改变或进化在目前看来并非毫无瑕疵，但正如达尔文在《物种起源》中所说，"能够生存下来的物种，并不是那些最强壮的，也不是那些最聪明的，而是那些对变化做出快速反应的"。

目　录

第一章

数字阅读研究背景

　　伴随着互联网的发展，网络数字阅读的环境日渐成熟，数字阅读设备如各类型智能手机、iPad、Kindle 等趋向完善，微博、微信等自媒体发展如火如荼，数字阅读服务也慢慢变得多元。读者用在手机和 Pad 上的阅读时间日益增多，读者不仅关注朋友圈的各类信息和转帖，还关注各类微信公众号、下载移动阅读客户端。网络数字阅读带给读者的影响和改变，并非简单表现为将阅读由纸面移植到移动设备的屏幕上，而是正从源头上改变和塑造着阅读出版的环境和读者的阅读习惯以及阅读需求。

　　2015 年 4 月中国新闻出版研究院发布了《第十二次全国国民阅读调查报告》。报告显示，数字阅读率首次超过了传统阅读率。数字化阅读方式的接触率较 2013 年的 50.1％上升了 8.0 个百分点，已达 58.1％。年龄越小的群体，手机阅读接触率越高，呈阶梯递增趋势，18～29 周岁群体的手机阅读接触率最高。[1] 到 2017 年的《第十五次全国国民阅读调查报告》，统计表明数字化阅读方式的接触率为 73.0％，63.4％的成年国民在 2017 年进行过微信阅读，较 2016 年的 62.4％上升了 1.0 个百分点；2017 年成年国民的听书率为 22.8％，较 2016 年的平均水平(17.0％)提高了 5.8 个百分点。超过半数成年国民倾向于数字化阅读方式，其中 49 周岁以下中青年群体是数字化阅

---

[1]　中国新闻出版研究院. 第十二次全国国民阅读调查报告，2015[EB/OL]. [2016 - 10 - 6]. http://www. cssn. cn/st/st_whdgy/201504/t20150422_1596501. shtml.

读行为的主要人群。[1]

传统纸媒时代,阅读环境可以看作是读者、作者、出版社三位一体的稳定结构:作者创作内容,出版社出版、传播内容,读者阅读内容并为阅读内容付费。而在互联网时代,这三者的关系发生了重大变化,突出表现为读者与作者、出版社的固有位置被打破,三者身份可以实现自由的转换,读者既是读者,也可以通过网络实现自媒体出版,成为作者。因此,网络时代的阅读环境从根本上说是以读者为主导的,而非作者和出版社主导。阅读也不再完全依赖读者付费,而更依赖阅读流量带来的广告盈利。在某种意义上看,阅读的产业链正在由"读者+作者+出版社"三位一体转型为"读者手机阅读+广告推广+移动网络服务"的全新模式。这一转型过程给图书馆界和出版界都带来了难以完全估量的深远影响,不仅改变了出版界的版图,而且也逐渐渗透进入到传统阅读的服务重镇——图书馆领域。2011 年 11 月以图书销售起步,进而占领在线出版市场的亚马逊推出了 Kindle Fire,开始涉足图书借阅这一图书馆传统服务领域;2014 年亚马逊又收购了世界上最大的书评网站 Goodreads,自此 Goodreads 的用户可以在更新的 Kindle APP 上分享自己的阅读进度、文章精华、引用、读后感以及评价。从搜索发现图书—销售图书—出版图书—借阅图书—推荐导读图书,亚马逊基本完成了整个数字出版阅读产业链的整合。不难发现,网络数字阅读不仅正在改变着阅读市场,也深刻影响着整个阅读生态。

1.1　数字阅读生态扫描

数字阅读是一种由阅读环境和文本变化所带来的新的阅读方式,专指网络语境中的阅读活动,即借助计算机、数字信息技术、网络通信技术来获取包括文本在内的多媒体合成信息和知识,并完成意义建构的一种阅读行为。随着网络、信息技术的日新月异和新媒体的快速发展,网络数字阅读一方面向更加交互化、个性化的方向发展,另一方面朝着分众化、多元化的方向发展。

1.1.1　数字阅读群体

《2017 年度中国数字阅读白皮书》由中国音像与数字出版协会编著,书

---

〔1〕 新浪读书. 第十五次全国国民阅读调查报告发布[EB/OL]. [2019 - 1 - 10]. http://book. sina. com. cn/news/whxw/2018 - 04 - 18/doc-ifzihnep4386289. shtml.

中数据是通过对全国 10 余家主流数字阅读企业进行数据采集和深度访谈,对全国 229 个城市数字阅读用户展开随机抽样后得出的,因而比较权威可靠。《2017 年度中国数字阅读白皮书》显示,从 2008 年到 2018 年,随着信息技术的快速迭代更新,数字阅读产业技术经历了数字化、移动化、智能化的发展。2017 年我国数字阅读用户规模近 4 亿,用户年龄分布更加分散,向全年龄段拓展。2017 年中国数字阅读作者数量达到 784 万;基于 AI 技术的智能创作让数字内容生产方式更加高效,而运用智能语音搜索技术、语音交互技术和 AR/MR 技术提供的全新沉浸式阅读体验让读者的看书方式更为多元;用户为电子书付费的意愿也大幅提升,愿意为单本电子书支付的金额从 2016 年的 8.9 元提高到 13.6 元,超过半数的人会因为内容质量高、价格合理而付费;以音频为主要传播载体的知识付费服务发展更为迅猛,2017 年有声阅读市场规模达到 40.6 亿元,借助音频媒介开展的综合类知识付费服务成为推动市场增长的中坚力量。[1]

在数字阅读用户的行为方面,艾瑞咨询(iResearch)发布的《中国数字阅读用户行为研究报告》(2014 年)显示[2],用户最常使用的阅读终端为手机,占比 55.8%;其次是 PC 和平板电脑,占比分别为 21.4% 和 12.6%,还有 22.4% 的用户使用电子阅读器进行数字阅读。在阅读方式方面,浏览器是中国数字阅读用户最常使用的阅读方式,占比 47.4%;其次是 APP,占比 32.6%;下载文档后导入占比仅为 14.3%。总体而言,在线阅读是数字阅读用户最常使用的阅读方式。在阅读内容方面,读者最常阅读的内容类型为新闻资讯和文学小说,两者合计占比 76.6%;数字阅读用户经常阅读的新闻资讯题材相对比较集中,社会、财经、时政等现实题材较多受到关注。在文学小说题材中,女性偏爱都市言情,男性喜欢玄幻奇幻。且男性对于各种题材的偏好程度相对均匀,女性则倾向性明确。在专业图书题材中,经济管理类最受青睐。此外,固定职业人群较倾向于生活、教育等现实题材内容,而自由职业者则更倾向人文社科类题材内容,学生群体是励志成功题材内容的主要受众。随着年龄的增加,用户对于新闻资讯的需求量逐渐增加,而对文学小说的需求量则逐渐减少。"报告"还显示,有 81.2% 的数字阅读用户愿意为阅读

〔1〕 浙江省文化创意产业门户网站"2017 数字阅读白皮书"发布[EB/OL]. [2019 - 1 - 10]. http://www.cda.zj.cn/news/details? id=3013.
〔2〕 艾瑞咨询. 艾瑞 2014 年中国数字阅读用户行为研究报告简版(2014 年)[EB/OL]. [2019 - 9 - 24]. http://www.bookdao.com/article/82518/.

内容付费，但仅有 44.2% 的用户有过实际的付费行为。高付费意愿低付费行为这一现况，表明数字阅读市场还有巨大潜力。

尽管如此，如果从另一方面来看，数字阅读群体与传统读者群体，其身份也并非固定不变的，当网络作品尚在网络连载时，其读者自然被视为数字阅读群体；而当网络作品被出版社签约以纸质出版时，网络阅读即步入传统阅读范畴，因此，数字阅读群体与传统的纸质阅读群体并不是截然分开的，他们都是读者，只是在阅读不同载体形态的作品过程中，存在着阅读行为和阅读风格的差异，从而呈现出迥异而又相映成趣的阅读形态特征和阅读面貌。因此，最为重要的还是阅读内容和阅读行为本身。

1.1.2 数字阅读社区

在传统阅读过程中，阅读是一种相对孤独的认知行为，甚至可以被认为是一种"反社会"性行为。当一个人沉浸在阅读中时，也就切断了与其他社会成员的沟通与交流，陷入一个人与他所读的书之间的单一关系之中，阅读带给他的是属于他个人的体验；而在网络阅读时代，由于网络数字阅读的读者其阅读大多依托于各大数字阅读平台，因而很容易找到与自己爱好、兴趣相投的小组或"圈子"，进行阅读分享和交流，志趣相投的读者由此组建起一个个虚拟阅读社区，开展各种类型的线上及线下的阅读活动。读者在阅读中不再是孤立的存在，而是通过网络聚合在了一起，自发形成一个个基于兴趣和爱好的虚拟社区，如豆瓣、知乎、百度贴吧等，在这样的阅读社区中读者分享阅读感受、交流阅读体会心得、推荐评论阅读的作品乃至作者。因此，"圈子阅读"是数字阅读区别于传统纸质阅读的一个突出特征。

目前国外比较成熟、影响较大的图书社交网站有 Shelfari、Goodreads，以及 Amazon 增持部分股份的社会编目网站 LibraryThing；国内豆瓣网旗下也有"豆瓣读书""豆瓣小组""知乎"等著名的读书交流社区。此外，国内还兴起了一批具有公益性质的免费阅读社区，按建设主体可分为公司创建、政府及社会群体创建、两者合作创建三大类型。其中公司创建的社区代表有"矮番薯""书品网"以及"以书识人，以书交友"的知识型社交应用"骆驼读书"等；政府及社会群体创建的社区有中国图书馆学会阅读推广委员会主办的"全民阅读网"[1]，国家新闻出版广电总局指导、新闻出版总署信息中心建设管理的

---

〔1〕 中国图书馆学会阅读推广委员会. 全民阅读网. http://www.lib-read.org/index.jsp.

全国全民阅读工作网站"中国全民阅读网"[1]；两者合作创建的阅读社区代表是国家新闻出版广电总局规划和指导下，由"中文在线"数字出版股份有限公司建设的"书香中国"网站。

　　总体而言，公益性的免费阅读社区一般读者数量级都较小，较为小众，发展后继乏力。目前较为成熟、影响力大的阅读社区网站主要都是商业化平台，以盈利为主。以最具代表性的阅读社区豆瓣网为例，创立于2005年的豆瓣网下设读书、电影、音乐、同城、小组、阅读、豆瓣FM等栏目。豆瓣读书社区以内容为主要凝聚力，将有共同阅读爱好、具有良好教育背景的都市青年通过书籍聚集在一起，通过豆瓣读书提供的书籍的详细信息和功能标签，用户可以从豆瓣读书上发现资源，选择阅读，评价书籍，撰写笔记、书评，加入购书单，添加到自己的图书豆列，并分享到其他虚拟社区等，从而实现了圈子阅读、个性化阅读、交互性阅读、拓展性阅读等多种阅读模式。在豆瓣小组中，富于创见的帖子起到维持一个圈子里用户之间的黏合度和新鲜度的作用，引导读者不断产生争鸣、交流与讨论，为某一话题贡献自己的信息资源。每一个读书圈子里，都发生着读者围绕某个读书话题所形成的群体学习和阅读行为，进而形成网络讨论。豆瓣的小组用户之间的交流并不只是在阅读体验上，"小组收藏""关注的人""关注的活动""同城"等功能，可以将具有共同喜好的、互相感兴趣的或者居住在同一地区的用户连接起来，组织起与阅读相关的线上与线下活动，例如交换书籍、转让二手书、读书小组活动甚至成为现实生活中的朋友。因此，豆瓣小组在阅读社区中的作用是强大的，不仅增强了用户黏度，而且使传统的个人阅读行为变得更为活跃和社会化。

　　总之，网络数字阅读不再是一种沉静内敛的、个体孤立的行为和感受，而是日益转化成为一种生动有趣的社群式互动体验，促成读者与读者之间双向乃至多向的交流分享行为，这种深度互动造就了一种社会化的阅读风潮。

1.1.3　数字阅读服务

　　如前所述，在网络阅读时代阅读已经转变成为读者与文本、读者与读者之间双向互动并消解阅读文本的过程，随之带来阅读服务链条上各个环节的本质性改变，这种改变既体现在出版销售与发行中，也体现在图书馆阅览借阅以及网络平台的阅读服务中。

---

〔1〕　新闻出版总署信息中心. 中国全民阅读网. http://www.nationalreading.gov.cn/.

就出版商而言,其服务定位已经从单纯的出版、销售转向出版、销售和阅读服务一体化方向。以亚马逊为例,Amazon 推出了一个电子书借阅图书馆,向拥有 Kindle 和 Kindle Fire 设备并订阅 Amazon Prime 的用户开放。无独有偶,中国出版集团公司中国图书进出口(集团)总公司也推出"易阅客"数字阅读服务平台,这是继"易阅通"数字资源阅读服务平台后推出的又一阅读服务子平台。"易阅通"面向的主要是图书馆的专业学术数据库服务,而"易阅客"则主要为大众读者提供国内外数字报刊的个人阅读服务。阅读者可通过自己的手机、Pad 等各种终端从"易阅客"数字阅读服务平台获取内容阅读,除 Wi-Fi 方式外,还可以通过有线网络在线阅读。平台采用"即阅即下"模式,读者无需等待即可边阅读边下载,离开 Wi-Fi 区域仍可离线阅读。为保护报刊社权益,下载内容在若干时间后会自动失效。此外,"易阅客"平台还为报刊社和阅读内容订阅机构开放实时统计端口,便于其跟踪、查看阅读使用情况。纸电联合、AR/VR 书(通过计算机技术构建三维场景并借助特定设备让用户感知,并支持交互操作的一种体验)或将成为未来数字阅读的主流形态。

阅读服务的另一主体是图书馆系统。在传统阅读时代,出版社更多负责阅读内容的生产及销售,图书馆则负责阅读内容的免费提供和阅读服务,两者分工相对清晰。但随着网络数字的发展,两者之间的边界开始融合,变得不再分明,出版社已经直接切入读者的阅读层面,提供在线或离线的阅读服务。这对于图书馆而言,不能不说是一个巨大的冲击。事实上,近年来图书馆系统的传统借阅服务遭遇严重滑坡,读者到馆率和借阅率连年下降,这一现象特别明显地反映在以青年学生为读者主体的高校图书馆中。正因如此,阅读推广和数字阅读服务的相关议题才成为近年来图书馆学研究和图书馆服务实践的关注热点。从另一角度来看,这恰恰反映了图书馆阅读服务的危机。

目前,图书馆应对数字化阅读需求的服务,大致可以分为三个层面,即数字阅读资源建设与提供、数字阅读导引和数字阅读推广。

数字资源的采购在图书馆资源建设中的比例逐年稳步提高,数字资源现已成为图书馆馆藏资源建设的主要方面之一。绝大多数图书馆通过加入不同类型的图书馆联盟,集团采购数字资源。与此同时,图书馆也在加大馆藏纸质资源和数字资源的整合力度,通过 EDS(Find＋)、超星发现、百链等等中外文资源发现系统,实现数字资源的整合检索、互补收藏等。

在数字阅读推广和导引方面,图书馆系统比较突出的表现是移动图书馆、手机图书馆的建设。作为图书馆的一种新型服务方式,移动图书馆通过给读者提供移动终端设备,以存储或无线接入方式利用图书馆的数字资源。例如,上海图书馆规定:读者可以凭本人的有效读者证外借手持式电子图书阅读器1台,利用无线网络功能,在全球任何地方随时可以进行借阅,并可实现自动还书。2008年国家图书馆的手机图书馆开始对读者开放,包括图书续借、催还、预约等传统服务,同时优化了检索、在线服务和文津图书奖服务。此外,自助电子书借阅机如超星歌德电子书借阅机,也在图书馆日渐普及,这类电子书借阅机通常会预装一定数量独家授权电子图书,包括"经典名著""经管理财""社会法律"等,同时定期更新。读者只需要扫描下载安装客户端,即可直接扫描借阅机上图书封面上的二维码,下载图书到手机阅读。

　　总的来说,图书馆系统所提供的数字阅读服务目前主要集中在数字资源的采购,提供浏览、下载等初级阶段,而对于如何将数字阅读内容以更多角度、更深层次揭示呈现出来,方便读者利用,还有待于进一步的探索和尝试。

　　相形之下,商业的网络数字阅读平台,其推出的阅读服务更为丰富,也更易为读者接受。以豆瓣为例,自2005年上线以来,专注于为用户提供全面且精细化的读书服务,功能不断完备,现已成为国内信息最全、用户数量最大且最为活跃的读书网站。豆瓣阅读是豆瓣2012年推出的数字阅读服务,主要提供付费和免费电子图书阅读服务,支持Web、iPhone、iPad、Android、Kindle等桌面和移动设备。豆瓣阅读的读者论坛不仅是一个自由的交流平台,也是属于读者自己的空间,读者可以在其中自由发帖和回帖,读书、评书、推荐书。不仅如此,豆瓣阅读还具有销售和出版的功能。豆瓣阅读上几乎可以提供关于一本书的全程服务,包括:提供一本书的纸质版销售的网上书店和收藏这本书的图书馆馆藏信息,如果这本书有电子版,那么用户可以在豆瓣直接进行试读或购买;如果某一豆瓣的读者用户刚好拥有这一本书,且希望转让给他人,也可发布转让通知,提供某种二手书交易的功能。此外,豆瓣用户还可以在豆瓣上发表自己的创作,提供给同道中人阅读、分享甚至发售。因此,在以豆瓣为代表的网络数字阅读平台上,无论是一本书或是一位读者,他所能够获得的是关于阅读的几乎全线程服务。

　　目前,商业的网络数字阅读平台已经基本建立起一条有别于传统阅读的完整自足的新型阅读生态链,可以实现从发现、阅读、购买、交换、交流、分享到创作再生产的一系列流程。在数字阅读环境中,出版社、图书馆和网络数字阅读平台这三者所提供的阅读服务越来越多地发生交叉和融合。这一现实，对于作为读者和书之间的社会中介机构的图书馆而言，不能不说是一个影响重大而深远的威胁。

1.2　数字阅读内涵解析

对于数字阅读的定义及其内涵，有不同的认识和理解。上海图书馆数字图书馆研究所所长刘炜在《数字阅读——开启全民阅读新时代》一文中指出："所谓数字阅读，就是指以数字化形式获取或传递认知的过程，不论载体、不论场合、不论形式，可以是任何数字化终端（如网络浏览器、电子阅读器、电子纸或音视频设备），可以是任何格式（各种文本、图像、音视频），可以通过任何技术手段（脱机的、联网的），可以是交互的、跨越时空的社会性阅读，也可以是私密的个人阅读。"[1]这一定义是较为宽泛的，从这个定义出发可以找到相当数量的下位概念，例如手机阅读、移动阅读、网络阅读、电子阅读、在线阅读、屏幕阅读等概念，相应的英文概念主题词包括："digital reading""web reading""mobile reading""e-reading""electronic reading""network reading""mobile-read""computerized reading""online reading""virtual reading""screen reading"等等。由此形成的对于网络数字阅读的认识，也就存在不同程度的混淆和一定的认识偏差，故有必要对数字阅读的概念进行辨析，以便能够更清晰地认识和理解数字阅读这一研究领域。

1.2.1　数字阅读概念辨析

数字阅读是借助先进的新媒体和数字化技术进行阅读的方式，其形式主要包括网络阅读、手机阅读、移动阅读和电子阅读等。数字阅读的概念中包含了对阅读内容的数字化和阅读方式的数字化两个方面，涵盖了与"数字阅读载体"相关主题概念诸如"e-book""electronic book""Personal Digital Assistant(PDA)""Kindle""iPad""hypertext"等，以及与"数字阅读读者"相关主题概念诸如"e-reader""network reader""mobile reader"等。故可以将网络数字阅读理解为：阅读主体与网络化、数字化文本相互交流信息与知识的

---

〔1〕　刘炜.数字阅读——开启全民阅读新时代[J].出版人：图书馆与阅读,2009(12)：35-37.

过程,是读者借助网络数字阅读工具开展阅读活动的行为体现。

表 1-1　数字阅读概念的认识维度

阅读形态	阅读载体	阅读对象	阅读方式
电子阅读 数字阅读 移动阅读 泛在阅读 云阅读 ……	网络阅读 电脑阅读 电子阅读器阅读 电子书阅读 手机阅读 平板阅读 ……	多媒体阅读 电子文本阅读 微阅读 网页阅读 ……	在线阅读 网上阅读 超文本阅读 超阅读 屏幕阅读 社会化阅读 互动阅读 立体阅读 聚合阅读 ……

在表 1-1 中,不难看出,与"电子阅读""手机阅读""网络阅读"等等概念相比,"数字阅读"这一概念泛指一种以数字化媒介为信息载体的阅读方式和途径,其内涵从文字和图片扩展到了音频与视频,使得阅读内容不受限于阅读工具与阅读载体,从而使数字阅读研究领域的覆盖面更为广阔,上下位主题概念之间的从属与涵盖关系也更清晰。

概括地说,网络数字阅读领域的研究经历了认识上的三个阶段,表现为从"电子阅读"到"网络阅读"再到"移动数字阅读"的改变。这种改变与计算机和网络通信技术的发展密切相关。

(1) 最初的电子阅读是以纸本阅读的数字化形式出现的,读者基于纸本文献的数字版本依托电脑进行阅读,因此更多表现为纸本阅读的电脑升级版。

(2) 随着计算机强大的存储能力和网络快速的传播能力,在线阅读成为趋势。一方面网络上的数字阅读的内容海量增长且日益丰富;另一方面,数字技术特别是超文本技术不仅改变了文本的结构,也改变了人们阅读的行为方式。读者在网络阅读过程中通过超文本链接、信息搜索等多种方式可以快速有效地阅读和利用网络中的海量资源,包括文本、图像、音频、视频等多种类型的信息,读者可以享有更多渠道的信息,并根据自己的需要进行筛选、整合和再创作,因此,读者不再被动地接受信息,而是主动地发现信息、选择阅读。

(3) 第三阶段,伴随网络移动技术的发展,特别是智能手机的出现,读者变得更为自由,这种自由不仅仅体现为阅读行为突破了时空的物理局限,更多表现为读者阅读的自主选择、阅读内容的多元以及阅读过程的自由，一定程度上甚至可以认为是读者完全主导了阅读过程。

以微信阅读为例，读者关注什么、阅读什么，以及怎么阅读、何时何地阅读、读后如何交流等等几乎完全由读者自主，无论是出版社、编辑、图书馆，甚至主流媒体、教师都很难干预到读者的阅读，因此，第三阶段的数字阅读变得更为自主、自由和开放。

围绕数字阅读概念内涵的变化，可以看出数字阅读经历了一个由封闭逐渐走向开放，由静态转变为动态，从单一走向多元，从个体走向社会化的过程。

1.2.2　数字阅读基本属性

数字环境下的阅读活动从根本上讲，是利用数字化平台或移动终端，透过屏幕获取和传递多种形式媒体信息的认知过程。有别于传统纸质阅读行为，数字化阅读行为方式包括了超文本阅读、社会化阅读、互动式阅读以及聚合化阅读等；在阅读载体形态方面，相较于纸质阅读载体，数字阅读载体不仅在物质形态层面表现出立体、超文本性之外，在信息结构层面也显示出多样化，如网页内容、手机客户端、微博、微信、电子期刊、电子课本、电子图书等等。[1] 进一步分析网络数字阅读的特点和属性，可以概括为以下六点：

（1）从物理属性看，数字阅读是一类以网络在线为主，借助 iPad、Kindle、智能手机等屏幕阅读器的阅读方式。无论何种形式的数字阅读，从根本上讲都是离不开屏幕的，因而是一种屏幕化阅读；相比于纸质媒介的平面阅读功能，通过屏幕可以实现阅读的视听功能、检索功能以及交互、交流功能，从而真正意义上实现立体阅读。

（2）从社会属性看，数字阅读藉由互联网和数字通信技术，促使传统阅读的生态发生了根本性的改变，个体独自阅读的模式日渐转变为读者间"协作互助交流式"的阅读，读者之间形成了大量的阅读分享与交流，阅读成为一种社会性的信息分享与交流。读者在一定程度上可以将所阅读的内容以及阅读产生的想法与感受通过社交网络平台与他人即时交流与分享，形成互动，进而发展成为一种以读者为中心，以共同兴趣为集合点，在群体化阅读中

---

〔1〕 王佑镁.数字化阅读的概念纷争与统整：一个分类学框架及其研究线索[J].远程教育杂志,2014(1)：33-39.

相互交流、相互增值的圈子阅读。

（3）从内容属性来看，网络数字阅读逐渐丰富并拓展了阅读的内涵。为了顺应读者的阅读需求，以推送占领用户终端的阅读类客户端呈现出了愈加精准及细分的内容定位。读者对于热点、新闻聚合类、话题性内容的阅读需求，促使阅读类客户端在阅读内容的选择和创作、内容编排体例，甚至发布更新模式上，采纳更适合智能终端的策略。数字阅读内容绝不只是纸质内容在智能终端的再现，而是一种新型的阅读内容创造以及内容展示形态，这一点在诸如微博、微信等的阅读中表现得十分明显。点击率最高、读者关注度高的内容往往是热点人物、高层动态、热点话题及热点事务，环绕热点话题的阐发类或是独家采写的报道，往往受到读者的强烈关注和优先阅读；这些阅读内容通常有着醒目的标题，活泼的版式，更多采用图表或动画。写作者通过对热点事件或话题的解读，多采用数字、图表等形象化的表述方式，传达客观的数据事实，揭示数字背后的故事；并在图文阅读的基础上，添加了对视频等富内容的支撑。相较于传统阅读，读者的网络数字阅读对于阅读体验、内容聚焦、时效性、精细化和交互形式等有着更高要求。

就内容形态上看，数字阅读内容的建设已经非常丰富，包括新闻、图书、杂志、连载、漫画以及有声听书等各类型多媒体书籍产品，涉及综合、大众、教育和专业不同类型。以阅读量最大的网络原创小说来说，起点中文网、言情小说吧、潇湘书院、晋江文学网等原创文学网站都设有客户端，其网络小说的类型林林总总，奇幻、玄幻、都市、科幻、历史、武侠等应有尽有。个性化、社会化的阅读内容，成为推动网络数字阅读的主要力量。

（4）从数字阅读的出版属性来看，以目前广为读者接受的电子书客户端为例，此类电子书 APP 来源多元：既包括网络媒体如百度阅读、搜狗阅读等搜索媒体客户端，也包括传统杂志类客户端，如曾经发行量惊人的《青年文摘》《读者》等大众读物，甚至包括《华尔街日报》(中文版)、《人民日报》、*China Daily*、《南方周末》等报纸客户端；以及新浪读书、凤凰读书等门户网站客户端。

目前当当读书、淘宝阅读、亚马逊 Kindle 阅读等电子商务运营商的客户端，如当当读书的阅读资源包括各类电子书 20 万种；酷我听书号称有 5 万部有声小说，3 万段相声小品，1 800 档电台节目及数十万部儿歌儿童读物，笑话段子、名家评书等，且可以实时更新。此外，还有中国电信天翼阅读、中国移动的咪咕阅读和中国联通的沃阅读等电信运营商的阅读客户端；以及小米读书、华为阅读等终端制造商的客户端,安卓读书等软件运营商的客户端等。

因此,数字阅读市场已经完全打破出版社一家独大的局面,呈现百舸争流的格局。网络数字阅读类客户端或数字阅读平台往往并不追求鸿篇巨制和深度剖析,而更注重即时反馈,通过短周期内主刊、特刊多频次的持续内容更新,累积读者人气,增强读者的黏度。

(5) 从技术属性来看,目前数字阅读技术的发展是极为迅猛的。以电子书客户端为例,不仅支持 TXT、UMD、EPUB、PDF 等多种格式,而且还提供仿真 3D 翻页特效和自由滑动等多种阅读操作模式;在阅读界面的呈现方面,支持多点触摸缩放、网络同步更新、超链接、批注、注音、繁简体转换、查词典、查找、书签及列表浏览等,可以自由选择横竖屏、大小屏阅读;字号、亮度、背景颜色、日间夜间模式切换均可根据读者阅读习惯调整;在阅读功能上可以实现在线播放、Wi-Fi 无线下载、离线阅读,甚至具有文本直接转换成语音的有声阅读功能,以及转发分享、书籍评论、云书摘、云笔记等多终端无缝同步联结的其他附加阅读功能。此外,基于数字出版技术和网络平台,可以对读者的阅读行为和兴趣偏好进行分析,实现按需出版与个性推送。[1]

(6) 从数字阅读的读者属性来看,由于读者通常会优先选择使用手机或 Kindle、iPad 进行阅读,这就从根本上决定了读者的数字化阅读会随时随地发生,且更多利用碎片化的时间进行。与传统阅读相比,读者数字阅读的过程不是线性的、连贯的,而是呈现出跳跃性,所获得的阅读内容更多地是一个个阅读片段的整合,而非体系化的逻辑呈现。读者往往通过快速浏览标题、摘要、目录、关键词等来筛选阅读内容,只有感兴趣,才会选择打开并阅读全文。越来越多的读者以在线阅读的形式代替过去的下载阅读,第一时间获取内容的意向较过去更为明确。另一方面,在对阅读内容的选择上也迥异于传统读者,数字阅读的读者更倾向于网络原创作品,包括网络小说、网络新闻及自媒体的创作、讨论和评论等。

总之,作为一种新的阅读方式,数字阅读包括了网络阅读和移动阅读在内的所有屏幕阅读,所涉及的数字阅读载体包括智能手机、平板电脑、Kindle以及各种专用阅读器。依靠数字终端的多媒体功能、无线移动网络和便捷的数字资源搜索引擎,以及越来越智能的根据读者阅读习惯的推送阅读服务,数字阅读日益改变着读者的阅读行为习惯。概括地说,数字阅读的基本特性

〔1〕 肖叶飞.电子书客户端:数字阅读终端的红海竞争[J].出版发行研究,2015(4):41-44.

就在于内容数字化、应用软件多样化以及阅读终端丰富化。在网络数字环境下,阅读的定义和内涵都发生了变化,数字阅读集阅读、创作、出版、传播交流于一身,丰富了阅读的内涵,扩展了其外延,也拓宽了阅读研究和关注的范畴。

1.2.3 数字阅读相关理论

在阅读研究领域,主流的理论支撑来自以认知心理学为基础形成的阅读认知理论。阅读认知理论代表了关于阅读及阅读活动的最主流、最有建树的研究成果。

认知心理学将人看作是一个信息加工的系统,认知就是信息加工,包括感觉输入的编码、贮存和提取的全过程,如图 1-1 所示。认为阅读理解实际上就是一个读者以阅读内容信息的接收、编码为基础,根据已有的信息建构内部的心理表征,进而获取心理意义的过程。

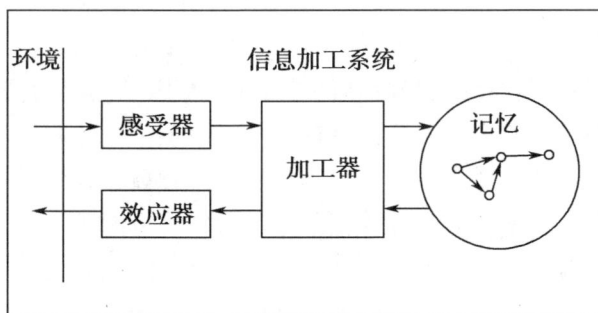

图 1-1 阅读认知的信息加工过程

阅读不是被动接受信息的过程,而是读者积极主动、有选择性地获取信息的过程。人的阅读活动是一个动态的发展过程,涵盖了阅读感识、阅读理解、阅读表述、阅读评价四个阅读过程。阅读的终极目的在于"理解",阅读理解是阅读活动的核心问题,也是阅读研究的核心问题。

现阶段的阅读研究主要还是基于传统纸本阅读的,阅读理论在近一个世纪的研究中,经历了从行为主义、认知主义、建构主义向关联主义发展的过程。

(1) 行为主义阅读理论:20 世纪上半叶主要是行为主义盛行。该理论指导下的阅读观念认为阅读其实就是刺激与反应建立连接的过程,认为阅读的过程是被动的刺激反应模式,故而其阅读观念以控制和指导为主,强调导读者(通常指教师或图书馆馆员)对学生或读者的激励和奖惩,通过奖励、引导和处罚实现对读者阅读的控制。

(2)认知主义阅读理论:该理论认为人的认知过程是把新获取的信息和自己原有的心理图式有机联系起来,组建新结构的过程。美国心理学家鲁姆哈特(Rumelhart)等将"图式"(schemata)定义为:表征记忆中已储存的有关类概念(generic concept)的信息结构,具体说来,图式就是人脑中既有知识经验的网络。[1]图式通过表征特定的概念、事物或事件来构建认知结构,图式具有明确的组织结构,类似知识本体;图式以等级层次形式储存于长时记忆中,是一组相互作用的知识结构。每个人依据过去的经历、所受的教育及影响,在脑中记录下了无数知识(即背景知识),这些知识在大脑中按情景分门别类,组成了图式。

鲁姆哈特认为,一个人已经建构的图式对他理解新事物有重大影响。人们在认识新事物的过程中,总是不断把储存于头脑中、已有的背景知识与新事物联系起来,依靠这些图式去理解和解释新事物,因此,图式又被称为"认知框架"(cognitive frame)、"脚本"(script),或称之为"文本图式"(textual schemata)。当人们在理解、吸收新的信息时,人脑中已存的信息图式、框架或网络就会对新信息进行解码或编码,当输入的信息与头脑中的图式相吻合,则理解发生;反之,则理解失败。整个阅读过程就是在图式指导下进行的"激活或建构合适的图式并填充新的信息的过程",见图1-2。

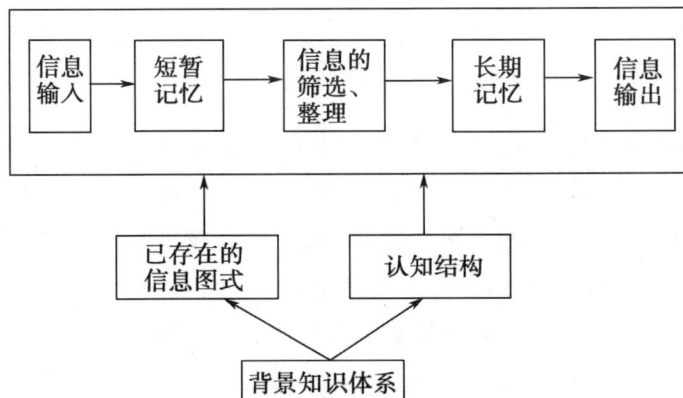

图1-2 阅读过程中的图式作用

〔1〕 张必隐. 阅读心理学(修订版)[M]. 北京:北京师范大学出版社,2004:169-180.

（3）建构主义阅读理论：认为阅读是一个积极性的、策略性的加工过程，强调读者阅读的主动性、社会性和情景性。读者会对文本的事件、主人公的行为和状态进行解释，并根据当前阅读的内容主动地激活头脑中相关的背景知识，将当前的阅读内容信息与既有的背景信息进行整合，形成文章的情境模型。阅读过程就是一个读者跟随当前阅读的内容不断主动地激活读者既有知识储备和心理图式，从而将当前的信息与头脑既有的信息进行整合，不断建构和更新情境模型的过程。

这一理论强调情境模型建构与更新的主动性和策略性。所谓的更新情境模型，就是指当前阅读的信息通过共振的方式非策略地、被动地、快速地激活长时记忆中的与这些信息相关的文本信息，并与之整合，由此引发情境模型的建构和更新。建构主义是认知主义的进一步发展，强调在阅读过程中，读者通过与外界环境的相互作用，主动建构新的认知图式，这种新的认知图式不是原有图式的延续，而是富于创造性的新的知识结构。

（4）关联主义阅读理论：随着阅读认知理论的发展，特别是网络环境的出现和网络技术的发展，阅读认知研究在理论基础上发生了重要的转变，产生了关联主义阅读理论。加拿大的乔治·西蒙斯（George Siemens）在其2004 年发表的文章 Connectivism：A Learning Theory for the Digital Age（《关联主义：数字时代的学习理论》）等一系列论述中，提出关联主义（Connectivism）是网络环境下阅读认知和学习最主要的特质。关联主义认为，网络和计算机技术已经改变了信息和知识世界的结构，改变了人类认知、学习、交流和记忆的方式，在网络环境中知识的数量和密度都有了前所未有的增长，并且这些知识可以通过网络互联。人们藉由搜索引擎检索和发现相关联的知识，从而获得对未知世界的完整认识；与此同时，对于知识的记录和传承也不再完全依赖于人脑的记忆，越来越多的知识被存储于网络，在人们需要的时候被轻松检索和发现；而与此相对应的，对于整个知识世界的结构的宏观掌控能力变得重要起来。[1] 换言之，关联主义理论认为阅读信息加工过程不是依次递进的，而是通过关联关系，平行同步进行的。

文本阅读的认知研究在理论基础上发生了从基本的认知主义到关联主义的转变。认知主义观点认为信息加工处理的流程是由中央处理器控制的，

---

[1] Siemens G. Connectivism：a learning theory for the digital age[J]. International Journal of Instructional Technology and Distance Learning，2004，2(s101)：3 - 10.

且呈线性发展，而关联主义注重的是文本阅读理解中文字符号后面的深层次含义，并且关联主义认为信息加工的流程是平行同步发展的。由于关联主义挖掘了阅读的深层意义，目前认知主义已逐步被关联主义所取代；在关联主义视域下，阅读就是一个连接知识节点或信息的过程，是一种将不同的信息源连接起来的过程。因此，读者被要求具备这样一种能力，即能够建立各信息源之间的连接，并由此创造出有用的信息模式。不难理解，能够看出不同领域、理念与概念之间联系的能力变得至关重要。关联主义阅读观已为越来越多的研究者接受，并逐渐成为主流。

关联主义理论为审视网络数字化阅读提供了全新的研究视角和方法论，人们逐渐认识到网络数字环境已经衍生出了全新的阅读模式。阅读作为获取阅读信息的活动，其行为既是认知过程，也是知识的联结过程。网络数字阅读已然突破了传统阅读形式和内容的限制，从单一文本的信息加工过程转向在不同的知识节点和网络之间建立起关联，因此网络数字阅读就是在网络中编织信息和知识之网的过程。读者依托数字阅读工具（如手机、平板电脑等），随时随地开展阅读，网络为阅读者提供了自由的阅读空间，引导、鼓励读者去发现新的阅读内容，同时关联、整合其他知识节点，完成知识的迁移和再创造。

与历史上的所有阅读形式相比，网络数字阅读有着很大的差别，这种差别体现在要求读者具有网络信息检索、信息利用和信息发布的能力上。面对浩如烟海、纷繁复杂的网络数字世界，读者需要对这些数字信息进行有效的筛选、甄别、整合、控制和管理。只有当读者具备这些数字素养时，才能驾驭和控制网络数字时代的知识流向，不再受空间的局限，挣脱时间的桎梏，真正实现网络数字阅读。与此同时，网络数字环境也给读者提供了交流、互动的平台，以及读者间协作交流的机会，从而创建了一种平等、自主、互助、各抒己见的阅读氛围。读者在获得网络信息的同时，也上传、分享着阅读资源，因此数字时代的读者实际上具有阅读信息获取者和信息制造者的双重身份。

因此，伴随数字环境的出现，读者接受理论（Reception Theory）、阅读过程的眼动理论（Reading Process Eye Movement Theory）、从认知资源分配的角度考察学习和问题解决方面的认知负荷理论（Cognitive Load Theory，CLT），时常出现在有关网络阅读研究之中。

1.3 数字阅读研究述评

数字阅读研究是一个跨学科的研究领域,不同的学科从不同的角度对阅读进行了研究。概括起来看,主要集中在认知心理学、教育学和图书馆学等学科范畴。

在心理学和教育学领域,研究者主要关注从纸质文本阅读转向数字阅读的过程中,读者的认知状况和信息加工模式所发生的变化,以及这种阅读形态的改变对于知识学习的效用和影响。有研究指出,传统阅读利于训练逻辑思维,培养学习计划性、逻辑感和历史感;而数字阅读则有助于建构学习,体现读者能动性。

在图书馆学领域,阅读研究一直是图书馆员关注的重点,西方图书馆学长期以来一直十分重视儿童阅读和家庭阅读,相关的研究成果非常多,图书馆实践方面的探索和经验总结尤其丰富。近年来伴随网络和手机等移动设备的兴起与发展,有关移动阅读、网络阅读的研究渐成热点。"数字阅读"正以不可逆转之势改变着人们的阅读行为和阅读习惯。相应地,有关数字阅读的研究文献量也在与日俱增。作为一个新兴研究领域,数字阅读研究涉及读者、读者的阅读行为、图书馆与出版社、网络与移动阅读设备等多个范畴。

1.3.1 国外研究概况

回顾一下数字技术的发展历程,2007 年 11 月 Kindle 第一版正式诞生,2009 年亚马逊推出了更完美的 Kindle 2,2010 年 1 月苹果公司的 iPad 上市,这三个时间节点对于数字阅读研究的影响也是巨大的,数字阅读的研究与数字技术的发展几乎是同步的。通过对近二十年数字阅读这一研究领域 WOK(Web of Knowledge)相关论文的检索和分析,可以发现数字阅读领域相关研究演进路线表现为:从阅读认知、超文本研究、阅读记忆等认知心理学基础性研究向电子书、读者阅读策略、阅读需求等应用领域方向发展,同时,数字时代的读者素养和阅读行为的变化也越来越受到关注,并反映到用户研究、图书馆服务等实践性领域。

数字阅读研究的基础研究主要来自认知心理学,数字阅读的认知负荷,数字阅读对短时记忆、长时记忆以及阅读图式对阅读认知的影响等等基础研究成果,为网络数字阅读的深入研究提供了理论和方法的支撑,并对数字出版、图书馆服务、数字导读以及阅读教育等研究领域起到决定性的影响。有关数字阅读的技术基础主要来自数字技术领域，包括硬件设施和软件开发，特别是网络超文本技术、数字排版技术等方向的研究，对数字阅读、数字出版起到决定性的支撑作用，这些研究不仅是电子书、数字介质发展的技术基础，也是读者进行数字阅读的环境构成。

与上述两方面相对应，网络数字阅读在图书情报学领域的研究主要是应用性的，更多关注数字环境、数字阅读载体对读者及其阅读行为的影响，以及这种影响对于图书馆阅读服务和图书馆建设、管理与未来发展的促进作用；出版领域则更多关注出版的转型和数字文本的编辑、制作与出版发行；在教育学领域，涉及更多地是数字阅读对于学生学习和教师教学的影响，集中在阅读理解的认知效果和阅读素养方面，有研究指出数字文本的发展对于读者的阅读素养提出更高要求。

归纳起来，数字阅读领域的研究呈现出从阅读心理学和认知心理学等理论研究层面向电子书、数字出版、读者阅读行为变化和阅读素养等更为现实的应用化研究方向发展的态势，实证类调查研究增多，研究视角和切入点日趋深化和多元。相当多的研究关注不同读者群体数字阅读形态和特征的差异，关注读者的阅读习惯和使用偏好，甚至细化到中小学阶段的某一年级或某一年龄段。

从总体上看，国外的数字阅读研究大致可划分为阅读载体与电子书、阅读理解与认知、数字阅读技术与应用、读者阅读行为四个方面。

（1）阅读载体与电子书

阅读环境数字化之后，超文本、多媒体、电子书发展迅速，屏幕阅读成为阅读形态的主流。美国华盛顿大学曾经做过一项有 415 位图书馆管理员参加的调查，71％的管理员在其阅读推广活动中使用过数字媒体，58％的图书馆倾向为青少年提供更多地数字媒体。[1] 英国一项以孩童与青少年为研究对象的"阅读行为"主题的调查 *Children's on-screen reading overtakes reading in print* 共调查了 35 000 名英国各地 8～16 岁的儿童与青少年，发现 39％的儿童和年轻人"读"日常使用电子设备包括平板电脑和电子阅读器，只

〔1〕 ALA. 2015 美国图书馆协会白皮书[EB/OL]. [2020 - 7 - 10]. http://www. ala. org/news/sites/ala. org. news/files/content/2015ALA％20White％20Paper _ CN％20％E7％99％BD％E7％9A％AE％E4％B9％A6％EF％BC％88％E5％8D％95％E7％8B％AC％EF％BC％89. pdf.

有 28% 的人每天阅读印刷材料。儿童阅读电子书的数量在过去的两年里翻了一番(从 6% 到 12%),孩子们说他们更喜欢在屏幕上阅读。超过半数(52%)的人表示他们更爱读电子设备,只有三分之一(32%)的人群爱读印刷版。结果表明,网络环境中成长起来的年青一代已然沉浸在由各式电子屏幕所建立起的文化氛围当中。[1]

Maria T de Jong 等的论文《电子图书在促进幼儿园孩子们对故事应变理解方面的作用》通过对照实验研究了儿童自主阅读电子图书与成人朗读的效果,结果表明电子书的动画并不会干预儿童的理解,这个阶段的儿童能够在电子图书阅读中获益;[2]K. T. Anuradha 的研究《学术研究环境下的电子书使用——印度科学院的案例》中通过电子邮件问卷调查形式研究印度科学院的师生员工在科研教学中对于电子书的使用案例,得出的结论是:学生比教师科研人员更经常使用电子书,生物学科研人员对于电子书利用率最高;[3]Michael Levine-Clark 发表了《电子书使用:丹佛大学的调查》,显示丹佛大学彭罗斯图书馆的用户阅读电子书的人数较少,大部分受访者(60% 以上)仍偏爱印刷书籍;[4]Shirley Grimshaw 等的论文《电子书:孩子们的阅读与理解》进行的实验研究了孩童的理解力和以不同媒介形式阅读故事书的差别,结果显示介质不同并未显著影响孩童的故事书阅读,但孩童对于电子书的阅读时间更长一些;[5]O Korat&A Shamir 的论文《教育电子图书作为一种工具,用于支持儿童在低或中社会经济地位组的早期读写》进行如下实验:针对教育类电子图书对 149 个 5~6 岁幼儿园孩子早期读写水平的影响进行了研究,分成两个社会经济地位组——低(LSES)(79 名儿童)与中(MSES)(70 名儿童)。结果表明,电子图书教育对于这两组孩子的词汇理解都有很

〔1〕 The National Literacy Trust. Children's on-screen reading overtakes reading in print [EB/OL]. [2015 - 12 - 11]. http://www. literacytrust. org. uk/news/5372_children_s_on-screen _reading_overtakes_reading_in_print.

〔2〕 Jong M T, Bus A G. The efficacy of electronic books in fostering kindergarten children's emergent story understanding[J]. Reading Research Quarterly,2004,39(4):378 - 393.

〔3〕 Anuradha K T,Usha H S. Use of e-books in an academic and research environment: A case study from the Indian Institute of Science[J]. Program,2006,40(1):48 - 62.

〔4〕 Levine-Clark M. Electronic book usage: a survey at the University of Denver[J]. Portal: Libraries and the Academy,2006,6(3):285 - 299.

〔5〕 Grimshaw S,Dungworth N,McKnight C,et al. Electronic books: children's reading and comprehension[J]. British Journal of Educational Technology,2007,38(4):583 - 599.

大提高，且低社会经济地位组的儿童早期读写水平比中社会经济地位组的儿童呈现较大改善率；采用"读玩"模式结合实验的孩子比"只读"模式的孩子呈现更大的早期读写水平改善；[1]我国台湾学者 Kang Yen-Yu（唐砚渔），Wang Mao-Jiun J.（王茂骏），Lin Rungtai（林荣泰）发表《电子书的有用性评估》描述了一个实验：20 位学生参与评估电子书的可用性，得出结论：阅读一本电子书引起的眼睛疲劳比读一本传统书高很多，传统书的读取性能较好，此外，女性在阅读中表现出比男性更好的读取性能。[2]

上述研究表明，尽管读者仍然对纸质图书怀有深刻的眷恋，且电子书在阅读体验上更有可能带来较多的阅读疲劳和不适，但是电子书与数字阅读已经成为不同年龄和不同群体的共同选择。数字阅读成为不可逆转的阅读潮流。

（2）阅读理解与认知

Keith Rayner 与 Alexander Pollatsek 1989 年出版的《阅读心理学》一书，采用眼动研究深入分析了阅读过程，揭示出阅读信息提取和文本理解的基本知觉和认知过程。这两位研究者的论著成为后续数字阅读研究的理论基础；[3]M. A. Just & P. A. Carpenter 的论文《阅读理论——从眼动到理解》中提出了阅读理解注意力的分配模型，指出读者在阅读加工过程中如果对于语句的访问或文字单元的处理过于频繁，会产生更大的认知负荷；[4]Walter Kintsch 的论文《知识在语篇理解中的角色：集成模型构建》认为传统阅读模型中的初加工是严格自下而上的过程，词义被激活，命题形成以及推论和阐述都是在没有考虑到话语背景下产生的。而在网络阅读方式中，知识可以通过激活扩散过程相互集成；[5]Walter Kintsch 出版的专著《理解：一种认知范式》认为"阅读理解"是一个两阶段过程：首先是通过上下文阅读理解，然

〔1〕 Korat O,Shamir A. The educational electronic book as a tool for supporting children's emergent literacy in low versus middle SES groups[J]. Computers & Education,2008,50(1):110-124.

〔2〕 Kang Y Y,Wang M J J,Lin R T. Usability evaluation of e-books[J]. Displays,2009,30(2):49-52.

〔3〕 Rayner K,Pollatsek A. The psychology of reading[M]. Routledge, 1994.

〔4〕 Just M A,Carpenter P A. A theory of reading: from eye fixations to comprehension [J]. Psychological Review,1980,87(4):329.

〔5〕 Kintsch W. The role of knowledge in discourse comprehension: a construction-integration model[J]. Psychological Review,1988,95(2):163.

后将其扩散与集成,构成新的认知结构。[1] Hervé Potelle 等人发表的论文《内容表达的效果及读者先验知识对于超文本理解的影响》提出了一个新结论:读者对于超文本的理解受到内容表达效果和先验知识(prior knowledge)等因素的影响,但对于具有高水平知识储备和元认知能力的学生则没有影响;[2]在 Ladislao Salmeron 等人发表的《阅读策略与文本理解》一文中也提出超文本阅读的影响因素应当得到控制,超文本阅读对于读者的阅读策略和阅读顺序都有影响,低水平读者更加适应线性阅读,而高水平读者受非线性顺序的影响较小。[3] Julie Coiro 通过对 11 个六年级学生进行互联网阅读理解的实验得出结论,成功的互联网阅读要求读者应该具备先验知识、检索和推导策略以及自我调节读取处理的能力。作者认为,在线阅读具有浏览导航功能的互联网文本相比传统文本而言阅读理解过程更为复杂,需要提升和培育读者的阅读素养。[4]

　　上述研究表明,数字阅读这种新兴阅读方式出现,其中的大量超链接、多媒体对于读者的注意力会产生影响,不利于青少年阅读能力的提高。所以对于青少年特别是低龄儿童仍需注重纸质图书的阅读。[5]美国塔夫茨大学阅读与语言研究中心 Maryanne Wolf 指出,儿童应首先阅读纸质图书,发展和形成"阅读大脑",再使用数字媒体。[6] Jakob Nielsen 就网络阅读与纸本阅读的关系提出了"意识框架"的概念。认为只有在头脑中预先建立起"意识的框架",才能很好建构理解和整合网络信息,而建立"意识框架"则来自长期的

〔1〕 Kintsch W. Comprehension: a paradigm for cognition[M]. Cambridge University Press,1998.

〔2〕 Potelle H,Rouet J F. Effects of content representation and readers' prior knowledge on the comprehension of hypertext[J]. International Journal of Human-Computer Studies,2003, 58(3): 327 - 345.

〔3〕 Salmeron L,Cañas J J,Kintsch W,et al. Reading strategies and hypertext comprehension[J]. Discourse Processes,2005,40(3): 171 - 191.

〔4〕 Coiro J, Dobler E. Exploring the online reading comprehension strategies used by sixth-grade skilled readers to search for and locate information on the Internet[J]. Reading Research Quarterly,2007,42(2): 214 - 257.

〔5〕 ALA. 2015 美国图书馆协会白皮书[EB/OL]. [2020 - 7 - 10]. http://www. ala. org/news/sites/ala. org. news/files/content/2015ALA％20White％20Paper _ CN％20％E7％99％BD％E7％9A％AE％E4％B9％A6％EF％BC％88％E5％8D％95％E7％8B％AC％EF％BC％89. pdf.

〔6〕 Wolf M,Barzillai M. The importance of deep reading [J]. Educational Leadership, 2009,66(6): 32 - 37.

传统的纸本阅读。[1]

（3）数字阅读技术与应用

关于网络及数字技术对于阅读领域的影响的研究很多，国外对数字阅读技术及其应用的研究呈上升趋势，且实证研究较多。如 Jay David Bolter 的专著《书写空间：计算机、超文本与书写的历史》认为，超文本作为一种技术，可以让作者创作并构建能够与读者的需求和愿望产生互动的文本；[2]Peter Foltz 收录于《超文本与认知》一书中的论文《超文本和线性文本的理解、连贯性及策略》认为，相比线性阅读文本，超文本提供的灵活性更能适应读者的阅读特点，超文本系统将提高用户查找和使用信息的能力；[3]Sharon McDonald 等人的论文《超文本迷失：三个文本结构上导航性能的影响》一文描述了非线性文本与线性文本在导航性能方面的差异及其影响，研究表明受试者进行线性文本测试比非线性文本更好；[4]Andrew Dillon 和 Ralph Gabbard 的论文《超媒体作为一种教育技术：定量研究文献学习者理解、控制和风格的审查》指出超媒体凭借其实现快速、非线性的信息获取方式，被认为是教育工具的一大进步。[5]

此外，数字阅读技术已经更多地在阅读环境中得到应用和推广。这些应用不仅体现在数字出版方面，如 Amazon 不断推出的新技术和新产品，也包含在阅读服务领域；国外较为流行的阅读社区有 Goodreads、Zite、Flipboard 以及以联盟形式建立的阅读社区如多伦多公共图书馆、LibraryThing 等。其中 Zite、Flipboard 是社会化阅读社区产品；多伦多公共图书馆的阅读社区不仅具有丰富的电子图书和影音资料，而且还会公布实体的阅读社区的会面时间、地点等；著名的社会编目网站 LibraryThing 通过使用 Z39.50 协议自动

〔1〕 Nielsen J. How Users Read on the Web[EB/OL]. [2019 - 1 - 10] http://www. useit. com/alertbox/9710a. html.

〔2〕 Bolter J D. Writing space: the computer, hypertext, and the history of writing[M]. Hillsdale, NJ: Lawrence Erlbaum Associates, 1991.

〔3〕 Peter W. Foltz. Comprehension, coherence, and strategies in hypertext and linear text[A]// Jean-Francois Rouet, Jarmo J. Levonen, Andrew Dillon, et al. Hypertext and Cognition[M]. New York: Routledge, 1996: 109 - 136.

〔4〕 McDonald S, Stevenson R J. Disorientation in hypertext: the effects of three text structures on navigation performance[J]. Applied Ergonomics, 1996, 27(1): 61 - 68.

〔5〕 Dillon A, Gabbard R. Hypermedia as an educational technology: a review of the quantitative research literature on learner comprehension, control, and style[J]. Review of Educational Research, 1998, 68(3): 322 - 349.

从书商和图书馆那里获取书目数据,同时协助用户创建书籍目录的服务,鼓励用户上传符合 MARC 或者 Dublin Core 格式的书目数据,一旦用户建立了属于自己的阅读空间,LibraryThing 就会向用户推荐他感兴趣的书籍,同时使用"Members with your books"这一功能,推荐给用户 50 位和他有着相似阅读偏好的读者;通过这种找朋友的方法,用户可以方便地在 LibraryThing 上建立起自己的书友网络。LibraryThing 还在此基础上发展出一种将虚拟网络迁移到现实生活的方式——图书交换。[1]

（4）读者阅读行为

阅读行为是一种对于文字和语言的信息加工和反馈活动。伴随网络环境的发展,数字阅读、"超阅读"、移动阅读,以其丰富的内容、灵活的获取越来越成为阅读方式的主流发展趋势,特别是在年轻一代中。Liu Ziming 的《数字环境中的阅读行为——过去十年阅读行为的变化》一文总结了 1995—2005 年十年间阅读行为在数字环境下的变化,人们基于屏幕的阅读行为出现,特征表现为花费更多地时间在浏览和扫描、关键词定位、一次性阅读和非线性阅读,阅读更具选择性,而较少的时间花费在深入阅读方面,并指出注释和标记这些在印刷文本中常见的方式尚未迁移到阅读电子文本中去,有必要在未来深入研究;[2]Julie Coiro 和 Elizabeth Dobler 的《六年级熟练读者搜寻定位网络信息探究在线阅读策略》一文,通过 11 个六年级学生进行互联网阅读理解的实验得出结论,成功的互联网阅读要求读者应该具备先验知识、检索和推导策略以及自我调节读取处理的能力。作者认为,在线阅读具有浏览导航功能的互联网文本,相比传统文本而言阅读理解过程更为复杂,需要提升和培育读者的阅读素养;[3]William Douglas Woody 等人的《电子书还是教科书:学生更偏好教科书》表明,尽管学生们都很熟悉计算机网络技术,但他们并不喜欢以电子书作为教科书,而更偏向选择特殊功能的印刷型书籍。[4]

综上所述,数字阅读技术层面的研究将会聚集于网络技术和电子书技

〔1〕 LibraryThing[EB/OL]. [2016 - 1 - 18]. http://www.LibraryThing.com.

〔2〕 Liu Z M. Reading behavior in the digital environment: changes in reading behavior over the past ten years[J]. Journal of documentation,2005,61(6):700 - 712.

〔3〕 Coiro J, Dobler E. Exploring the online reading comprehension strategies used by sixth-grade skilled readers to search for and locate information on the Internet[J]. Reading Research Quarterly,2007,42(2):214 - 257.

〔4〕 Woody W D,Daniel D B, Baker C A. E-books or textbooks: students prefer textbooks [J]. Computers & Education,2010,55(3):945 - 948.

术、数字化学习环境等方面；数字阅读理解与认知策略的发展趋势则与心理学研究相关，包含先验知识、工作记忆（短时记忆）和以用户为中心的理解本身等；而数字阅读文本及其出版方面的研究趋势除了数字文本本身的发展外，还将重点关注出版产业、图书馆阅读服务、阅读教育的转型。

1.3.2　国内研究现状

国内研究方面，王余光、柯平、徐雁、王波等在阅读史、阅读文化、数字目录学、阅读疗法等方向取得了一系列研究成果；自 2000 年以来有关网络数字阅读的研究呈现陡增趋势，渐成热点。与国外相比较，目前国内有关数字阅读领域的研究主要集中于阅读推广、数字媒体、图书馆阅读服务、数字出版以及阅读行为研究等领域。

在数字阅读理论方面，研究相对薄弱。目前国内学者对于"数字导读"的理论研究较多涉及概念辨析，对于数字阅读、网络阅读、移动阅读等概念颇多论述。程结晶、彭斐章总结"网络导读"的内容方法为 11 条："网络导航、数字资源与摘要、电子书目与提要、著录与注释、文摘与索引、书评与指南、图形标识系统（路标、机构导标、网络资源导航、特殊标识等）、导读报刊资料、用户教育或授课、名人学者导读与咨询服务台、举办群体性的读书活动等"。[1] 后继研究者宋洁等基于 Web 2.0 技术的互动性、草根性、即时性，秉承"以读者为中心"的图书馆服务理念，提出了图书馆可以利用 RSS、SNS、博客、微博、微信、微课等新媒体、微媒体技术手段吸引读者，形成阅读社区以扩展图书馆数字导读工作新途径。[2] 这些研究总的说来处于探讨和描述阶段，没有出现较为系统的理论分析和整合研究。

在数字阅读行为研究方面，绝大多数研究均认为，随着移动互联网的发展，读者的阅读行为发生了较大变化，呈现出阅读需求个性化、阅读时间碎片化、阅读方式网络化和移动化，以及阅读行为自主化和社交化等特点，数字阅读业已成为青年读者的主流阅读方式。但对于这种阅读行为模式变化带来的影响究竟应该如何认识，图书出版、教育和图书馆领域应该作出怎样的反应，以及可能产生怎样的后果，目前尚不够明确，既缺乏足够的理论研究，也

---

〔1〕　程结晶，彭斐章. 数字时代的目录学发展路径——网络资源导读服务[J]. 情报资料工作，2007 (6)：91-95.

〔2〕　宋洁. Web 2.0 环境下高校图书馆导读工作新途径[J]. 新世纪图书馆，2010 (6)：42-43.

少见有说服力的实证研究,以及具有可资借鉴的实践案例。

虽然从总体上讲,国内对于数字阅读的研究文献数量呈现集中且上升态势,但现有研究深度略显不足。对于数字文本的结构形式,文本变迁对阅读的影响,数字阅读认知能力以及如何构建数字阅读理论,发展有效的数字导读策略与方法等重要问题未见有深入研究。随着阅读环境和新一代读者阅读习惯的根本改变,对于数字阅读理论与方法指导的需求愈加迫切。

1.3.3 数字阅读研究趋向

研究总是与存在问题相伴而生。数字阅读研究的未来趋向也是围绕数字阅读中存在的主要问题而生。网络数字阅读未来的研究趋向将有如下可能:

(1)数字阅读行为研究。阅读的主体是读者,无论采用哪一种形式的阅读,纸质阅读或网络数字阅读,究其根本,读者永远是第一位的。读者的阅读行为及其在阅读学习、理解认知以及对心理、行为的影响无疑是数字阅读研究的热点和重点,并将深刻影响到阅读内容的生产、阅读设施的改进、阅读环境的营造和阅读服务的提供,以致整个数字阅读生态和阅读产业链。

(2)数字阅读的认知理解问题。数字阅读所呈现出浏览式、随意性、跳跃性、碎片化特点,无一不指向浅阅读倾向,相关的学者专家对此忧心忡忡,认为浅阅读有可能导致浮躁的阅读心态,导致读者的阅读能力下降,进而对语言的运用能力以及认知的能力产生不良影响。但也有不同的观点,认为这一阅读模式的变化恰恰代表了网络数字阅读的方向。孰对孰错,尚无定论,有待更长时间的观察和更为深入的研究。

(3)数字版权问题。无论是纸本阅读还是数字阅读,阅读内容是根本。虽然数字阅读内容的载体形态和呈现方式与传统阅读有所不同,但内容的本质还是提供给读者阅读。与阅读内容紧密相关的就是资源的版权问题,目前关于数字版权的问题正在日益增多,网络上的原生数字资源诸如微博、微信等,存在着随意转载、转发、改编等问题,网络小说的违法下载也时常可见,其中存在着复杂而又模糊的数字版权问题,这个问题会直接影响数字阅读的发展。随着数字出版与数字阅读进入了快速增长阶段,数字阅读的形式日益多样化,数字出版的方式不断推陈出新,伴随而生的是版权纠纷将愈演愈烈。版权问题将会成为数字阅读研究关注的焦点之一,成为数字阅读产业健康发展的重要威胁,以及数字阅读行业发展的瓶颈。

（4）读者的数字阅读素养问题。数字阅读素养是指在数字阅读中能通过合法方式有效地获取、辨别、分析、利用、开发信息等的能力和素质。在数字阅读过程中，图书馆要引导读者以积极的态度参与阅读活动，培养读者提高对信息的识别，发展读者获取信息的能力与习惯，并利用数字媒介增长知识，提高对事物的认知。针对读者日益显著的数字化阅读行为倾向，如何建立正确的阅读指导机制，有效干预、引导读者的数字阅读行为，展开合理、科学的引导，使其养成良好的数字阅读习惯，成为图书馆阅读研究和阅读服务的重要内容。

（5）由于数字阅读的技术门槛，还将会带来信息公平问题。在数字化信息时代，虽然计算机与网络等信息资源已经成为公众生活中司空见惯的因素，但这些条件的保障仍是不均衡的，受地域、经济、信息环境等硬性条件的制约，同时也受到读者的年龄、受教育水平等软性因素的限制，会带来数字阅读服务能力上的差别以及数字阅读水平上的差异，导致读者在数字信息资源的获取、分配、利用等方面产生数字鸿沟，进而导致信息公平问题。

第二章

阅读认知主要理论

　　阅读是读者对阅读文本的认知、理解、记忆和再应用的复杂的心智过程，不仅是人类文明得以传承的最重要活动，也是现代社会人们学习求知的最重要手段之一。在某种意义上说，一个人精神世界的成长正是经由阅读塑造的。阅读不仅是人们获取信息和知识的主要方式，而且是形成世界观、认识自我、认识世界的重要途径。

　　阅读之所以重要，是因为阅读是人类特有的、最普遍的、最持久的学习行为，书籍能够带领读者去到遥远的地方，领略意想不到的生活和卓越非凡的思想，见识不同时代的社会与生活，认识不同的心灵以及他们在时代中的艰难选择。一个成熟的读者正是在阅读中慢慢得以变得知识丰富，思想深刻，洞悉人情练达、世事变迁。那么，所有这一切是如何发生的呢？

　　著名作家奥尔罕·帕慕克(Ferit Orhan Pamuk)在《阅读小说时我们的意识在做什么》一文中对读者的阅读过程作了详尽的文学化表述：首先，读者会跟随作者的叙述，观察小说所描绘的场景；然后，将纸面的词语转化为头脑中的意象，通过想象，还原书中的人物、对话、事件和场景，情节慢慢浮现；接着，读者会追究小说主旨，揣摩作者的意图和构思，进而结合自己所处的社会环境与现实生活进行关联，在此过程中体味小说中的美，包括写作的技巧和作品的诗意等等，并给出自己的喜好与判断；最后，当读者的大脑意识到自己完成了所有上述这些操作，会感到某种心理上的满足。[1]

帕慕克的文学描述与阅读心理学的研究结果惊人的一致。从阅读心理学角度来看，大脑也正是这样整合视觉、语言、语义等信息，并将之与个人知识和阅读经验连接起来的。

2.1 阅读认知基础

众所周知，无论父辈如何学识渊博，成就突出，他们都无法将其智慧、思想和知识通过基因遗传给子辈。一个孩子的知识获取和智力成长只能通过他自己的阅读理解、学习和记忆。阅读并不是一个先天存在的素质，而是一个后天发展的过程。

2.1.1 "阅读脑"的构成[2]

所谓的"阅读脑"（the reading brain）也非天生，而是在后天的阅读过程中慢慢形成建构起来的。[3] 儿童时代的阅读行为和阅读习惯直接影响儿童的大脑结构和阅读能力的高低。[4]

英国爱丁堡大学和伦敦国王学院的研究者斯图尔特·里奇（Stuart J. Ritchie）发表在《儿童发育》（*Child Development*）上的文章中称，儿童早期的阅读能力与后期智力水平正相关。研究者调查了 1 890 对同卵双胞胎，跟踪了他们在 7 岁、9 岁、10 岁、12 岁以及 16 岁的阅读水平测验成绩以及智力水平测验成绩。结果发现，早期的阅读水平与稍后的智力水平呈正相关。12 岁时的阅读能力差异大约能解释 13% 的 16 岁时的智力差异。而 12 岁时的阅读能力差异本身也会被之前的阅读和智力水平所影响。[5] 这说明阅读与

---

〔1〕 [土耳其]奥尔罕·帕慕克. 阅读小说时我们的意识在做什么[C]//天真的和感伤的小说家. 彭发胜，译. 上海：上海人民出版社，2012：18 - 27.

〔2〕 袁曦临. 网络数字阅读行为对阅读脑的改造及其对认知的影响[J]. 图书馆杂志，2016 (4)：18 - 26.

〔3〕 [美]玛丽安娜·沃尔夫. 普鲁斯特与乌贼：阅读如何改变我们的思维[M]. 王惟芬，杨仕音，译. 北京：中国人民大学出版社，2012：1 - 2.

〔4〕 [美]玛丽安娜·沃尔夫. 普鲁斯特与乌贼：阅读如何改变我们的思维[M]. 王惟芬，杨仕音，译. 北京：中国人民大学出版社，2012：21.

〔5〕 Ritchie S J，Bates T C，Plomin R. Does learning to read improve intelligence? A longitudinal multivariate analysis in identical twins from age 7 to 16[J]. Child Development. 2015, 86(1)：23 - 26.

学习以及智力的发展有着紧密的关联关系。那么,这种关联机制究竟是什么? 又是如何形成的?

借助脑电波和脑成像技术,可以在一定程度上呈现阅读过程中大脑不同区域被激活以及神经回路联接的情况,如图 2-1 所示。其中与阅读功能最密切相关的是布洛卡区(Broca's area)和威尔尼克区(Wernicke's area),前者是语言表达中枢,主要功能是口语表达和深层次语法;后者是语言理解中枢,主要功能是分辨语音,形成语义;位于威尔尼克区上方顶—枕叶交界处的角回(Angular gyrus)则在阅读中扮演了联合中枢的角色,负责连接大脑的视觉与听觉功能区。如果角回发生病变,就会出现"听视失语症",产生阅读障碍[1]。

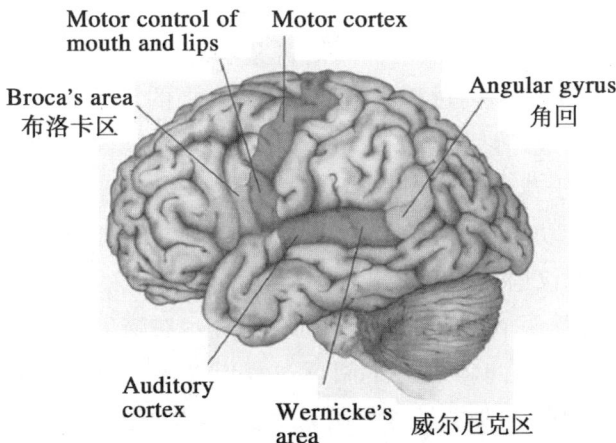

图 2-1　左大脑半球的"阅读功能区域"

举例而言,当读者的眼睛看到英国诗人威廉·布莱克(William Blake)的 *Auguries of Innocence*(《天真的预言》)一诗的总序:

"See a world in a grain of sand
And a heaven in a wild flower
Hold infinity in the palm of your hand
And eternity in an hour. "

---

〔1〕 Zurif E,Swinney D,Prather P, et al. An on-line analysis of syntactic processing in Broca's and Wernicke's aphasia[J]. Brain and Language,1993,45(3):448-464.

视网膜会将这些词语的视觉信号传递至枕叶的视觉皮质（Primary Visual Cortex），视觉皮质又将信号传递至角回，角回将诗句中的 sand、flower、heaven、hand 等信号发送到角回下方的威尔尼克区，完成语音的分辨，同时语义系统会将读者大脑中既有的先验知识，诸如"细微的沙粒""美丽的花朵""辽阔的世界""美好的天国"等等整合到这首诗的语境中，完成语义上的理解。接着，完成了语义解码的信号会被送往额叶的布罗卡区，生成语言信息。如果大脑再将这一信息传递到运动皮层（Primary Motor Cortex），朗读出声，就实现了"朗诵"。当然，不同的读者其大脑中的先验知识是各不相同的，由此产生的阅读理解也不完全一致，甚至可能大相径庭。高水平读者因其大脑储存了丰富的先验知识，对阅读内容形成更为深刻透彻的理解；而低水平读者也许只能理解字面含义，而无法理解深层内涵。

更进一步的研究表明，使用不同语言文字的读者，其"阅读脑"的功能区域不完全一致。英语阅读过程中，读者对一个词的认知是从分解的语音成分，再到单词的合成，然后完成一个从音到形的对应过程，并在获取语音后获取其语义。相对于英语读者对英语的阅读加工，汉语读者在阅读汉语文字时，除了左脑阅读功能区被激活，更多地右脑也参与了阅读加工。众所周知，英语是拼音文字，汉语是表意文字，汉字是由笔画构成的方块字，每一个汉字从某种意义上都是一个图像。左右脑的分工提示右脑更多负责图像处理，研究表明汉字的视觉空间特点对于阅读过程以及阅读脑的功能具有深刻影响。[1] 在汉语阅读中，听觉处理和视觉处理是同时进行的。换言之，汉语读者可以不完全执行从字形到字音、字义的阅读认知途径，而通过左脑语言功能和右脑图像功能的协调发挥，做到"眼脑直映"。

上述研究表明，不同的阅读行为会造就不一样的"阅读脑"。大多数表音文字为母语的阅读障碍患者，主要源于左脑半球有某些缺陷，如大脑皮层异位现象，左脑半球颞顶区负责音素分析和书写符号向语音单元因素转化的功能失调，即会导致大脑综合处理视觉和听觉信息不能协调。尽管近些年的研究提出阅读障碍存在跨语言普遍性，脑成像数据表明，阅读障碍者并没有表现出因语言文化不同而导致脑区激活存在差异的现象。[2] 但有研究认为阅

〔1〕 Tan L H, Liu H L, Perfetti C A, et al. The neural system underlying Chinese logograph reading[J]. NeuroImage ,2001,13(5)：836 - 846.

〔2〕 宋晖，耿立波. 阅读障碍存在跨语言普遍性[EB/OL]. [2020 - 7 - 25]. 中国社会科学报,2012 年 3 月 20 日,http://yynl. jsnu. edu. cn/0c/05/c1441a3077/page. htm.

读障碍在中文中比在英语中复杂得多。有发展性阅读障碍的英语语言者,通常能够识别字母,只不过难以将字母的视觉形象同它们的声音联系起来。而汉语的阅读障碍常常来自于声音和视觉感知两个各自独立的方面,不同的语言文字存在不同的大脑激活效应。[1]中文的阅读障碍相比英文有其特殊性,这种特殊性来自于中英文系统的不同,两种阅读障碍的发生机制既有跨语言的一致性,也有其各自的特异性。

总而言之,阅读行为的持续重复,会在视觉区域与负责认知和语言的区域之间建立起关联,强化大脑神经突触之间的联接,进而发展出有效的神经回路,最终实现阅读的自动化过程。阅读能力的建立和培养,需要持续和连贯性的阅读和阅读数量的积累,只有当一个人的阅读习惯养成,阅读行为持续发生,不断积累词汇和阅读量,“阅读脑”才会真正被建构起来,实现阅读的自动化过程,最终发展为一种强大的阅读能力。

美国塔夫茨大学(Tufts University)阅读与语言研究中心主任和儿童发展学教授玛丽安娜·沃尔夫(Maryanne Wolf)在其著作《普鲁斯特与乌贼:阅读如何改变我们的思维》(*Proust and the Squid*,*The Story and Science of the Reading Brain*)[2]中,沃尔夫描述了自文字发明以来的 5 000 年里人类大脑的进化发展过程。她认为阅读方式会影响人类的思维方式,改造人的大脑,使之成为“阅读脑”,而“阅读脑”反过来又增进了人类的智力以及阅读能力。

2.1.2 “阅读眼”及其机制

不论大脑的加工模式如何,一般意义上讲阅读仍是一个通过视觉引导完成的复杂的认知过程(盲人例外)。对于阅读过程及其机制的研究在相当层面是借助眼动分析得以进行的。通过眼动研究可以深入地考察阅读过程中的认知特点,眼动仪是一种能够跟踪测量眼球位置及眼球运动信息的一种设备,在视觉系统、心理学、认知语言学的研究中有广泛应用。以眼动为指标,如眼停、眼跳等来观察阅读过程及其效率,是阅读研究中一个重要的途径和方法。

---

〔1〕 徐桂凤,静进.汉语阅读障碍的研究进展[J].中国心理卫生杂志,2008,2(9):701-703.

〔2〕 [美]玛丽安娜·沃尔夫.普鲁斯特与乌贼:阅读如何改变我们的思维[M].王惟芬,杨仕音,译.北京:中国人民大学出版社,2012.

在阅读过程中，眼睛的运动是并发式的，在每个运动之间是有停顿的。眼睛运动的速度非常快，每次眼跳只持续百分之一秒到十分之一秒的时间。当眼睛停留在某个词汇上时，被称为注视；当眼睛从一个注视点快速移动到下一个注视点，被称为眼跳。在眼睛快速运动时，视网膜上的光学影像非常模糊，以致根本无法确切地看到眼睛移动时所掠过的物体。眼睛只有在静止不动时才可能看清物体。

眼睛在看事物的时候，存在不同的分区：中央凹、副中央凹和边缘区。如图 2-2 所示。

中央凹（fovea centralis）：也称中央窝。是指视网膜中视觉辨别力最敏锐的区域，在阅读过程中就是眼睛用以最直接注视信息的区域；当词落在视网膜的中央凹处时视敏度最高，眼睛处于注视状态，为了使中央凹处不断地获得新信息，读者需要不断地移动自己的眼睛。

副中央凹（parafovea）：也称近窝区。在中央凹处周围，双侧视角为 10°左右的区域，这一区域的视敏度显著下降。

边缘区：是指副中央凹之外的区域。不难看出，眼睛在眼跳状态时，则表现为从中央凹到副中央凹、边缘区的移动。

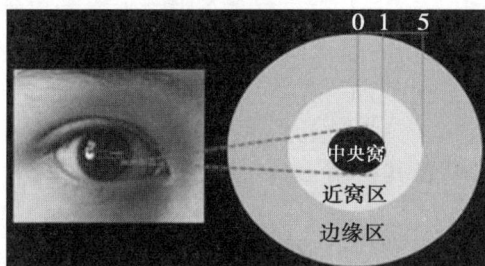

图 2-2 "阅读眼"的功能分区

人们在看世界的时候自我感觉视线是连续的，但从眼动记录当中可以明显看到，事实上眼睛的活动是跳跃式的，注视和眼跳间隔发生。眼动分析指标主要包括两类：

（1）与眼睛移动有关的时间维度指标：如首次注视时间、凝视时间、回视时间和总注视时间等等。

（2）与眼睛移动位置有关的空间维度指标：具体包括眼跳距离、注视位置、跳读率、回视次数等。

阅读的效率取决于读者的眼睛在阅读文本过程中，每一次注视所能获得的信息量。而眼睛注视所获取的信息量又可以通过两个指标来测量：

（1）阅读知觉广度（perceptual span）

知觉广度即注视点周围可以获得有用信息的区域。知觉广度决定了眼睛获得信息的宽度和范围。一般情况下，在阅读英文文献时，读者从当前注视点得到信息的范围是从注视点左边 3～4 个字母到注视点右边 14～15 个字母的区间，识别单词的信息局限在注视点右边 5～7 个字母的范围中，这个范围被称作识别范围。这表明知觉广度范围在注视点两侧是不对称的，以英文为代表的从左到右书写的文字中，注视点右边的知觉广度范围较大；知觉广度的不对称性受到阅读主导方向的影响。

此外，研究者还发现，不同的文字系统会影响知觉广度。相对于英文单词而言，方块字的汉字结构紧密，故在阅读过程中只要求较小视角的眼动，相应地注视次数多于阅读英文；对于汉语读者来说，眼跳距离在 0.5～6 个字之间，平均为 2 个字；其知觉广度是从注视点左侧 1 个字到右侧 3 个字的长度。

一般来说，注视广度越大，则注视次数越少，阅读速度也就越快；对一个词的注视时间可以反映对一个词的加工难度。常见的、常用的高频词，眼睛的注视时间短；罕见的、利用率不高的低频词，眼睛注视时间就长。因此，一篇文章如果阅读难度大，冷僻字、生僻概念多，结构复杂，读者的认知加工过程就会变得复杂和困难，表现为注视的时间变长，眼跳的距离变短，知觉广度变小，眼睛注视过程中被略过的词数就越会减少，而回扫次数明显增加。[1]

（2）副中央凹预视效应（parafoveal preview effects）

读者在阅读过程中，当眼睛正注视某一个词（即位于中央凹的词 n）时，是能够获得该词右侧词（即位于副中央凹词 n＋1 或词 n＋2）的部分信息，这一现象被称为副中央凹预视效应（parafoveal preview effects）。也就是说，读者在阅读过程中对于阅读文本的认知并不是一个字、一个字进行识别的，可以跳读、略读，甚至一目十行。这种浏览式、扫描式阅读的机制就源自副中央凹预视效应。读者的旁视野可以从注视点以外的区域中获得有用的加工信息，这些信息的获得会使后面的阅读加工过程变得容易。

有研究发现，副中央凹预视效益与阅读加工的对象（即阅读内容的难度）有关，难度大，则副中央凹预视效益就弱。读者对不常用的低频词，注视时间比高频词的注视时间长，另一方面对低频词后面的单词或区域的注视时间也

---

〔1〕 闫国利，白学军. 中文阅读过程的眼动研究[J]. 心理学动态，2000，8(3)：19-22.

会相对较长，这一现象就被称为"溢出效应"。[1]

概言之，读者能否从副中央凹预视到信息，直接影响到他们的阅读效率。而决定一个读者副中央凹预视效益的重要因素之一是读者的阅读能力和阅读水平。一个成熟的读者可以有更大的知觉广度，有研究证明，大学生读者知觉广度范围较大，能够在副中央凹预视中获取字形和语音的信息，而小学生读者的知觉广度范围较小，仅能获取字形的信息。[2]这说明阅读的效率与读者储备的知识(包括语文水平、对于阅读内容的熟悉度等等)相关。读者在读高频且简单的词时，知觉广度会变大，产生跳读效益。[3]略读、跳读的产生，源于读者可以对眼睛所看到的词进行完全识别。

总的来说，大脑与眼睛存在一致性，读者所看的和他们大脑所认识与理解的是一致的。阅读的知觉广度和副中央凹预视效益从两个方面反映了读者在阅读过程中视觉系统的工作方式。由此可以推论，读者通过眼睛看到的，决定了反映到他们头脑中的内容：读者看到的内容越多，反映到大脑中的就越多，对所看到的理解和记忆的也就越多，反过来，也就促进了阅读加工的速度，提高了阅读的效率和阅读的水平。

2.1.3 阅读表征与"图式"

阅读心理学认为阅读是一种从书面言语中获得意义的心理过程，认为语言和文字其实都是一种信息编码(code)，而读者的阅读和理解就意味着解码(decode)信息的过程。文本上的字、词、句、段等既是语言信息的载体，同时也是文字符号的编码，是阅读的表征。"表征"作为认知心理学中的一个重要的概念，是指阅读对象在阅读者头脑中的呈现和表达方式，阅读文本的词汇、结构等属于表层、基础表征，而人的观念、认识和思想是在此基础之上形成的更为高级的内心表征结果。在认知心理学的研究中，读者的阅读和理解是以表征的形式出现的，文本阅读过程存在三个层次的表征：

(1) 表层表征 (surface code)，即对文章中的字、词、短语之间的语言学关系进行编码所形成的表征。

---

〔1〕 白学军,刘娟,臧传丽,等.中文阅读过程中的副中央凹预视效应[J].心理科学进展,2011,19(12)：1721 - 1729.

〔2〕 阎国利,王丽红,巫金根,等.不同年级学生阅读知觉广度及预视效益的眼动研究[J].心理学报,2011,43(3)：249 - 263.

〔3〕 张慢慢.中文阅读中词跳读机制的眼动研究[D].天津师范大学博士论文,2015.

（2）基础表征（textbase），即对文章所提供的语义及等级层次结构关系所形成的表征。

（3）情境模型（situation model），即读者结合自己的背景知识对文章中所描述的信息进行的较深层次的表征。情境模型是在文本基础表征的基础上，与读者原本储备的知识相互作用，经推理而成，表征的是对文本更深水平的理解。

这三个层次的阅读表征对应于读者对于阅读对象（阅读文本）不同的加工层次和阅读理解水平。[1]

（1）获取信息：能否从所阅读的文本中，迅速找到文本所包含的信息。

（2）理解信息：能否从所阅读的资料中正确地解释信息的意义。

（3）思考判断：能否将所读内容与自己原有的知识、想法和经验相联结，经过综合判断后，提出自己的观点。

因此，阅读理解实际上就是阅读者以阅读文本的外在信息，如语音、词汇、句法方面的接收、编码为基础，根据自己已有的认知储备（内在信息）去建构内部的心理表征，进而获取心理意义的过程。[2]

换言之，一个有效的阅读过程包括两个方面的信息处理，两方面的信息相互作用，方可产生令人满意的正确解释。首先是读者对眼睛视觉扫描到的信息完成由低级阶段到高级阶段的视觉加工；而后是读者根据大脑中已有的知识储备和语言知识，对视觉扫描到的信息立即提出理解性的假设，并通过一系列分析，对大脑给出的假设进行肯定或否定，最终实现理解。美国心理学家鲁姆哈特（D. E. Rumelhart）等认为，任何文本，不管是书面的还是口头的，自身并不会传递任何意思，它只为听者或读者提供信息线索、素材，使其可以根据自身在过去所获得的知识和经验及其"图式"来恢复或建构新的涵义。所谓"图式"，就是一个人的大脑对世界万物形成的有关认知的主题词表，是一组相互作用的知识结构，或者说是认识构架，图式即读者头脑中分等级安排好的知识结构。鲁姆哈特将图式定义为：表征记忆中已储存的有关类概念（generic concept）的信息结构。例如开启电脑的图式，使用洗衣机的图式等。图式是阅读理解的基础，阅读中的信息处理（输入、储存、编码、输出），其中的任何一个环节，都有赖于图式的帮助。鲁姆哈特认为，在阅读中

〔1〕 袁曦临，王骏，陈霞. 移动阅读与纸质阅读对照实验研究[J.] 图书馆建设，2012(3)：74-76，81.

〔2〕 冷英. 文本阅读中目标信息整合方式研究[D]. 华南师范大学博士论文，2004.

它们至少可起到这样六个方面的作用：① 帮助消化吸收文章内容；② 帮助推论以重新组织原始信息；③ 调节注意力于重要信息处理；④ 有条不紊地记忆；⑤ 对信息作出概括；⑥ 帮助推论以了解新知。图式对一个人理解新事物有重大影响。人们必须把储存于头脑中已有的背景知识与新事物联系起来，依靠这些图式去理解和解释新事物，当输入的信息与头脑中的图式相吻合时，理解取得成功，反之，则理解失败。

图式一旦形成，就成为影响读者阅读理解重要的内在因素。当一组组新的信息呈现在读者面前时，信息的输入就会使图式中与之相关的一些"节点"被激活，并向图式的其他邻近部位扩散，读者会根据阅读的需要，自动化地对被激活的表征进行重新的组织和建构，并在此过程中使新的信息获得了具体的意义。人们在理解新事物的时候，需要不断将新事物与已知的概念、过去的经历等背景知识联系起来。一个人在成长、学习、生活的过程中，所有习得的知识、经历的经验都会在大脑中形成图式，这些图式如同包罗万象的百科全书，有着完备的索引系统和检索导引功能。读者的阅读过程，在一定程度上就是大脑对于既有图式的调用和加工，类似于根据百科知识对文本内容进行检索、推断、假设、验证和纠正的过程。人们在理解新事物的时候，需要将新事物与已知的概念、过去的经历等背景知识联系起来。因此，图式对人们理解新事物有着极其重大的影响。可以认为，对新事物的理解以及理解的深入与否取决于读者头脑中已经存在的图式。

图式理论(schema theory)揭示了读者对阅读内容的解码机制。就读者完成阅读而言，涉及的认知心理图式可以被分为四大类：

(1) 形式图式(formal schema)。包含有关语法结构或有关不同类型原文的知识，比如：文体风格的差异，叙事的结构，诗歌、戏剧、说明文等不同文体结构和语言上的差异等，以及包括修辞结构在内的各类背景知识。形式图式影响读者对文章内容的理解和回忆。阅读技能差的读者由于缺乏形式图式，往往不太会利用文章的结构进行推论和判断，对于文风、修辞等缺乏足够的了解，因而理解效率是低下的，阅读效果差强人意；而阅读技能好的读者能够利用现有形式图式来进行阅读，由于阅读记忆的内容与形式图式结构一致，因此理解发生快速、理解效果好，记忆的效果也会增强。

(2) 内容图式(content schema)。主要储存有关事物、事件内容的知识图式，如做饭的图式、体育运动的图式、有关中国历史的图式等等。就阅读而言，内容图式即指有关阅读文本内容的背景知识，如书中故事发生的时代背景、国家和地域历史、风俗习惯、风土人情等等。研究表明,读者所掌握的与文章内容相关的内容图式越多,其阅读理解能力、信息加工和信息存储能力以及回忆能力就越强。

(3)语言图式(language schema)。语言图式则是指读者对原文语言的掌握程度。语言图式是指读者对阅读材料的语言知识的掌握程度,即语法、词汇和习惯用法等方面的语言知识。无疑,这是进行阅读的前提。

(4)策略图式(strategy schema)。指读者大脑对阅读理解过程的监察行为,表现在预测、假设、判断和解决问题以及阅读技巧上,读者的归纳、分析和推理能力对阅读很重要。

根据图式理论,整个阅读过程是在图式指导下进行的激活或建构合适的图式并填充新的信息的过程。阅读不是被动接受信息的过程,而是读者积极主动地有选择性地获取信息的过程。在阅读中,读者首先碰到的是词汇的识别,读者必须先对词汇进行解码,提取出符合语篇内容的意思,读者必须从"心理图式"中提取出该词汇,并从该词汇的多重意义中结合阅读的语境,选出适合于阅读内容的那一个意义,然后才能一步步地过渡到理解句子,乃至整篇文章。这是一个复杂而又迅速的心理过程。此外,词汇意义的提取还受到其他各种因素(如词频、是否歧义、是否生词等等)的影响。对于常用的高频词,熟悉的近义词、反义词等,由于读者早已烂熟于心,因而容易被解码,相应地识别速度就快,不会构成对阅读理解的障碍;而对于容易发生理解歧义的词汇,读者的解码速度会相对放慢,会结合上下文的语境进行分析,提取合适的意义;对于不熟悉甚至陌生的字词或语篇,读者则需要揣摩上下文语境,推测阅读内容的含义,甚至不断重读以加深理解。大多数熟练的、高水平的读者都会试着从上下文线索中去猜测出未知词汇。因此,掌握背景知识,可以帮助读者对模糊词义的猜测和模糊概念的阐释。背景知识和图式对词汇解码、理解语篇起到很大的促进作用。熟练的读者是理想的解码员,掌握娴熟的阅读技能和扎实的语言能力,能够帮助读者实现解码的自动化,从而将注意力集中在对阅读内容的理解上。

反之,儿童在学习阅读的过程中,首先完成的是基于已有的口语经验,建立字形与语音之间联系的过程,而后通过语音的中介作用,实现对于语义的理解。随着词汇量的增加,对于人世万物了解的增多以及认知的发展,儿童不断获得更多阅读理解所必需的解码技能,扩大书面词汇量,增进并提高阅读理解能力。因此,一个熟练的高水平的读者,不仅是一个词汇量丰富,对于句法、语法知识熟稔,而且是一个具有开阔视野、具有广泛而丰富的图式可供自己熟练调用以达到理解认知目的的人。读者正是通过字形与语音的多次重复匹配,建立字形—语音—语义三者之间的互动联系,实现真正的阅读。

阅读从来不是一个被动、机械地吸收文章信息的过程,而是积极主动地获取各类信息的过程。阅读过程是一个伴随当前阅读的内容不断激活读者自身背景知识和认知图式,将当前的表征信息与既有的认知图式进行匹配整合,从而不断建构和更新既有图式,添加和扩展新的认知图式,实现认知和理解的过程。鲁姆哈特举例说,一部小说的组织结构可分为背景、主题、情节诸要素。背景交代故事发生的时间、地点和人物;主题指主人公试图达到的目的;情节指达到目的的一系列活动。读者一旦建立了这样的图式,那么在阅读小说时,"它就能告诉读者该发生什么事件,也告诉他故事各个部分的逻辑关系"。图式理论对阅读理解的解释是:图式是由若干变量所组成,各个变量之间被一种一般知识所约束。例如,故事的情节就是一种变量,每个故事的情节是不一样的,但无论怎样变化,总是有一定的规律性的东西存在其中,即所谓的"一般知识"。读者在阅读时大脑中的图式活动起来以后,图式所具有的变量就被一些特殊的信息所具体化了,而这个具体化的过程就是所谓的阅读理解过程。广泛而大量的阅读,不仅能够扩大读者的知识面,丰富其认知图式,而且能提高其对文字符号的解码自动化程度,提高阅读速度和阅读效率。

2.2 阅读过程模式

事实上,有关阅读过程及其机制的研究一直是阅读心理学的重心,研究者提出和形成了相当多的阅读过程模式理论。主要包括高夫(P. B. Gough)的自下而上模式、古德曼(K. S. Goodman)的自上而下模式[1],以及知识表征和阅读理解的图式理论[2]、文本阅读建构整合模型[3]等等。虽然也有学

---

〔1〕 张必隐. 阅读心理学(修订版)[M]. 北京：北京师范大学出版社,2004：35-46.

〔2〕 莫雷,王惠萍,王瑞明. 文本阅读研究百年回顾[J]. 华南师范大学学报(社会科学版),2006(5)：128-138.

〔3〕 Broek P D, Rapp D N, Kendeou P. Integrating memory-based and constructionist processes in accounts of reading comprehension [J]. Discourse Processes,2005,39(2&3)：299-316.

者对此持异议,认为基于信息加工的阅读模式是一种机械论研究,不能反映真实的阅读过程和内在机制,但不可否认,上述理论模式确实在很大程度上揭示和呈现了阅读的过程面貌,对阅读机制作出了较为合理的解释。[1]

总的来说,阅读过程包括两个方面的信息处理,一方面是读者对视觉扫描到的信息由低级到高级阶段的信息加工,另一方面是读者通过调用既有图式,对视觉扫描到的信息提出假设和判断。两方面的信息相互作用,方可产生令人满意的正确解释。

围绕着阅读的过程,阅读心理学家提出不同的阅读模式,大致有以下三种:

2.2.1　自下而上模式(bottom-up model)

主张这一模式的代表人物是心理学家高夫(P. B. Gough)。由下而上模式认为,在阅读过程中读者是按照由字母到单词、由单词到句子、再由句子到段落的这一自下而上的顺序建构起对于文本意义的理解。在这一阅读模式中,读者对于阅读信息的处理是由字而词、由词而句、由句而章,一步一步按序发展,从低级水平逐渐过渡到高级水平。

高夫模式认为阅读过程是有组织的、有层次的。要达到任何一个水平,读者必须首先达到所有低级或简单一些的水平,强调辨认字、词这些较低层次的阅读技能,高夫模式把阅读过程分解成四个水平:

(1)肖像表征。眼睛扫描书写的文字,在头脑中形成字母特征(如线、边、棱、角)的短暂表征。

(2)字母辨认。字母的特征进入特征登记器,读者从肖像表征中认出字母。

(3)词义了解。根据字母的组合,在心理词典中查找词的意义。

(4)句子中词的加工,即从左到右,连续加工各个单词,并连词成句,理解整个句子。

高夫模式的本质是一种阅读信息加工的线性模式,它不能很好地解释为什么读者对于那些自己熟悉的内容会有更好的理解,能够一目十行,也不能解释一个字或词在有意义的句子或故事中要比单独出现时更容易识别。换言之,高夫模式无法解释读者在遇到不认识的字、词时,仍能够通过上下文的

---

〔1〕　王雨函,莫雷,陈琳等. 文本阅读认知神经科学研究进展[J]. 心理与行为研究,2013,11(2): 264 - 269.

理解而完成猜想，获得理解。

2.2.2　自上而下模式(top-down model)

主张这一模式的代表人物是心理学家古德曼(K. S. Goodman)。自上而下论则认为阅读的真正出发点和决定因素是读者。阅读是自上而下进行的一种"心理语言学的猜测游戏"，是一个预测下一步信息并作确实或否定的过程。即读者从自己已有的认知图式出发，依照所看见的阅读内容，由文字层层向下推进，对文章的内容进行猜测、假设、验证，最终求得意义。强调在理解语篇时已有知识的一般常识和背景知识这些较高层次的阅读技能。

古德曼把阅读看作是一个"取样、预期、检验和评实"的循环过程，认为阅读是一种心理语言学的猜测游戏。有效的阅读不是对文章所有元素都准确知觉及辨别，而是选择最少、最有建设性的必要线索去猜测而且一次猜测正确的技能。阅读始于读者既有的知识储备，而后向下按序作信息分析，读者运用已有的知识猜测和联想。换言之，古德曼模式能够解释一目十行、不求甚解这一阅读现象。

2.2.3　相互作用模式(the interactive model)

上述自上而下模式和自下而上模式一样，都具有一定的片面性。自下而上模式没有认识到读者在阅读过程中的高层次知识的作用，而自上而下模式则不承认低级加工水平的重要性。由此鲁姆哈特提出了相互作用的模式。作为前两者的互补，相互作用的阅读模式提供了调和前两者之间差异的框架，因而深具影响力。

鲁姆哈特认为自下而上和自上而下思维在各个阶段都是相互作用的。读者在阅读时，其实同时运用自上而下与自下而上的策略。阅读过程中人脑像一个信息处理中心，不断地搜集输入的信息，并通过 4 个辅助储存库(表音法知识、构词法知识、句法知识和语义学知识)不断筛选、认同，从低级到高级依次处理。与此同时，与之相反的信息处理也在发生，读者头脑中的背景知识和已有的语言知识对获得的点滴信息立即提出假设，最先从语义学知识进行证实，然后分割成句法知识分析、构词法知识分析和表音法知识分析，通过这一系列的分析对假设加以肯定或否定。因此，每一阶段的知识分析不仅来自更高一级的知识分析，也依赖于低一级的知识分析，一旦两者吻合，就产生令人满意的阅读理解。因此,"图式"是基石,一切信息处理都建构在这个基石之上。

就阅读过程而言,阅读是一个由读者主导的复杂的信息加工过程,包含了字词识别、句法分析、涵义理解、推理判断等一系列交替进行的认知与理解过程。鲁姆哈特的阅读过程相互作用模式认为,阅读认知包含了由视觉主导的文字信息的分析、存储和加工的整合过程;而阅读理解则是逻辑思维活动下的认知活动的综合与发展。认知与理解彼此支撑,交替发展。不同个体因其知识经验和认知能力的不同,其认知和理解的水平和程度亦不同。[1]

鲁姆哈特认为,阅读的工作机理在于双向的往返沟通,即在阅读的任何阶段,都存在着这样两种语言加工形式。后续研究者又提出了"材料驱动"和"概念驱动"两个概念。

(1)"材料驱动"是指对言语材料在感知水平上从最低的感觉材料开始,由下往上地分析、加工。

(2)"概念驱动"则和"材料驱动"相反,是在理解水平上,从最高的意义结构开始,由上往下进行分析。

在理解一篇文章的时候,这两种不同类型、不同方向的加工是协同进行的。鲁姆哈特的相互作用模式能够说明阅读过程中的许多现象,这些现象用高夫模式或古德曼模式来解释是有困难的。因此相互作用的阅读加工模式影响最为广泛,它整合了高夫的自下而上模式和古德曼的自上而下模式,阅读过程中读者无论采用哪一种信息加工模式,都需要语言学知识(语言图式)和先验知识(内容图式)的支持。阅读就是一个视觉信息与词汇、构词法、句法和语法信息相互作用的过程,人脑如同中央处理器,由低级到高级,依次处理,最终获得意义理解(如图2-3所示)。

---

〔1〕 张必隐.阅读心理学(修订版)[M].北京:北京师范大学出版社,2004:35-46.

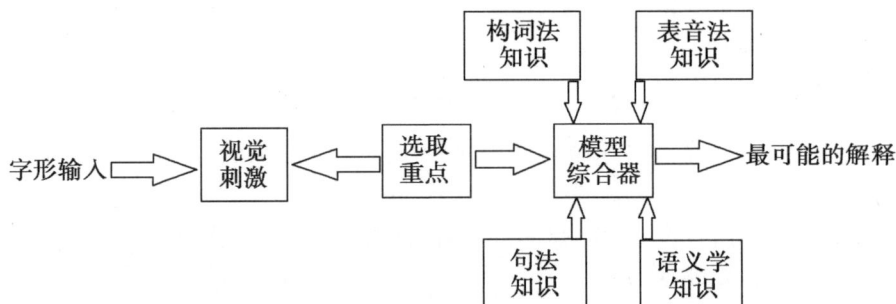

图 2‑3　相互作用的阅读加工模式（D. E. Rumelhart）

（参见：彭聃龄，谭力海. 语言心理学. 北京：北京师范大学出版社，1991：310）

2.3　阅读能力框架[1]

　　一个读者不论其读的是小说、诗歌、学术论文或其他类型、题材的内容，也不论其采用的是传统纸质阅读，抑或数字阅读形式，其阅读过程是一致的（如图 2‑4 所示）。

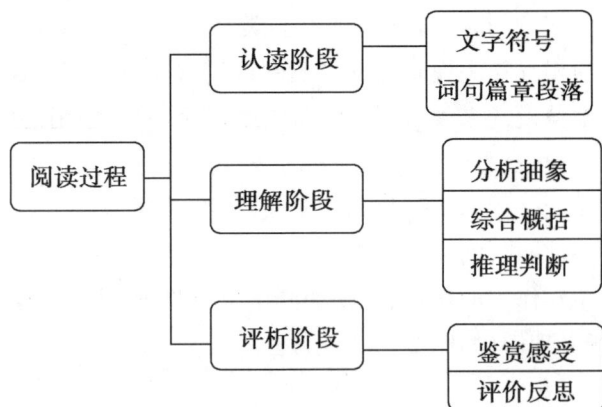

图 2‑4　阅读过程三阶段

　　在此过程中，读者需要调动广泛的认知能力，诸如词汇、语法、文本结构等语言学知识，回忆和调用与阅读内容有关的个人经验和自身相关知识储备，唯此才能形成对阅读文本内容不同层次的理解。不难看出，阅读能力是

----

　　〔1〕　袁曦临，王骏，刘禄. 纸质阅读与数字阅读理解效果实验研究[J]. 中国图书馆学报，2015(5)：35‑45.

指完成对文章的阅读所应该具备的本领。所谓"阅读能力"是阅读者运用自己的知识、经验和一定的方法顺利地进行文字的阅读,是由多种因素组成的复杂系统。阅读过程对应的是读者的三种阅读能力:理解能力、鉴赏评价能力和衍伸发散能力(如图2-5所示)。[1]

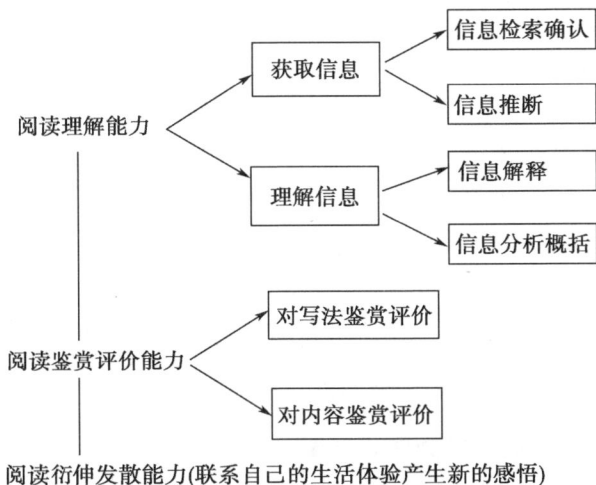

图2-5 阅读能力的层次分解

(1)理解能力。阅读理解能力中包含了认读能力和理解能力。其中,认读是阅读能力的基础。一般包括对文字符号的感知与辨识能力、识字量和认读速度,认读是最基本的阅读能力,也是整个阅读过程的基础,主要有两种能力范畴:其一是视读的广度,即视知觉范围的大小;其二是认读的准确度,主要表现在对一些音形义混淆,容易错读、错写的字以及对同义词、反义词的辨析等。理解能力是在认读的基础上,对阅读信息进行消化、加工的能力,它是阅读能力的核心。理解能力包括:理解词语的能力、理解句子的能力、理解语言结构的能力、理解文章表达方法的能力等。从字、词、句入手,经过判断和推理、抽象与概括的思维活动,达到对文章结构和表现形式的理解以及作者观点、思想主旨的理解。

(2)鉴赏评价能力。是指对阅读材料的思想内容、表现形式、风格特征等作出评判的能力。评价语言的能力是指对阅读材料的体验和评价能力,包括对从材料的思想内容到表现形式、语言文字、写作风格等进行评价,即能从评价的角度进行鉴赏,对作品的欣赏和评价能力,朱自清认为这是一种"情感

〔1〕 莫雷.学习的机制[M].北京:北京师范大学出版社,2013:35-43.

的操练"。

（3）衍伸发散能力。主要包括通过阅读理解实现应用的能力，即阅读的迁移能力，是把在阅读中学到的知识加以运用的能力。应用迁移能力指通过阅读后，将获取的种种信息加以灵活使用，以获得新知识的能力。应用语言的能力的最大特征是由此及彼、举一反三。这是一种较高的思维活动，需要掌握精读、速读、浏览、质疑、比较等方法，具有独立性和研究性。

目前，关于阅读能力的研究集中在三个国际阅读测评项目，分别是 PISA（Programme for International Student Assessment）、NAEP（National Assessment of Educational Progress，NAEP）和 PIRLS（Progress in International Reading Literacy Study）。这三个国际阅读水平测评项目对于阅读能力的定义和界定上虽然有所差异，但在大方向上有基本共识。《PISA 2009 阅读测评框架》《NAEP 2011 阅读测评框架》以及《PIRLS 2011 测评框架》的关键要素和内容体系是基本一致的。[1]

2.3.1　NAEP 阅读能力测评框架

美国国家评估管理委员会（National Assessment Governing Board of the United State）提出的全美教育进展评价（The National Assessment of Educational Progress，简称 NAEP）至今已经有四十多年的历史，是美国唯一一项全国性的基础教育质量评价体系，具有较高的国际影响与学术价值。PISA 是 OECD（Organization for Economic Cooperation and Development，经济合作与发展组织）开发的一个国际性学生评价项目。PISA 测评主要包括三个领域：阅读素养、数学素养及科学素养，每三年为一个评估周期。

NAEP 与 PISA 在阅读素养测评的理念与内容上既有相似之处，也存在差异。NAEP 基于美国学校的实践和标准，主要测试学生在校期间的表现；PISA 的测试内容则是国际化的，主要测试学生适应未来生活的准备情况。

NAEP 阅读能力评价框架主要评价四种能力[2]：

（1）阅读概括能力（Forming a General Understanding）：是指对文章的主题和主要内容进行整体理解和把握的能力。

---

〔1〕 叶丽新.国际阅读《测评框架/说明》的特征和启示——"测验文件"编撰的角度[J].教育测量与评价，2013(2)：28-34.

〔2〕 何光峰.美国 NAEP 阅读能力评价框架之评价与借鉴[J].教育测量与评价，2012(4)：16-19.

（2）阅读分析能力（Developing Interpretation）：是指对文章内容的细节进行理解的能力。

（3）阅读联想（联系）能力（Making Reader/Text Connections）：是指学生思考文章深层意义的能力，评价学生能否把自己的生活与文本的意义进行联系、能否用文章中的一些思想观点解决生活中的问题。

（4）阅读评价能力（Examining Content and Structure）：是指对文章的篇章结构或者观点进行评价的能力，包括评价文章是怎样组织的、为什么这样组织，评价文章的内容、组织结构和形式的适切性。

2.3.2 PISA 阅读能力评价模型

国际学生评价项目 PISA（Programme for International Student Assessment）的阅读理念和测试框架认为，阅读不是单向维度的技能，对阅读素养的评价可从获取与检索、整合与解释、反思与评价三个方面着手。[1] 包括从基本的字词解码，到句法、语法和文本结构和特征，涵盖读者对于世界知识的认知，以及阅读元认知在内的广泛能力。

"PISA 2009 测评框架"特别指明：电子文本阅读测试中客观性题目的比例将大一些。还作了如下补充说明：

主观题，即需要专家评分的题型，包括开放性建构反应项目和简短的建构反应项目；

客观题，即不需要专家评分的试题，包括多项选择题（multiple choice）、复杂的多项选择题（complex multiple choice）和封闭的建构性反应项目（closed constructed response items）。

表 2-1　PISA 2009 纸质文本阅读中主观题和客观题的大致分布和比例

认知过程	主观题的比例（%）	客观题的比例（%）	试卷中的比例（%）
访问与检索	11	14	25
整合与解析	14	36	50
反思与评价	18	7	25
总的比例	43	57	100

〔1〕陈康. PISA 阅读素养测评内容领域的解析及其启示[J]. 中国考试,2014 (10)：57-61.

表 2 - 2　PISA 2009 电子文本阅读中主观题和客观题的大致分布和比例

认知过程	主观题的比例（％）	客观题的比例（％）	试卷中的比例（％）
访问与检索	0	25	25
整合与解析	0	35	35
反思与评价	15	5	20
综合的	15	5	20
总的比例	30	70	100

PISA 2012 的测试中更是体现出了从传统阅读向数字阅读转变的趋向。PISA 2012 阅读素养测试包括两个项目：纸笔阅读测试（必选）和计算机辅助的数字阅读测试（自选）。数字阅读测试提供的电子文本是一种非线性的多重文本形式，要求读者根据提供的情境与任务要求去发现和理解阅读内容。与传统纸质阅读不同，数字化阅读是利用信息技术以数字代码方式将文字、图像、视频等内容编辑加工后，存储在电子媒介（如电子书阅读器）进行信息读取的新型阅读方式。[1] 测试表明，在 PISA 2012 计算机测验中，学生数字化阅读成绩排名前 4 位的国家或地区依次是新加坡、韩国、香港（中国）、日本，中国上海学生数字化阅读成绩略低于加拿大，位列第 6。上海参赛学生的整体阅读水平虽然较高，但数字阅读较弱，缺乏适应性，4 级以上阅读精熟度水平的比例在亚洲参赛队中排名最低，与新加坡也存在 14.3 个百分点的差距。[2] 这从一个侧面说明了国内对于数字阅读的认识与国际存在着较大差别，国内对于数字阅读的研究尚未提升到高度重视的位置。

2.3.3　PIRLS 阅读素养测评框架

PIRLS 项目是每五年一次的全球范围的 PIRLS 阅读素养评价，以此来监控儿童阅读能力的未来发展。PIRLS 将 9 岁左右的学生确定为测试对象，相当于大部分参加国的四年级，之所以选择这样的群体，是因为 9～10 岁是儿童作为阅读者的发展过程中一个十分重要的转折点，大多数国家都要求四

〔1〕 陈纯槿，郅庭瑾.信息技术应用对数字化阅读成绩的影响——基于国际学生评估项目的实证研究[J].开放教育研究，2016，22(4)：57 - 70.

〔2〕 邹一斌.PISA 2012(上海)：从传统阅读到数字阅读[J].上海教育科研，2015(2)：10，16 -19.

年级末的学生能够知道如何阅读，并且可以通过阅读来进行学习。

PIRLS 2001 对"阅读素养"的定义为：理解和运用社会需要的或个人认为有价值的书面语言形式的能力，儿童阅读者能够从各种文章中建构意义，他们通过阅读来进行学习、参与阅读者群体并进行娱乐。PIRLS 2006 对"阅读素养"又做了进一步的描述：理解和运用社会需要的或个人认为有价值的书面语言形式的能力，年轻的阅读者能够从各种文章中建构意义，通过阅读进行学习、参与学校中和日常生活中。强调了阅读活动发生的不同情境。

"PIRLS 2011 测评框架"认为，阅读理解过程由四个阶段构成：① 聚焦和检索文本中直接陈述的信息；② 直接推论；③ 解释和整合观点、信息；④ 检视并评价文本语言、内容等特征。

表 2-3 "PIRLS 2011 测评框架"阅读认知过程与测试任务类型

阅读认知过程/阶段	对应的阅读任务类型
聚集和检索文本中直接陈述的信息	识别与特定的阅读目的相关的信息 寻找特定的观点 寻找词或短语的定义 识别故事发生的环境（如时间、地点） 寻找主题句或中心意思（如文中清晰呈现了）
直接推论	推断事件之间的关联性 总结论证的要点 指明代词所指示的对象 识别文本中的概括性结论 描述两个人物间的关系
解释和整合观点、信息	辨识文本的主题 思考人物可能的行为或选择 比较、对比文本中的信息 推断故事的感情基调或语调 阐释文本知识/信息在真实世界中的应用
检视并评价文本语言、内容等特征	评价文本中描述的事件发生的可能性 描述作者是如何设计了一个出人意料的结局 评判文本中信息的完整性和清晰程度 站在中立的立场评判作者的观点

PIRLS 阅读测试的评价内容包括四个理解过程：

（1）关注并搜寻清晰表达的信息。读者能够直接在文本中找到一些明确、具体的在文本中直接陈述的并且不需要进行推论就可以理解这些信息的能力。属于这一理解过程的问题有：具体的概念、词或短语的定义，故事发生的时间及地点等。

（2）进行直接推断。是指读者在理解文本时能够应用一些具体明确的信息去对文中没有直接陈述的隐含信息和观点作出推论。这要求读者不能只停留在材料的表层，应深入到内部去探索本质。这类阅读测验题包含推测事件发生的原因或两个信息之间的关系。

（3）对观点和信息进行解释和综合。是指将个人的知识经验与文本意义相结合，从而更深入细致地理解文章。

（4）对内容、语言和结构成分进行检查和评价。考查读者在理解文本的基础上对文本进行的批判性思考，利用文本外的知识经验来表达拒绝、接受或者对文本中的观点或其结构保持中立。

综合上述三种阅读能力框架，可以发现 PISA 更注重学生在现实生活中运用所学的能力。认为阅读能力是读者为获得个人目标，发展知识和潜能以及有效地参与社会活动的基础和保障，因此 PISA 将"阅读素养"界定为"理解、运用、反思书面材料的能力以及投入阅读的状况"；NAEP 更关注阅读的过程，因而将"阅读"界定为一个积极且复杂的过程，涉及理解书面文章、形成并理解含义，根据文章类型、目的与情景，恰当使用含义。[1]认为读者应该能够根据不同的目的和已有的知识经验流利阅读并关注读物的意义，形成对读物的理解并能对其意义进行扩展、描述及批判，并且在这个过程中能够运用不同的策略及形成积极的阅读习惯和态度。

与 NAEP 相比较来看，PISA 更强调测评学生的元认知能力，即学生在面对文本时运用恰当的策略的意识和能力，而 NAEP 的框架中缺乏元认知能力的考查，只是有一些关于阅读习惯和阅读指导等方面的问卷。2009 年的 PISA 框架中，还包括媒介和环境两个维度方面，因为当年的阅读测试除了传统的纸质文本外，还包括电子文本，在环境上就有不能改变文本内容和允许读者增减或改变文本内容的差别（比如电子文本中的博客、聊天室等）；而 NAEP 不使用电子文本。

相比于 NAEP 和 PISA，PIRLS 则更关注阅读的情境，认为阅读素养就是理解和运用社会需要的或个人认为有价值的书面语言形式的能力，强调阅读者能够通过阅读适应不同的情景需要，例如为了消遣娱乐而进行阅读，为

---

〔1〕 陈晨,潘苏东.美国全国教育进展评价体系的发展历程：40 年回顾[J].外国中小学教育, 2009(12)：14－18,39.

了文学体验而进行阅读,为了获得信息而进行阅读,为了学习知识而进行阅读,为了完成某件事情而进行阅读……不同的阅读目的在阅读活动的具体实践中便体现为不同的阅读情境。总之,强调读者能够从各种文章中建构意义。

目前对于阅读能力和阅读素养的认识框架主要还是基于传统纸本阅读的,但在 PISA 的框架中已经开始重视数字阅读的能力。事实上,在数字信息环境中,读者一旦习惯于搜索引擎、超链接文本、手机屏幕阅读,那么其阅读行为模式就一定会发生改变,并最终演化出与数字超文本阅读相适应的"阅读脑"以及"阅读眼"的视觉加工模式,诸如更关注检索、点击、浏览和保存等。

第三章

数字文本形态特征

从阅读过程的发展过程来看,图书的形态其实一直都在变化之中,从泥版、莎纸草、竹简木牍,到雕版、活字印刷。总的来说,自谷登堡开创现代图书印刷以来,作为印刷术产物的纸质书籍进入了相当漫长的稳定阶段,直至1965年,美国信息技术专家、哲学家及社会学家泰得·尼尔森(Ted Nelson)发明了一种通过计算机处理文本信息的方法——超文本(hypertext),阅读的模式才由此发生了革命性的改变。

在传统印刷时代,一个文本的边界是固定的,图书的开本决定了文本的边界,但是在电子书的世界里,其边界是难以界定的,只要一个数字文本中包含超链接,那么其边界限定就变得模糊了,每一个链接都可以指向不同的时空,带领读者前往不同的方向。另一方面,传统文本是逻辑自洽的,严密的逻辑链条将文本的意义贯穿始终。而一本书如果以网络版的形态出现,那么在可以被全文检索、下载、阅读,在带给读者便利的同时,也完成了其对外部世界的开放和对接,不仅可以对接其他的图书,也可以对接期刊,甚至是电影、数据库、网络数据平台。从阅读形态上看,iPad、Kindle 以及各类型智能手机,不论是屏幕的呈现质量,还是数据传输速度,乃至阅读功能都日趋多元完善。但是,从传统纸媒的角度来看,数字文本即意味着一本书的肢解,传统意义上书籍的系统性、逻辑性和叙述性被超文本结构的跳跃性、碎片化和开放性破坏了。

3.1 数字文本的特征

伴随移动互联网的发展，数字阅读给读者阅读带来的影响，不仅反映在把阅读的内容诸如文字、图像从纸面移植到移动设备的屏幕上，也藉由阅读文本的形态改变，从阅读行为和阅读心理上改变和塑造着读者新的阅读习惯和阅读需求。由此也促使我们考虑，为什么网络时代的读者会越来越青睐数字化文本？这些通过 iPad、Kindle 和手机阅读的数字文本与传统纸质文本究竟有着怎样的差异与不同？读者喜好阅读的数字文本主要是什么形态的？究竟是哪些特点吸引了越来越多的青年读者群体？以及数字阅读的文本结构又是怎样的？

3.1.1 显示屏与信息密度

阅读从根本上讲是受制于阅读环境和阅读载体的。物理学把某种物质的质量与该物质体积的比值称为这种物质的"密度"。信息密度（information density）是指一份信息所能提供的相关信息量的相对指标。在物质系统中，信息密度是单位质量具有的信息；"单位质量具有的信息"提供了对各种体系的信息进行比较的基础。

在巴比伦文明中，在一块泥版上 1 英寸可以荷载 34 个字符；在中国古代，为荷载一个汉字大概要用 1 克物质（写到竹子上）。在手抄本上 1 英寸可以有 141 个字符，在缩微胶片上可以有 10 000 个字符，而在光盘上则有 5 000万个字符；如果利用 256 兆位的计算机存信息的芯片，1 克物质大约可以荷载100 万个汉字。[1]

如果不限于信息的存储，而是观察信息的传播过程，那么可以发现信息密度的提高，有助于在很短的时间内传播大量的信息给读者。比如"弹幕"，"弹幕"原本的涵义是观众对视频或影片作出的在线评论，但由于网络的即时性，使得在某个时间点上读者就观看的内容所做出的即时评论集中呈现，如枪林弹雨一般，从一个点扩展为一个面，信息量骤然扩大，极大地提高了单位时间内的信息密度，改变了在传统阅读年代对于作品的评论只能发生在观看之后的滞后延时方式。因此，就信息密度而言，数字介质的阅读内容信息密

〔1〕 刘子明. 从纸张到数字[M]. 郑州：大象出版社，2013：9-10

度远高于传统的纸质介质。

目前，数字阅读的工具主要依赖手机或 iPad。一个智能手机屏幕合理的参考尺寸是在 4.0～4.7 英寸之间。正是出于这样一个物理限制，在手机触屏呈现的阅读内容的字数是有限制的，不可能太多，字体过小、排版过于密集也不利于阅读。可见，信息密度并非越高越好，如果是小字排版的《甄嬛传》，即便是粉丝，也很难坚持下去。只有符合读者阅读习惯的排版方式，或者说呈现恰当的信息密度才具有长久生命力。

在手机显示屏不能无限扩展的前提下，为了提高阅读信息的密度，数字阅读载体上出现了越来越多的视频、语音内容，并逐渐发展成为数字阅读内容的重要组成部分。手机的功能不再仅仅限于文字的识别，还包含图片、语音和多媒体，从文字到图片到语音的发展，恰恰体现了人们在使用手机阅读过程中希望提高信息密度的需要。换句话说，在屏幕限定不能够改变的前提下，增加图片、视频或图片和文字的混合能够极大地提高信息密度。

另一方面，数字介质虽然拥有更高的信息密度，但就阅读的信息总量而言，还有可能低于传统报纸和杂志。就网络阅读总量而言，假定一个读者微博关注了 50 个人，而每个人平均每天发布 2 条信息，那么这个用户每天的微博阅读量大致是 50×2＝100 条微博信息；而每条微博信息最大为 140 个汉字，即 100×140＝14 000 个汉字，这个阅读量仅仅相当于 3 篇 6 000 字的论文，远远不及浏览一期《三联文化周刊》，这样的阅读量无疑是很小的。

因此，为了适应读者进行手机屏幕阅读，数字媒体必然会采用读者接受的方式来提供更多地阅读内容，以微信公众号为例，其对于文章的组织和推送，常常是围绕某一观点、事件或主题，选择文字、图片、音视频以及混合动态图片进行描述和说明。而读者则通过不断的滚屏、点击链接或翻页来接收更多地内容信息。但是，每一次滚屏、翻页、点击其实都蕴含着阅读模式的转换，相应地也增加着读者处理信息的工作量和工作强度，加重了读者的认知负荷。读者大抵都会有这样的感受：似乎每时每刻都在刷微信、刷朋友圈，每天的微信阅读量少则 4～5 篇，多则十数篇文章，但真正能记住的内容似乎并不多，原因之一就在于数字阅读的信息密度可能很高，而信息总量并不一定很高，而与此同时，读者所承担的阅读负荷却远远高于传统纸本阅读，一旦阅读负荷超过一定界限，读者就选择不看了。从这个意义上看，听书的读者近年来发展迅猛，其实正是读者采用的一种降低数字阅读负荷的策略选择和调整。

3.1.2 超链接与超文本[1]

从内容组织的结构和形态上讲,数字阅读文本最为核心的改变是文本的组织方式发生了革命性的变化,这种变化的本质就是超链接。众所周知,纸质书籍是一种线性的组织方式,通过篇章目次、段落分割、页码编排等设置,规定了一本书的体系结构,同时也规定了读者的阅读顺序和线路。1965 年美国信息技术专家泰得·尼尔森(Ted Nelson)发明了超文本技术,通过超链接可以将文本、图像、网页乃至音像等等文件组织整合起来,成为一个开放的、多向度的文本集合。超链接就如同隐藏在阅读文本中的开关,控制着读者从一个文本单元到另一个文本单元,不断向前延展。

超链接是指从一个网页指向一个目标的连接关系,这个目标可以是另一个网页,也可以是相同网页上的不同位置,还可以是一个图片、一个文件、一个网址,甚至是一个应用程序。超链接是一种网页之间或站点之间进行链接的元素。当浏览者单击已经链接的文字或图片后,链接目标即显示在浏览器上。按照链接路径的不同,网页中超链接一般分为以下三种类型:内部链接、锚点链接和外部链接。超链接可以扩展阅读内容和范畴的功能。此外,面对繁多纷杂的内容,可能导致阅读文章的页面很长,需要读者不断拖动浏览器的滚动条才能控制阅读的速度,找到想看的内容或需要的内容。超链接的锚(anchor)功能就是面向和解决这类问题的,锚的作用在于控制在单个页面内不同位置的跳转,因此也被称为书签。

读者在阅读的过程中,根据兴趣和自身理解的需要点选链接,实现在不同文本单元之间的"腾挪跳跃",切换到超链接所指向的文字、图片或文件,进行选择性浏览和阅读。由此,形成不同于既往的超文本阅读模式,进入"超阅读"(hyperreading)的数字阅读时代。

就结构而言,超文本就是采用标记语言等技术手段对传统文本进行"赋码",通过给原有文本增加属性和标识,将不同的文本单元嵌套、链接在一起。从文本结构出发,超文本文献大致可分为三大类型[2]:

(1)基础型超文本。这类文本的主体仍是线性文本,它所包含内嵌的其他文本单元并不影响到文本的主体,起到的作用是辅助和支持性的。例如,

---

〔1〕 袁曦临. 超文本结构与超文本阅读[J].图书馆杂志,2015(5):12-19.

〔2〕 黄鸣奋.超文本诗学[M].厦门:厦门大学出版社,2002:92.

《文渊阁四库全书》(全文网络版)设有联机字典《四库大辞典》,该辞典设计了大量反映著者和著者、著者和书名、书名和书名之间联系的超级链接,读者在阅读时可根据需要查阅辅助工具。基础性超文本的目的是为阅读者提供支持性的背景信息,包括注释、解释、背景、文化历史知识访问等。

(2)扩展型超文本。这类文本包含扩展链接的完整工具,提供 XLink 功能,XLink 定义了一个文档如何链接到另一个文档,因此它可以链接任意数量的资源,包括指向远程资源的元素和本地资源的元素。百度百科中常见的对词条内容提供引用来源,这一功能就是通过扩展链接实现的。[1]

(3)间接超文本。即在同一个视窗下同时提供两个或多个文件。这一类超文本在数据库中最为常见。以电子期刊为例,浏览界面通常会提供多个文件,包含刊名、刊期以及当期目次。读者在浏览过程中不论是点击目次,还是刊期,界面就会发生变化,开启另一视窗重叠在主界面之上。因此,间接超文本的设计是以拼贴、并置的形式,平行并列地体现文件与文件之间的关联性。读者在阅读过程中,往往会在一个页面中同时打开两个,甚至更多页面窗口,以便阅读、参考和编辑。

不论何种类型的超文本,就其结构而言,都打破了传统印刷文本的线性结构,代之以开放的多元的层级嵌套结构,如图 3-1 所示。

传统的书本阅读是线性阅读,传统文本的结构相对严密,具有逻辑性、整体性和连贯性,而网络数字阅读的文本结构多为松散的,内容上并不强调有缜密的逻辑关联,文章中的很多背景知识会通过文本链接和录像链接予以形象化解释。从图 3-1 中可以清楚看出链接是超文本的核心所在,不同文本通过节点链接成为一个开放的网络语义系统。由于链接的存在,改变了文本既有的线性的逻辑结构,使得超文本可以不必考虑文本单元之间时间以及因果关系上的联系。因此,通过超文本技术组织起来的文本必然是立体多维系统。[2]

20 世纪 90 年代以来,学术交流和学术出版领域发生了巨大变化。在过去,学者以浏览阅读学术专著和学术期刊为获得专业知识的主要途径;随着数据库的普及,占据了学术交流核心位置百年之久的学术期刊,主体地位逐渐下降,数据库取代学术期刊成为学术交流的主体。学者往往通过数据库检

---

〔1〕 杨柳.基于中文维基百科的文本扩充[D].华中师范大学硕士论文,2011
〔2〕 袁论.超文本文学链接方式及其影响[J].文学教育,2007(5):28.

索,直接获得学术论文或浏览阅读某一专著的具体章节内容。其在阅读过程中,习惯以某一篇论文、某一作者或某一知识点为线索,开始进一步知识发现的探寻过程。一言以蔽之,今天的学术阅读更多地是"只见论文不见刊"。纸刊已经步入退出序列,E-Only、E-First 成为"学术期刊"出版主流。

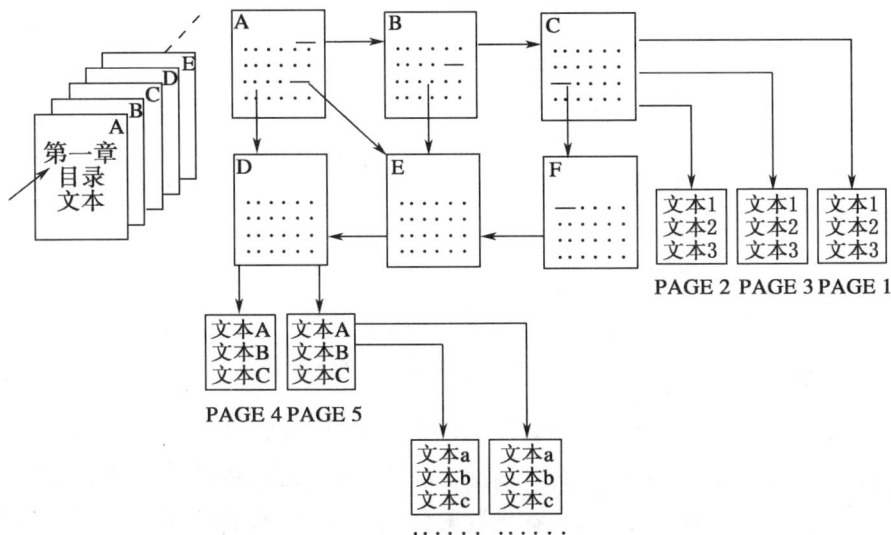

图 3-1　超文本的层级嵌套立体网络结构

以 CNKI"知网节"为例,可以清楚看出学术领域中读者的阅读习惯和阅读路径。图 3-2 所呈现的正是学者们最常使用的 CNKI 的知网节。从图 3-2 可以看出,通过链接,一份份完全独立的学术文献按照学术研究的内在逻辑关系,如学术基础、学术发展趋势等,实现了彼此的关联、衔接,形成了一个与学术思维方式相一致的围绕某一研究主题的语义网络,并且这一专题文献网络可以随着研究的进展而不断变化、调整和扩充。这样一个藉由引证文献、被引文献、相似文献、共引文献、推荐文献以及作者、机构、期刊、关键词等知识节点组织起来的超文本文献,其文本信息的组织方式与传统线性学术文献是很不一样的,它不反映知识体系的上下从属关系,而是以读者的阅读和利用为中心;学术论文按照研究主题内容的关联互相衔接,读者根据研究与学习之需,随时随意扩展。被链接的文献始终是位于特定文献之外,但透过它们,才生发出其他的新的研究热点、焦点和中心。

阅读的进化：从深阅读到浅阅读

同被引文献 本文与同被引文献构成了引证文献的共同研究基础

相关文献作者 与本研究相关的主要学者群

相关研究机构 与本研究相关的主要研究机构

二次引证文献 进一步反映本文工作的发展

引证文献 本文研究工作的继续、发展及评价

该作者后续研究者的研究成果

相似文献 基于文献内容,机器判断与本文同类的文献

读者推荐文献 阅读过本文的读者认为与本文研究相关的文献

知网节(对应一篇文献)
1. 题录摘要 链接到作者、关键词、期刊、机构等知网
2. 参考文献
3. 引证文献
4. 共引文献
5. 同被引文献
6. 二次参考文献 二次引证文献
7. 相似文献
8. 读者推荐文献
9. 相关文献作者
10. 相关文献机构
11. 分类导航
12. 相关期刊
13. 知识元

参考文献 本文的直接研究基础、依据

二次参考文献 进一步揭示本文的研究基础

共引文献 与本文有共同研究基础的文献

该研究领域的前期研究成果

相关期刊 发表本领域研究成果的主要刊物,便于跟踪和投稿

分类导航 快速获得相应专业的全部文献,揭示学科交叉渗透,启示新的研究方向

知识元 展示本文的各类关键知识点,方便读者快速阅读

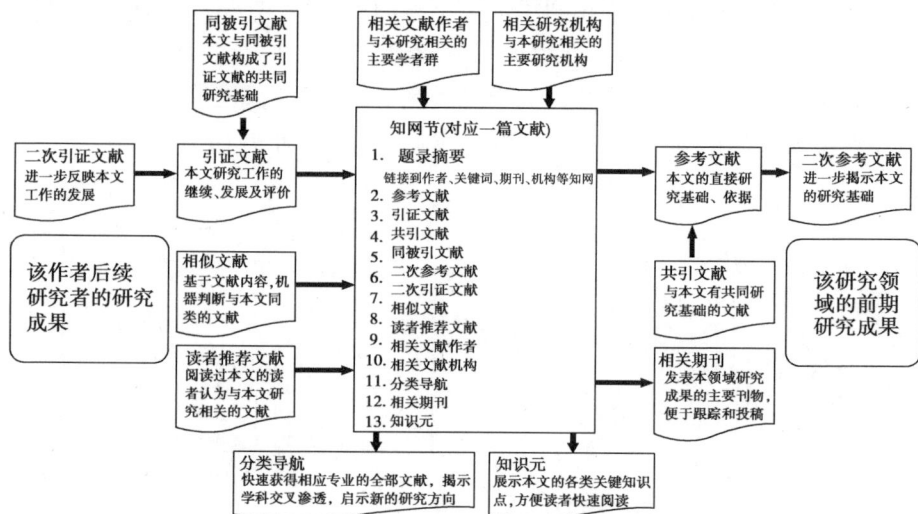

图 3 - 2　CNKI 知网节的超文本设计

　　过去读者在阅读一本学术著作或浏览学术期刊的时候,往往会先浏览目次,然后根据目录线索选择阅读,因此,著作或期刊的栏目编排和体例设置显得非常重要,起到提纲挈领、推荐导读的作用;而在学术数据库的检索阅读过程中,阅读总是藉由关键词、全文搜索而打开视界,全然越过期刊、专著的整体编辑和体例,直接进入内容文字层面。如何便于检索、关联和知识发现,成为数据库这类大型超文本构架最主要的考虑因素。

　　就超文本文献而言,作者对于链接关联性的设计和设想与读者的理解之间是存在差异的,读者往往会根据自己的意愿激活某一个链接,或不点击某个链接,从而产生不一样的阅读过程和阅读路径,相应地也会产生不完全一致的阅读认识和理解。有研究表明,互联网上的一个文献平均包含 9 个链接,链接决定了阅读的不同路径和方向。[1] 即使是面对同一个页面,读者也可能会阅读到不一样的内容,这取决于读者点击哪一个链接。

　　因此,从某种层面上看,传统纸本图书的读者就如同在知识田地里耕耘的农夫,一步一脚印,一陇复一陇,直至耕完整块田地;而网络数字文本的读者则更像是在信息丛林中觅食的猎人,信马由缰,不能确定其最终路径。事实上,超文本技术对于编辑出版的影响并不是插入一个链接那么简单,更重

〔1〕　Almind,T.C. Ingwersen,P. Information analyses on the WWW methodological approaches to "Webometrics"[J]. Journal of Documentation,1997,53(4)：404-426.

要的影响就在于它正在深刻改变读者的阅读习惯和阅读行为。

3.1.3　开放性与跨超本

数字文本因其在结构上的开放性和跳跃性,挣脱了传统纸媒体系结构的束缚,给读者带来了自主联想和选择的自由,促成读者在阅读过程中可以进行自由选择,从而深刻影响了出版和阅读的生态,改变了出版编辑的工作形态以及读者的认知阅读行为,使得传统的阅读方式与场景产生颠覆性的变化。与此同时,网络环境还在技术上保障了一个电子文档可以被网络世界中任何地方的任何读者同时利用,这使得阅读的文本形态发生了人类有史以来最根本的改变,文本得以跨越地域的限制在全世界进行传播,知识终于如同人们所形容的那样,成为知识海洋,具有了流动性。从广义上讲,可以认为人类所有的知识成为了一本"大书"。

数字文本的开放性在技术层面,主要是通过引入数字对象唯一标识符DOI(Digital Object Identifier)得以实现的。DOI 系统是一个用于永久识别数字网络内容的管理系统,目前已在图书馆和出版领域得到广泛应用。DOI彻底改变了传统出版的形态,使之转向开放获取和开放存储模式。

在学术出版领域,Springer、John Wiley、ScienceDirect、Web of Knowledge 等出版巨头已经使用 DOI 实现引文与全文的开放式链接,包括参考文献及论文所依据的实验科学数据等。这些杂志所发表的论文均标引有 DOI号,读者可以通过国际 DOI 中心对论文进行检索。通过 DOI 和 CrossRef 可以实现一站式检索,实现引文到全文以及全文到引文的阅读。[1] 不仅是论文,甚至论文中的数据来源即研究过程中产生的数据集合,也都可以被整合到同一个数字文本当中。科学数据采用 DOI 识别,可便捷实现科学文献与科学数据之间的互访和互联,实现对数据运动轨迹的跟踪。以 Elsevier 出版社为例,已经实现了其电子期刊论文与论文相关的科学数据集合的联接。当期刊论文中包含科学数据 DOI 识别符时,可自动将 DOI 所指向的科学数据链接引入 ScienceDirect 数据库;读者在阅读学术文献时,如有需要即可以通过链接地址,指引到与此文献相关的科学数据集。[2] 这些改变在相当程度

---

〔1〕　DOI 中心. http://www.doi.org/index.html.

〔2〕　Jsbrand Jan Aalbersberg. Supporting Science through the Interoperability of Data and Articles[J]. D-Lib Magazine, 2011 (Number 1/2)[EB/OL]. [2011 - 11 - 18]. http://www.dlib.org/dlib/januaryl 1 /aalbersberg/01 aalbersberg.html.

上改变了学术出版的面貌，将过去的图书、期刊、数据管理全线整合为一个统一的知识服务平台。

在社会出版领域，随着网络环境的深刻改变，过去被称为"新闻编辑室"（Newsroom）的报刊内容生产部门，如今更多地被称为"内容编辑部"（Content Room），也就是说编辑部成了一个制作媒体内容的地方，不仅限于文字内容，还包括图片、全景现场、数据新闻、短视频等等，如同一个"中央厨房"，在这里进行内容的加工和处理，然后分发到各个网站、APP 和各类社交媒体渠道。进而，出现了所谓的"分布式媒体"（Distributed Media），即指由编辑完成将内容散布到用户所在的平台，不论他们是在脸书（FB）、快拍（Snapchat）、推特（Twitter）、微博、微信或是在秒拍上。这是迥异于传统媒体的一种开放式出版和传播方式。不仅如此，数字技术还深入到了文献编辑的内部。以基辛格所著 On China（《论中国》）为例，编辑在译本正文之外，增添了"表达空间"部分，即该书的天涯论坛译本加强版，将某一主题（事件、人物等）天涯上的"知识贴""互动贴"和"插图贴"有针对性地组织在一起，形成了由多个互文本组成的"能充分互动"的、"会无限联想"的、"可深度沉浸"的译本。[1]

2014 年 9 月 22 日，跨超本《红楼梦》全球首发式在南京举行。跨超本《红楼梦》是一种全新的出版形态，对传统的《红楼梦》作品进行了全新编创，对深奥的原文进行注解，嵌入由文学语言创意延伸出来的 CG 动画、音乐、插画、游戏等多媒体以及中国经典文化各类知识链接，所有这些内容都可以通过任一款现有的智能穿戴设备进行阅读。跨超本《红楼梦》能够实现对 iPhone、iPad、Kindle、Android 智能设备以及 Google Glass 等 5 类阅读终端的覆盖，对 Kindle 的亚马逊读物也创造出了"二维码读物"的创新阅读方式。可见，这已经不是一本传统意义上的"书"，而完全是一种新型的数字阅读跨超本。[2]

总而言之，数字文本和屏幕阅读确实创造了一种全新的阅读和认知环境：非线性的开放文本结构，以及不再受制于时间、空间和逻辑关系的屏幕化呈现方式，随之而来的是阅读内容的多元化，以及阅读行为的解放。虽然不能简单地说传统文本已经过时，但从历史角度看，数字文本的出现带给阅

---

〔1〕 张志云. 超文本译本：网络条件下的译本新形式——以 On China 天涯论坛译本加强版为例[D]. 上海外国语大学硕士学位论文,2013.

〔2〕 跨超本《红楼梦》全球首发 "创新阅读"让人惊叹[EB/OL]. [2019-1-10]. http://js. ifeng. com/humanity/cul/detail_2014_09/22/2940543_0. shtml.

读的深刻影响,无疑可以和印刷文本的产生带给人类的影响相提并论。

3.2　数字文本呈现形态

　　网络数字时代的读者在阅读过程中受到多方面因素的影响,包括阅读文本的编排是否明晰,阅读内容是否有趣、具有吸引力以及阅读设备的界面是否友好等等。换言之,数字内容的呈现形态能否带给读者舒适的阅读体验,是衡量数字内容产品能否具有持久市场生命力的重要因素。

　　就数字出版而言,数字内容的呈现形态在很大程度上制约和影响着读者的阅读,因此,往往需要根据不同的受众以及阅读的不同需求,出版不同格式的数字阅读内容,进行不同的排版,兼顾传统纸质出版和数字出版,以满足纸质书籍、报纸阅读和 iPad、手机、手持阅读器移动阅读等多种需要。

3.2.1　内容呈现格式标准

　　目前国际上对于数字内容格式的通用标准主要有两个: PDF 格式以及国际数位出版论坛(IDPF)标准 EPUB(Electronic Publication)格式。PDF 格式文件在 PC 等大屏幕上阅读时,拥有美观的版式,但是在手机等小屏幕上阅读时不能根据屏幕换行和重排;EPUB 是一种目前被广泛使用的电子书格式,可以"自动重新编排"内容,即文字内容可以根据阅读设备的特性,以最适于阅读的方式显示。随着电子书行业的发展,出现了许多支持 EPUB 标准的硬件设备,如 Adobe 公司开发的 Adobe Digital Editions(ADE),苹果公司的 iPhone、iPad,搭载 Android 系统的手机等电子书阅读器,亚马逊的 Kindle 电子书阅读器也支持 EPUB 格式。EPUB 格式文件在手机等小屏幕上阅读时能根据屏幕换行重排,但在 PC 等大屏幕上阅读时,就非常不美观。

　　面对手机、Pad 等数字阅读终端的日渐普及和大众对数字阅读的需求日益强烈,国家新闻出版总署于 2008 年提出制定面向数字阅读终端内容呈现格式标准,以解决目前市场上数字阅读内容格式纷乱繁杂、描述能力参差不齐等问题。2013 年 2 月 28 日,新闻出版总署发布了统一的《数字阅读终端内容呈现格式》行业标准。该行业标准底层技术基础——CEBX 技术可以一键解决版式和流式文件的转换困难,这是区别于 PDF、EPUB 的最大优势。

　　CEBX 技术是新一代版式文档技术,可以实现版面内容的重排(Reflow),获取更好的屏幕自适应特性。能够实现版式、流式的切换,以满足打印、重排等功能,例如电子书的编排,采用 CEBX 技术的数字内容,可以实现版式、流式一键切换,既保证版式的精美排版,又保证流式的实时重排,满足在手机等小屏幕上自由变换文字大小等功能。实现同一个 CEBX 格式的文件在 PC、Android 手机和 Pad、IOS 手机和 Pad、Windows 手机和 Pad、各类电子书阅读器、非智能手机等数字阅读终端中阅读。如图 3‐3 所示。

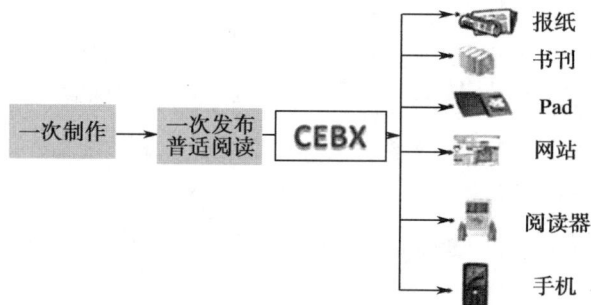

图 3‐3　CEBX 格式文件的多元化应用

3.2.2　阅读界面呈现方式

由于数字阅读主要以屏幕化的方式提供阅读,因此屏幕的尺寸大小从某种程度上就规定了读者阅读的视界所及。以数字阅读中使用最多的智能手机为例,如图 3‐4,屏幕的一般尺寸在 4～4.8 英寸之间,也有小到 3.2～3.5 英寸的;而所谓的大尺寸屏幕不过在 6.0 英寸左右。以目前用户使用最多的 iPhone 来说,3.5 英寸多点触控屏的 iPhone 是标准尺寸,更大的手机有三星 5.5 英寸的 Note II、索尼 5.7 英寸的 Xplay、华为 6.1 英寸的 Ascend Mate 以及索尼 6.44 英寸的 Xperia Z Ultra 和 XL39h。通常把屏幕尺寸大于等于 5.0 英寸的手机称为大屏手机。

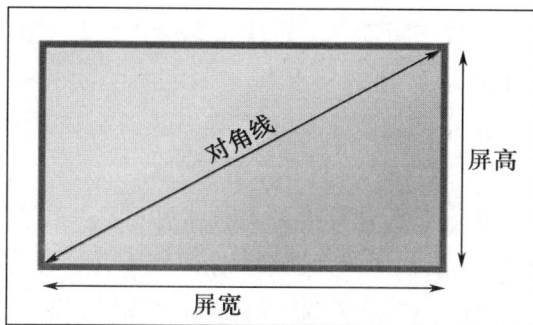

图 3‐4　手机触摸屏的尺寸显示

虽然从技术的角度来看,手机的触控屏可以向更大的方向发展,但其实是有限制的。在单手握持下,手机屏幕尺寸过大,无疑会令操作变得困难。Springer Link 的研究人员进行了一项关于智能手机尺寸对操作表现的影响的实验,研究对象涵盖 2.55 英寸到 5.3 英寸的智能手机屏幕,并在对角线、水平、垂直、中心交叉这四个操作方向检测单手操作的效率。报告指出:5.0英寸以上的手机基本上不适合单手操作,大于 4.0 英寸的手机已经不适合女性单手操作了。很显然,大屏手机严重挑战了用户单手握持和操作的习惯,单手握持几乎是手机使用的主要形态。因此绝大多数读者使用的手机基本都在 4.7 英寸左右;而一屏所能显示的字符数是有限的,虽然智能手机显示字体可以调节显示大小,但字体过小,超过一定的字数,眼睛就感到费力而难以持续阅读了。因此,基于屏幕的数字阅读不可避免地趋向"浅阅读"和"微阅读"。

屏幕尺寸深刻影响了阅读内容的呈现形式,简单说来,网络数字阅读中,滚动阅读是主流形态。阅读内容越长,滚动的频率会越高。目前关于屏幕的呈现方式大致有以下三种:

(1)纵向滚动式。如大部分网页,单栏文字,纵向滚动条,偶尔分页。

(2)横向滚动式。如 iPad 上许多传统媒体推出的应用。一般有多栏文字,横向滑动分页。如 iPad 的 BMW 杂志横向滚动更换页面主题,纵向滚动更新主题中的内容。

(3)电子书式。如 iBooks,GoodReader 等应用,单栏或多栏文字,以分页作为基本结构,甚至专门做出分页特效。

对于采用何种界面模式,大致遵循以下原则(见图 3-5),即屏幕尺寸大,内容复杂度低,更多使用扁平化结构,采用网格(栅格)布局界面模式;而屏幕尺寸小,任务复杂度高,则采用纵深结构,采用层次结构模式。[1] 所谓栅格布局就是平面布局,1692 年法国国王路易十四感到法国的印刷水平差强人意,命令成立一个管理印刷的皇家特别委员会,由数学家尼古拉斯·加宗(Nicolas Jaugeon)担任领导,以罗马体为基础,采用方格为设计依据,一个印刷版面由 2 304 个小格组成,在这个几何网格网络中设计字体的形状、版面的编排,就能够保证版面的严谨和简洁,这是栅格系统最早的雏形。[2]

〔1〕 陈晶晶. 跨屏情境下数字阅读产品用户界面模式研究[D]. 湖南大学硕士论文,2012.
〔2〕 安布罗斯·哈里斯. GRIDS 网格设计[M]. 刘静,译. 北京:中国青年出版社,2008:23-26.

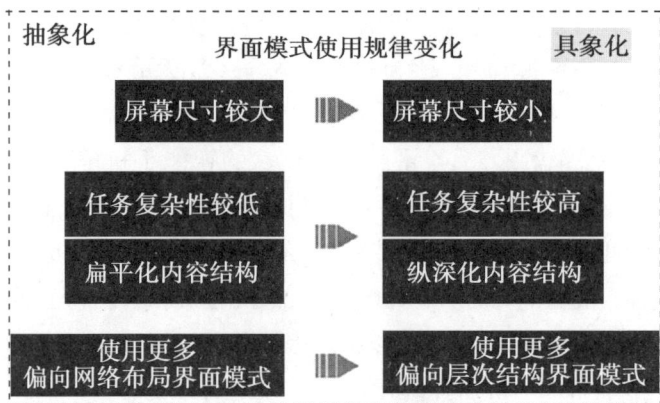

图 3-5　阅读界面模式使用原则

在网络环境下限于屏幕的尺寸，对数字文本阅读内容的组织，不可能完全采用翻页或滚动模式，这会增加阅读的阅读负荷，因此，多重视窗设计成为组织一个数字阅读文本的重要途径和方式。总之，阅读舒适、屏幕自适应和跨媒体阅读将成为衡量文档格式能否具有持久市场生命力的主要指标。格式的适应度对于阅读软件尤其重要，除了要支持尽可能多的格式之外，每种格式的显示版式支持应能够尽量保持原貌。

3.2.3　蒙太奇内容组织法

一本纸书只要装订成型，即对读者的阅读设置了规定，读者习惯上会依照目次所提供的线性进展方式来阅读，阅读的内容是受制于文本的物理性规定的，读者对于阅读文本的能动性是有限的。尽管在阅读过程中，读者也可以根据自己的兴趣和喜好，依照索引所提供的页码，进行有选择的跳读，但传统阅读仍然是一种平面的线性阅读。相应地，在网络数字文本中，这种文本的线性逻辑就被打破了。

以"豆瓣阅读"为例，豆瓣阅读有很多书是带有插画或照片的，包括绘本和漫画。这些图书在阅读器界面下，读者可以查看无损原图，细节清晰，阅读器界面支持图文混排、黑夜模式切换等最优化呈现，以保证读者获得最佳阅读体验。在豆瓣上，围绕某一部作品，所有的读者都可以对故事进行解读、分析和诠释，自由发表评论、感想、贴上标签、打分排名等，每个人的阅读都会影响到其他读者对该文本的阅读和理解。通过点选链接，读者获得了多样化的阅读内容,拓展了阅读范围,开阔眼界,激发读者联想的作用。[1]

与其他网站以产品为中心的界面构建理念不同,豆瓣网的用户使用界面完全是基于用户口味和兴趣,特别强调读者的个人特色。豆瓣阅读网页能够根据用户所使用的浏览器窗口大小来自动分页,属于回应式智能网页。此项功能的意义在于,针对使用不同型号终端,无论是 Web 阅读平台或是 iPhone、iPad、Andriod 的读者在阅读时都能实现内容的自适应,并且读者还可以方便地同步网页、iPad 及手机上的阅读列表。因此,豆瓣读书不只是个读书网站,更是一个为每一位用户量身定制的个性化"图书馆",让每位读者和用户能够对于自己的阅读生活进行自我管理。

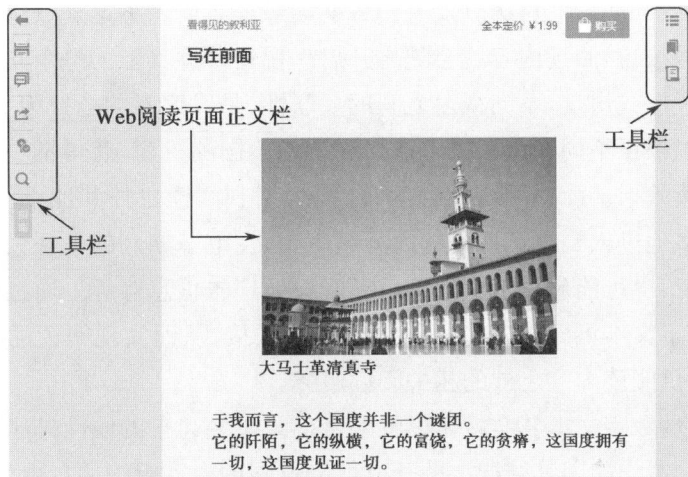

图 3-6　豆瓣阅读界面实例——《看得见的叙利亚》正文截图

如图 3-6 所示,豆瓣的网络阅读平台的页面布局最为突出的是内容,功能按钮被有序排列在两边。页面左侧为批注、评论、评分、分享、阅读模式切换等功能集成的工具栏;右侧功能键较少,仅有"切换至目录""集中显示标签"和"批注划线"3 个键。工具栏的设置可以让读者既专注于阅读内容本身,避免被繁杂的功能按钮及众多图片、链接分散注意力,又可以灵活切换不同的阅读需求和阅读功能。

从本质上看,数字文本的这种内容组织方式其实正是电影蒙太奇(Montage)方法。"蒙太奇"在法语里是"剪接"的意思,不同的电影镜头片段,经过

〔1〕　黄奋鸣. 超阅读:数码时代的文本变革[J]. 厦门大学学报(哲学社会科学版),2001(1):139-141.

筛选与安排,形成连续性的整体。当不同镜头拼接在一起时,往往会产生各个镜头单独存在时所不具有的特定含义。而对于蒙太奇语言的理解,必须借重读者的关联能力(association),通过读者的认知和理解才能把各个片段之间的关联关系挖掘出来,产生联想。在网络环境里,一个数字文本相当于一个"单幕中的电影",即在有限的屏幕空间里让众多不同类型功能的材料并置,通过关联的方式来组织阅读内容,建立起明确而严密的组织,在保证阅读界面简洁明确的同时,提供读者进行自主选择的自由。

数字文本的蒙太奇组织方法可以实现不同读者以及不同内容的素材,围绕不同目的和诉求关联组织起来。以电子期刊为例,通常一本期刊的呈现页面包括刊名、当期论文目次以及过刊各期期号等。读者不论是点选目次按钮或过刊期号按钮,阅读内容就会随之开启一视窗重叠其上。整个阅读界面以"拼贴"并置形式出现,不同视窗之间的关联性,是以读者的选择为中心,不同的读者可以根据不同的阅读需求选择和调用不同的视窗,获得不一样的阅读体验和阅读效果。随着网络社会的日常化,期刊阅读之外其他不同的属性,也越来越多地进入到电子期刊的内容组织中,在电子期刊的呈现页面中既包含论文本身,也可能包含出版信息、招聘信息、广告信息等等。通过蒙太奇组织方法,数字文本可以将这些不同角色进行联接,从而实现阅读的社区化和社会化,提供阅读内容之外的相关阅读服务。

简言之,数字文本其实就是以蒙太奇形式包装起来的线性排序的阅读内容。数字文本作品因其结构上的开放性以及阅读内容组织的自由性,导致阅读的多元化和个性化。不论是学术数据库、电子期刊、阅读网站还是网络小说、网络影视剧,其中内嵌的链接引导着读者的阅读视野在不同的数字文本之间迁移。在超文本技术的支持下,可以提供给读者多重路径选择,以及在不同的文本(不同的版本、包括评论以及其他相关内容)之间自由跳转的机制,这一阅读形态消解了作者的话语霸权,以及出版者的权威性,从而使传统线性的阅读文本变成为数字化高幂次立体文本。

3.3 数字阅读文本类型

数字文本阅读培养了读者个性化的阅读方式,调动了读者的主观能动性。读者不只是一个简单的阅读欣赏者或阅读消费者,他同时也是文本内涵和意义的参与创造者。数字阅读文本的创建是以读者的阅读习惯和阅读喜好为中心的,因此,围绕读者的阅读需求和阅读行为,形成的阅读文本类型也是不一样的。

3.3.1 文章级别的"短文"

为了适应读者碎片化的"微阅读",单篇的文章级别的"短文"成为数字阅读文本的主要类型。所谓文章级别的"短文",主要指介于微博这类短信息和书籍这类"巨型"内容之间的"内容",可以是实时的新闻资讯,也可以是垂直的行业评论或微型的文学作品。就其特点而言,多表现为短篇而非长篇、单篇而非连载。目前微信公众号的推文大抵属于这类"短文"级别的阅读内容。自媒体的火爆,聚合阅读应用的兴起,微信公众账号+朋友圈形式的阅读信息传播方式,促使了此类"文章"级别的"短文"阅读内容成为网络数字阅读的主流。"短文"有助于读者在碎片化的时间里读完,有助于随手转发,从而保证了数字阅读内容传播得更远。

而为了保证"短文"的阅读质量和传播效果,"短文"的创作者们不断地探索和发现适于读者进行移动数字阅读的呈现形式和组织特点。以微信阅读的文本内容而言,它往往强调观点的鲜明和内容的可读性,如果可以通过图片和视频表达,则首先考虑做成视频;如果必须要通过文字表述,那么对文字的精炼提出了更高的要求,并在可能的情况下添加插画或动图,以便增强可视化表达的程度。由此,图片和视频成为了网络数字化文本内容创作的新形态和主要形态,这类内容生产方式是互联网式的,所见即所得,活跃的、高质量的图片和视频不仅激发了读者的阅读兴趣,也促发了读者的创作热情,加强了读者与媒体的联系。

这里所说的"图片"并不仅仅指照片和图画,还包含了以图片形态出现的图表及其他类型信息。例如 InfoGraphic(信息图表)是近年来逐渐兴起来的一种设计表达。InfoGraphic 又称 DataViz(数据可视化),其最大的特点就是将一些冷冰冰的数据及信息以丰富的设计语言表达,在信息能够清晰传达的同时又给人赏心悦目的感觉。信息图表已经成为信息有效传达的强有力工具,可以说逐渐成为数字阅读内容生产者所"必须掌握"的内容。例如网易"数读",就是网易声称"用数据说话,提供轻量化的阅读体验"的一个栏目,该栏目在每期中均采用了以信息图表为主的展示方式。[1] 说明文字与信息图

---

〔1〕 数读. http://data.163.com/.

表结合，色彩轻松活泼，板块清晰大方，如图 3-7 所示。

图 3-7　网易"数读"主页

　　在微信阅读中存在两个重要法则：一是"平均数法则"，微信内容的深度不能逾越朋友圈熟人的平均知识水平和认知深度，否则就会无人关注；二是"两分钟法则"，内容时长不超过 2 分钟，过长的内容不受欢迎。[1] 在网络环境中，读者多选择篇幅精炼、图文并茂的短章、软文，而不是长篇累牍的艰深长文，即一种轻量级的阅读。在数字阅读环境中，一个显而易见的改变是读者的阅读内容和行为都变得"碎片化"了。这里所说的"碎片化"并无贬义，而仅是一种客观的描述，表现为阅读时间的碎片化、阅读场地的随机化、阅读内容的微小化，网络时代的读者阅读的内容通常图文并茂，篇幅短小精炼，以图文并茂的形式为主，非常适合快速浏览。

　　与此同时，文章级别的"短文"对读者的互动需求很高，例如虎嗅网、钛媒体等新媒体对移动端注意力都有着强烈依赖。如何黏住读者是所有互联网新媒体都必须要关心的问题。为了增强用户黏度，以虎嗅网为代表的新媒体采用了与传统媒体完全不同的出版内容创造方式。虎嗅网的内容生产是通过 UGC(User Generated Content)的方式创造，UGC 指用户原创内容，随着互联网的发展，用户既是网络内容的浏览者，也是网络内容的创造者，用户将自己原创的内容通过互联网平台进行展示或者提供给其他用户。社区网络、视频分享、博客和播客(视频分享)等都是 UGC 的主要应用形式。豆瓣网、优酷土豆、知乎等的成功与发展都显示了 UGC 的聚合力量。豆瓣阅读就一直

────────────

〔1〕　吴伯凡. 数字阅读 2.0 的重要性［EB/OL］.［2016-10-18］. http://bokedushu. blogchina. com/2614456. html.

强调其推出的是"作品",而非"书",这意味着豆瓣上的读本不一定是书,也可以是文章或其他类型的文本,可以是一组诗歌、一篇主题文章、一组漫画,凡此种种都可独立售卖。换言之,豆瓣阅读给了用户阅读和创作自由,豆瓣的用户可以是读者,也可以是作者,从而使更多地人加入到了豆瓣的作品生产环节,促使越来越多的小众作品得以面世。不仅如此,豆瓣阅读还提供阅读统计分析功能,帮助分析识别用户的阅读趣味和喜好,以实现作者和读者的有效对接,一方面协助作者找到感兴趣的精准读者,进行个性化推荐;另一方面,帮助读者找到能赋予其精神享受的作者,提供新的内容渠道,尽可能满足不同读者人群的个性化需求。

3.3.2 图书级别的"长文"

与文章级别的"短文"相对应的,是图书级别的"长文"。此类数字内容在学术出版领域已经成为非常普遍的情况,2004 年以来学术图书的销量下滑速度惊人,这在业界已经是不争的事实。与此相对应,是数字出版的蓬勃发展。在学术出版领域,数字出版和实体出版已没有严格明显地分界。几乎所有的学术出版集团,如 Springer、Weily、Elsevier 等都已经拥有极为强大的数字出版能力和广阔的市场。

全球最大的学术图书出版社 Springer,推出了全球最大规模、最具综合性的电子版科技及医学(STM)以及社会科学图书——Springer 在线电子图书系列(Springer eBook Collection)。此系列是根据研究人员及科学家需求而特别设计的在线图书,每年收录超过 3 000 余本新出版的图书、丛书及参考工具书。Springer 在线电子图书采用 IP 认证,在 IP 允许的范围内,读者能在任何时间、地点,随时通过 SpringerLink 平台阅读到最具价值的图书。目前平台上总计有约 12 000 本图书供读者在线阅览。

Springer 电子图书系列利用 PDF 和 HTML 数据格式的可移植性、可检索性和易访问性,让读者轻松搜索到相关资讯。除保证纸本刊物的原样得以完美呈现,亦附加在线环境的所有优点,诸如拥有强大的检索能力,且这些图书与图书馆目录以及 Springer 在线期刊能够实现无缝链接。图书馆及其读者可以无限量使用已订阅的 Springer 电子书[1],见图 3-8。

---

〔1〕 SpringerLink. http://link. springer. com/.

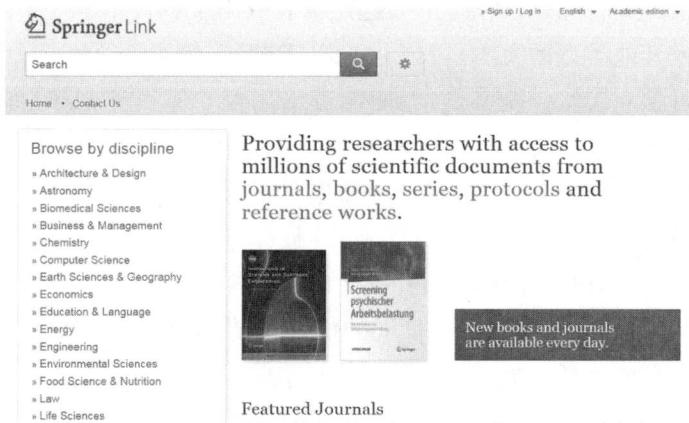

图 3 - 8　SpringerLink 主页

与学术出版领域不同,在大众出版领域,纸质出版和数字出版之间的这种分界虽然还有着泾渭分明的分界,但也在融合之中。就我国的大众出版领域而言,数字大众出版的内容以网络文学小说为主,并且存在着较为明确的内容类型化定位现象。

我国网络文学滥觞于 1998 年台湾写手蔡智恒(痞子蔡)连载在台湾成功大学校园 BBS 上的网络小说《第一次亲密接触》。在此之后,"网络文学"这一名词便开始进入人们的视线。在网络文学发展的初期,网络写手们专注于在电子布告栏(BBS)发表文学作品,这种源于草根的自发性文学创作是许多网络写手崛起的主要形式。随后,网络文学逐渐壮大,并日益改变着文学的生态,网络文学催化的数字阅读成为一种文化常态与社会现象。目前国内最主要的网络小说类型有:玄幻奇幻类、仙侠武侠类、女性言情类、历史军事类等等。不同类型的网络小说占据着不同的网络文学阵地,例如晋江原创网出品的作品多偏向言情、耽美、古言风格,因而聚集了大量女性写手和读者,是目前全球最大的女性文学基地;而幻剑书盟收录的作品主要以武侠和奇幻为主,男性读者相对偏多一些。

除此之外,还有一类数字阅读文本类型,其长度介乎微博短文和网络小说之间,Twitter 上给这类型文章的标签是"Longform"(长篇)。所谓"长篇"其实并没有确切的定义,只是相对于 Twitter 上一般性推文的短小精炼而言。大多数长篇在 1 500～4 500 字之间,最长的稿子可以达到 6 500～7 000 字,总的说来是一类比文章级别的"短文"篇幅长、但比书籍篇幅短的文章内容。美国的 Creatavist 就是这样的一个多媒体新闻编辑技术平台,在这个平台上可以设计和组合文字、图片、视频、音频等内容，并且根据网页和不同移动设备的特征编排内容呈现方式。2013 年 Creatavist 正式向公众开放，任何人都可以上网注册一个免费账号，将自己的多媒体内容制作成适合电子书、电子杂志和其他网络刊物的形式，然后借助 iPad 和 iPhone 应用里的发布平台提供给 Kindle、Nook 或者网页版读者。Creatavist 的主旨是"A new way to bring stories to life".[1] 在我国，这一类型的长文主要集中在微信阅读领域。

可见，尽管在网络数字阅读时代"碎片化阅读"和"微阅读"渐成趋势，但读者对于长篇阅读内容的需求仍然是旺盛和持久的，读者对于深度阅读仍然有需求，只不过阅读呈现出了更为细化的分流，呈现出多元化和个性化并存的局面。

3.3.3　系统级别的"互文"

在上述"长文"和"短文"之外，数字阅读文本还有一类非常特殊的文本类型，即互文型的数字文本，这类数字文本往往结构复杂庞大，类似于一个数据库系统，但与一般数据库的差别在于，这一类型的阅读文本仍然是一个完整的作品，只不过在这个作品之中有比较多的分支，而各个分支之间是有关联关系的，存在"互文性"。

所谓"互文性"，又称文本间性，是指相关文本之间存在内在的关联，通常体现在这样三个层面：

（1）同一文本内部的字词、语句间的关系。例如刘禹锡的《陋室铭》，诗中"谈笑有鸿儒，往来无白丁"一句，上下句表达的同一涵义，但句中的"鸿儒"与"白丁"就是既同义又间离的关系；这一层面所体现出的"互文性"讲究的是词句之间的修辞。

（2）当前文本与其前文本（pretext）以及后文本（post text）之间的联系。例如李商隐著名的《锦瑟》，其中"庄生晓梦迷蝴蝶，望帝春心托杜鹃。沧海月明珠有泪，蓝田日暖玉生烟"四句分别对应了历史上的著名典故：《庄子·齐物论》中的"庄周梦蝶"，《华阳国志》中的"杜鹃啼血"，《博物志》中的"鲛人泣珠"和《新唐书·狄仁杰传》中的"沧海遗珠"，以及《搜神记》"紫玉生烟"的故事。这五个典故即构成《锦瑟》一诗的前文本，而后世的元好问所作《论诗三十首》之十二"望帝春心托杜鹃，佳人锦瑟怨华年。诗家总爱西昆好，独恨无

---

〔1〕　Creatavist. http://www. knightfoundation. org/articles/creatavist-new-way-bring-sto-ries-life.

人作郑笺"，无疑脱胎于李商隐，是《锦瑟》一诗的后文本。

在传统的纸本阅读中，只有当你了解并熟悉这些典故时，你才能很好地理解这首诗的涵义；但是在数字阅读中，这个问题就变得容易解决了，采用超链接等技术，在原文与相关注释文本之间进行链接，提供阅读导航，拓展阅读内容。目前已经出现了一些动态生成文本链接锚点技术为古籍文本自动添加语词注释的数字文本，自动在读者阅读数字古籍文本的过程中提供语词注释。超文本把互文性的属性与特征具象化了，它真实体现了文本与前文本（pretext）、后文本（post text）之间的关系，甚至也打破了旧有的文本结构，模糊了不同介质和载体形式的文本之间的差异，比如小说与改编的电影、戏剧和电视剧。当读者面对电脑屏幕或 iPad，所有这些文本形式都可以在读者的主观意愿下通过超文本实现交叉与融合。

目前最具实验性的数字文本，莫过于全球范围内有着极其庞大粉丝群体的电视剧《黑镜》2018 年推出的特别版《潘达斯奈基》，该剧在 Netflix 平台放映。《潘达斯奈基》提供复杂的分支叙事，用交互按钮打破了电影的传统叙事方式，最终给观众提供了 5 个不同结局，所有支线剧情的总时长达 312 分钟。作为一个数字文本作品，《潘达斯奈基》已经完全模糊了游戏和电影之间的界限。在这部数字作品中，观众可以在多个节点为主角进行行动选择，观众做出的剧情选择、对故事线的偏好，最终影响故事的结局。见图 3-9（节图）。

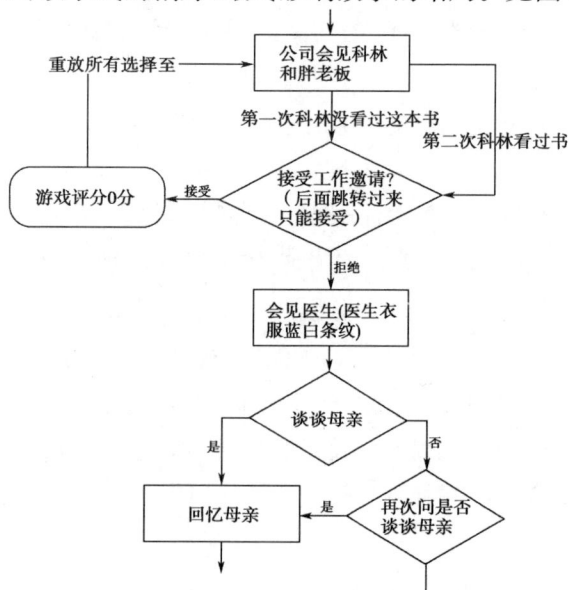

图 3-9 《黑镜》剧情分支线图举例

罗伯特·达恩顿曾经这么说过,网络数字移动阅读"改变的是形式,不变的是阅读,与其说人们喜欢技术,不如说人们更喜欢读书本身"。但是,同样的阅读内容,在数字时代的表现和生产形态却发生着深刻改变,数字阅读内容必须要适应数字阅读载体,如 iPad、Kindle 和智能手机,以及读者发展出来的新的阅读习惯和阅读需求。事实上,按照超文本的非线性、网状方式组织起来的数字文本,以及由此而产生的数字阅读,从某种程度上讲可能更符合人类的思维特点,由此获得的阅读体验,无疑比单一文本的阅读要深入和丰富许多。这正是数字阅读"互文性"的诡异与真实。

第四章

数字阅读行为特征

在纸本阅读环境中阅读是一种私人化的个体行为。从开始阅读到结束阅读,读者仅仅与文本发生联系。在阅读过程中,读者针对文本内容进行摘抄、标记、批注等行为,以加深印象,记录下引发思考的问题和想法;在阅读之后也会完成读书笔记或读后感。整个阅读过程是孤立的、单向度的,是属于读者个人的阅读活动。因此,传统阅读活动基本上可以被认为是发生在读者与作者之间,或者说是读者与文本之间的一种心灵对话。

相比之下,网络数字环境下的阅读行为则表现出更为明确的社会性。读者在阅读过程中,更习惯也更乐于针对阅读内容发表评论、分享阅读体会和经验、给阅读文本贴上合适的标签、就阅读内容的质量打分或进行排名,总之,用自己的行动影响其他读者对该文本的认知。而这些阅读行为在传统阅读中不是主流的,是不常发生的。

从 2000 年到 2018 年,中国新闻出版研究院共组织了 15 次全民阅读调查,记录了我国国民的阅读状况及其发展变化历程。调查表明,随着新媒体阅读方式的快速发展和普及,国民的上网率和数字化阅读率持续升高。2018 年由中国新闻出版研究院组织实施的第十五次全国国民阅读调查报告指出,2017 年我国成年国民人均纸质图书阅读量为 4.66 本,人均电子书阅读量为 3.12 本,移动有声 APP 平台已经成为听书的主流选择;超过半数成年国民倾向于数字化阅读方式。从数字化阅读方式的人群分布特征来看,我国成年数字化阅读方式接触者中,18～29 周岁人群占 34.6%,30～39 周岁人群占

26.1%,40～49周岁人群占24.2%,50～59周岁人群占10.6%。可见,我国成年数字化阅读接触者中,84.9%是18～49周岁人群。[1]

成年国民倾向的阅读形式

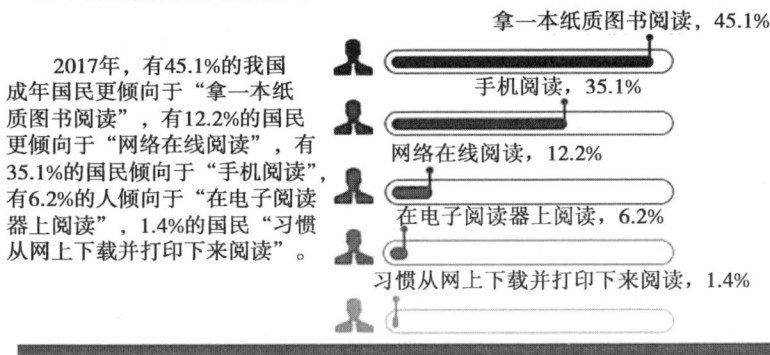

2017年,有45.1%的我国成年国民更倾向于"拿一本纸质图书阅读",有12.2%的国民更倾向于"网络在线阅读",有35.1%的国民倾向于"手机阅读",有6.2%的人倾向于"在电子阅读器上阅读",1.4%的国民"习惯从网上下载并打印下来阅读"。

拿一本纸质图书阅读,45.1%

手机阅读,35.1%

网络在线阅读,12.2%

在电子阅读器上阅读,6.2%

习惯从网上下载并打印下来阅读,1.4%

图4-1 "全国国民阅读调查报告"数据分析

美国2014年的数字阅读调查结果同样显示,成年人数字阅读比例上升较快,从2012年底的12%上升到2014年的28%。手机、平板电脑或电子阅读器使用群体相对年轻,且读者的学历和收入越高,其数字阅读倾向越高,说明阅读条件和设备的具备是数字阅读的先决条件,伴随经济收入和受教育水平的提高,数字阅读倾向会有所增加。在设备方面,42%的美国人拥有平板,其中78%使用其阅读电子书;32%的国民拥有电子阅读器,如Kindle或Nook,其中87%使用其阅读;女性比男性倾向使用电子阅读器。55%的国民拥有智能手机,但只有32%偶尔使用其阅读电子书,大多数仍倾向使用电子阅读器和平板电脑进行阅读,这说明在美国手机只是补充性的阅读设备。[2]这一点与我国的情况差异较大,我国的数字化阅读的读者更青睐于手机。

对比中美两国的国民阅读数据可以发现,我国的数字阅读普及率要远高于美国,特别是通过手机进行的网络数字阅读。青年读者群体不仅是数字阅读的主体,更是手机阅读的主流。中国正式进入互联网的时间不超过20年,在这20年中成长的"90后"被称为是中国的"网络一代"。美国未来学家唐·

---

〔1〕 中国新闻出版研究院.《第十五次全国国民阅读调查》[EB/OL]. [2019-1-10]. http://book.sina.com.cn/news/whxw/2018-04-18/doc-ifzihnep4386289.shtml.
〔2〕 王锰,郑建明,陈雅.美国国民数字阅读行为影响特征分析及启示[J].图书馆杂志,2016(4):9-17.

泰普斯科特把伴随数字与通信技术的发展而成长起来的一代青少年称为"N世代"，也就是"网络一代"。[1] 尽管中国的"N世代"仍在形成过程中，人口统计特征的边界也没有形成共识，但已显示出一些共性，如：行为更加自主，思想表达更为自由，具有较强信息意识以及多线程的做事方式，习惯于利用网络媒体。在长期的网络活动中，"网络一代"形成了较强的自主信息发现和信息架构能力，对社区性交流平台具备良好适应能力，更注重知识经验的分享交流和自我评估。与此同时，也表现出了另一些值得关注的特点，例如专注力持续时间短、注意力容易分散等。

有鉴于此，本研究设计了"网络一代的数字阅读行为问卷调查"，将调查对象集中在高校在校学生这一年轻群体，原因在于他们是真正的网络一代，他们在网络世界中出生并成长，对网络和数字设备具有天然的亲近感，因而他们的阅读行为更能体现网络数字阅读的特点，相应地，调查结果也能够更为真实地反映网络数字阅读的基本面貌。

"网络一代的数字阅读行为问卷调查"目的是探究网络一代读者的阅读行为偏好与阅读需求倾向，分析其兴趣点、阅读习惯偏好、阅读介质方式等。通过对在校大学生群体数字阅读行为的调查，揭示当前网络数字阅读的基本面貌，以及青少年读者群体的数字阅读行为模式和阅读行为特征。

4.1　个体性阅读行为

"网络一代的数字阅读行为问卷调查"问卷主体包含5方面内容，涉及：阅读基本情况、数字阅读情景、阅读策略、阅读效果、阅读服务等，是按照读者进行数字阅读的一般流程，按照阅读文本形态、阅读内容、阅读过程、阅读效果及其反馈以及对图书馆阅读服务的需求这一逻辑顺序进行问题设置的。

调查共收取有效问卷1 005份，样本数量较多，达到了一定数量级别，因而，此次调查对于青年学生群体数字阅读行为习惯的调研和分析具有一定代表性。调查对象按年龄段区分，其中年龄在19～24岁区间的在校本科生是绝对主体（占比74.7%）；学历构成以本科为主（占比68.76%）；调查对象所在地区以中东部较发达城市为主；专业背景中理工科过半（占比52.24%），文

〔1〕［美］唐·泰普斯科特. 数字化成长3.0[M]. 云帆，译. 北京：中国人民大学出版社，2009：69-72.

管类占比为 37.21%,其余为医科及其他;调查对象大多为收入依赖家庭支持的在校学生(占比 77.91%),月均消费额多在 500~1 000 元(占比 46.37%),由此也决定了所调查群体的数字阅读消费水平。

4.1.1　个体数字阅读行为调查

调查结果显示,年轻一代读者主要使用手机进行数字阅读,比例高达 92.24%,54.03% 的被调查者平均每天数字阅读(含手机阅读等)的时间大致在 1~3 小时之间。最倾向于阅读的数字内容形式如表 4-1 所示。

表 4-1　网络数字阅读内容形式取向分布

选项	小计	比例
A. 纯文字	204	20.3%
B. 纯图片	25	2.49%
C. 图文结合	603	60%
D. 多媒体(视频、视听类资源)	173	17.21%

在阅读工具或者说阅读载体方面,被调查者表示就一般性阅读(非学术阅读)而言,以手机为主,常用的手机屏幕尺寸大致可分为两类,一类属于小屏幕,尺寸在 3~4 英寸;另一类在 4~5 英寸之间,5 英寸以上的大屏幕很少有被调查者使用。具体如表 4-2。

表 4-2　网络数字阅读手机屏幕尺寸取向分布

选项	小计	比例
A. 3 英寸及以下	61	6.07%
B. 3~4 英寸	375	37.31%
C. 4~5 英寸	499	49.65%
D. 5 英寸以上	70	6.97%

在对阅读内容的选择偏好方面,被调查者显现如表 4-3 所示倾向,主要是新闻时政、社交娱乐、畅销读本和视频,由于本次调查面向大学生群体,因此学术文献和文学经典也是读者阅读的主流选择。

表 4-3　网络数字阅读资源内容取向分布

选项	小计	比例
A. 学术文献	450	44.78%
B. 文学经典	394	39.2%
C. 新闻时政	665	66.17%
D. 社交娱乐	567	56.42%
E. 古文、古诗词	82	8.16%
F. 畅销读本	432	42.99%
G. 视频	536	53.33%
H. 漫画	185	18.41%
I. 其他	32	3.18%

在阅读方式上,大多数被调查者都表示对于内容深入复杂,需要认真阅读的文献,倾向于下载后阅读,这一特点在学术文献的阅读中尤其明确。如表 4-4 所示。从性别和专业特征来看,男女差异和专业背景的差异在阅读方式上几乎没有区别。对于在线还是下载阅读方式的偏好,有超过半数(占 59.70%)的调查对象倾向于在初步进行略读之后,选择"下载后"阅读数字文本,23.68%的调查对象选择在线试读一部分内容后再下载全文进行后续阅读,还有 16.12%的人则选择全部在线阅读。点击即可下载的数字文本形式是最为读者看重和利用的方式。

此外,63.78%的被调查者表示,不会针对数字文本用电脑、手机等设备中的笔记软件记录阅读重点和心得体会,这说明传统阅读常用的记笔记、注释、划线等等深度阅读方式没有能够完全移植到数字阅读中。

表 4-4　针对学术性文献的数字阅读方式倾向

选项	小计	比例
A. 在线阅读	162	16.12%
B. 下载后阅读	600	59.70%
C. 在线试读后下载全文	238	23.68%
D. 其他	5	0.50%

绝大多数的读者在进行数字阅读时,习惯于从头读到尾。超过半数(占

54.93%)的调查对象倾向于选择"逐字、逐行"的方式进行精读,24.38%的读者群体习惯于"段落式掠读"方式,从学历特征来看,博士及以上群体中 60.87%的读者有"段落式掠读"倾向。习惯选择"反复回读"和"章节间跳读"的读者群体,分别占调查对象总体的 13.83%和 6.87%。具体如图 4-2 所示。

从阅读资源的获取渠道来看,对于搜索引擎的偏好占据压倒性比例,以 81.79%的比例居首位,次之是学术网站(占 53.43%)、社交网络(占 41.59%),再者是网络书商(占 26.37%)和私人途径(占 15.92%)。

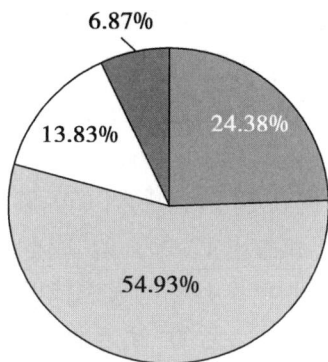

图 4-2　读者数字阅读行为方式偏好图

如图 4-3 所示,在扩展阅读或寻求深入阅读的支持和帮助方面,调查对象首选"书评",占 63.88%,第二位的选项是"阅读该作者的其他著作",为 63.48%。远超"阅读与该书相似的著作"(占比 35.02%)和"在网上与其他人讨论"(占比 27.16%)。

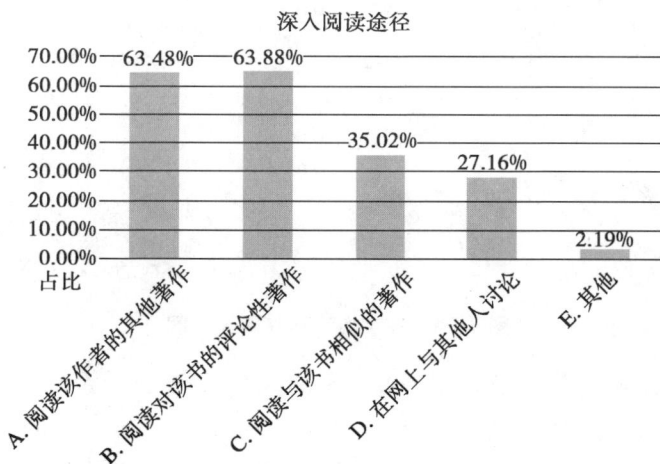

图 4-3　数字阅读群体深入阅读途径选择

从性别特征来看,男性略倾向于通过评论去深入了解该书,女性略倾向于关注同一作者其他作品。从学历特征来看,硕士学历人群倾向于通过书评,其他学历层次人群倾向于阅读同一作者的其他著作。这一结果与目前网络阅读市场的反馈是基本一致的。

对于数字阅读的利与弊,调查对象的反馈如图 4 - 4。调查对象以85.27%的压倒性选择倾向于认为"便于携带"是数字阅读的最大优点,紧随其后的优点是"信息量大"(50.52%),再次分别是占比 49.35%的"获取内容更容易"和占比 42.29%的"成本低廉"因素。对于数字阅读弊端因素的选择,调查对象中82.49%的人选择了"伤害视力"为最大弊端,其余因素比重较低,依次为：39.20%的"缺乏收藏价值",37.41%的"易分散精力",30.55%的"不能做笔记",24.48%的"网络问题",18.41%的"设备昂贵"和18.01%的"翻阅不方便"等。

由此反映出数字阅读时代读者对于数字阅读总体上是肯定的,但认为数字阅读无法代替纸质阅读体验。虽然 62.39%的被调查者认为会使用数字阅读,但 90.95%的被调查者认为电子书最终不会替代纸质书,认为二者将长期并存。

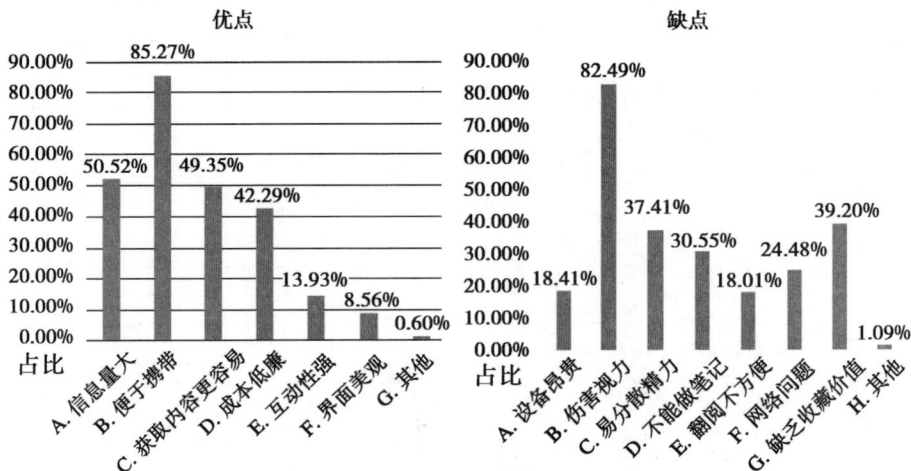

图 4 - 4　数字阅读利弊因素对照

在数字阅读付费问题上,占 56.82%的调查对象就"是否愿意为仅提供在线阅读的数字资源付费"这一问题,给出了否定答案;65.57%的读者明确表明"若能(免费)下载所读内容",则不愿意为其付费。说明网络一代读者不太能够接受付费阅读,数字版权意识尚未深入人心。在读者眼中最有付费价值的是学术资源,而对于畅销小说等的付费,则完全视阅读内容对于特定群体的吸引程度而定。

至于"付费方式"问题，占比 43.48% 的调查对象选择"按阅读内容付费（如单本书买断价、分章付费等）"，22.79% 的人选择"按时间付费（如包月买断价）"，18.71% 的人选择"按流量收费"，以及 15.02% 的人选择"按下载次数收费"。"能接受的电子书价格范围"一题显示，超过半数（53.03%）的读者选择"5 元以内"，参考豆瓣阅读的作品均价 2.99 元定价，可以互相印证。说明读者对于付费阅读的心理预期是费用越低越好。

4.1.2 个体数字阅读实验

上述问卷调查从宏观上揭示了网络一代的主要阅读行为方式及其特征，但不能从微观层面回答读者在数字阅读过程中的行为特征以及相应地阅读心理体验。有鉴于此，本研究在完成大范围的问卷调查后，进行了小范围的阅读实验。通过基于 Pad 的数字阅读过程实验，测试和了解在网络数字阅读环境下，读者对于不同类型的阅读材料的阅读行为差异，主要测量读者在阅读过程中的行为特征以及阅读心理体验。

本实验的设计基于这样一个假设：读者在进行移动数字阅读过程中，在阅读行为方式以及阅读体验等方面与传统纸质阅读存在差异。研究拟通过实验，获得基于实验数据和事实的移动阅读用户体验报告，为后续的移动阅读服务设计和推广提供依据。

本实验选择集文本、视频、音频、娱乐游戏等为一体的 iPad 作为开展移动阅读实验的测试工具。

测试分两个维度：阅读过程（P 表示阅读中断，T 表示阅读测试者）；阅读材料类型（R）。

P：表示停顿，阅读中断；P1，P2，…，Pn，分别表示在阅读过程中的每一次中断和停顿。T 表示参加移动阅读测试的测试者。在本次实验中，测试者均来自东南大学图书馆情报科技研究所的研一、研二的硕士研究生，共 10 位，以 T1，T2，…，T10 代表，他们的专业背景均为图书情报学；参加测试的时间是 2012 年寒假期间，为期 1 个月。

R：表示阅读材料的类型，在本次实验中，分别选择了读者经常阅读的 6 类内容材料：漫画、小说、诗歌、科普作品、学术专著以及英文学术视频，共 6 类，并选择有代表性的相关作品，作为移动阅读实验的指定阅读内容材料，见表 4-5。

表 4 - 5　数字阅读体验实验的阅读素材分类

标号	题材类型	题名	作者	长度
R1	漫画	《地下铁》	几米	61 页
R2	小说	《狼图腾》	姜戎	602 页
R3	诗歌	《暴风雨使我安睡》	顾城	493 页
R4	科普作品	《自私的基因》	［英］里查德·道金斯	386 页
R5	学术专著	《经济学》	保罗·A. 萨缪尔森	692 页
R6	英文学术视频（开放课程）	《心理学导论》	［美］Paul Bloom	20 节

　　阅读材料是在测试之前事先封装进 iPad 的。阅读材料的选择主要考虑能够覆盖大学生在学习过程一般性阅读的主要类型。

　　测试要求：所有参加移动阅读的测试者，必须阅读所有指定阅读材料，并在阅读过程中详细记录每次阅读停顿、阅读中断发生的时间及其间隔，并报告最终的阅读体验，包括有无完成阅读任务、阅读过程中的情感和心理体验。

　　数字阅读实验结果如下：

　　（1）不同类型阅读材料的阅读完成情况

　　在提供的 6 种类型的阅读材料中，10 位测试者全部都读完的只有漫画《地下铁》，而对科普作品《自私的基因》和学术专著《经济学》10 位测试者无一人读完，全部都在中途放弃了；比较特殊的是英文学术视频《心理学导论》，这部作品取自耶鲁大学的开放课程，全英文讲课，20 节，耗时较长，虽然其内容属于学术课程，且为英文授课、中文字幕，从阅读角度看，有一定的难度，但即使如此，仍有 1 位同学坚持看完。

　　从整体上看，基于 Pad 的阅读效果并不理想，阅读任务完成得差强人意，超过 2/3 的阅读任务没有完成。排除测试者的个人阅读倾向等主观性因素，还是可以看出在移动环境中阅读有一定阅读难度的学术类作品存在一定的障碍。

　　阅读任务完成情况见表 4 - 6。

表 4-6　不同类型阅读材料的阅读完成情况

完成 ＼ 类型	漫画	小说	诗歌	科普作品	学术专著	英文学术视频
看完（人数）	10	6	2	0	0	1
放弃（人数）	0	4	8	10	10	9
完成比例	100%	60%	20%	0	0	10%

（2）不同类型阅读材料阅读过程表现

对于不同的阅读材料,不同的测试者在阅读的过程中,既表现出了共性,也呈现出较大的差异。详见表 4-7。

表 4-7　不同类型阅读材料的阅读过程表现

测试者 阅读过程 ＼ 阅读类型		漫画	小说	诗歌	科普作品	学术专著	英文学术视频
T1	阅读页码	P.1-61	P.1-602	P.1-493	P.1-30	P.1-37	P.1-20
	中断次数	0	4	15	3	2	15
	耗时	10 min	6 h	4 h	25 min	25 min	17 h
T2	阅读页码	P.1-61	P.1-602	P.1-226	P.1-85	P.1-5	P.1-9
	中断次数	0	3	4	2	2	5
	耗时	20 min	7 h	1.5 h	50 min	7 min	6.5 h
T3	阅读页码	P.1-61	P.1-583	P.1-110	P.1-150	0	P.1-11
	中断次数	0	14	4	4	0	11
	耗时	15 min	16.5 h	1.5 h	57 min	10 min	14 h
T4	阅读页码	P.1-61	P.1-602	P.1-45	P.1-85	P.1-230	P.1-8
	中断次数	0	10	1	1	1	11
	耗时	25 min	8 h	30 min	1 h	2 h	7 h
T5	阅读页码	P.1-61	P.1-602	P.1-30	P.1-20	P.1-55	P.1-5
	中断次数	0	7	3	2	2	5
	耗时	17 min	9 h	52 min	1 h	2.5 h	4 h
T6	阅读页码	P.1-61	P.1-602	P.1-78	P.1-68	P.1-121	P.1-10
	中断次数	0	6	3	2	3	3
	耗时	45 min	6.5 h	1.5 h	1.5 h	2.5 h	3.5 h

续表

测试者 / 阅读过程	阅读类型	漫画	小说	诗歌	科普作品	学术专著	英文学术视频
T7	阅读页码	P.1-61	P.1-35	P.1-493	P.1-22	P.1-9	P.1-8
	中断次数	2	1	2	2	2	3
	耗时	33 min	49 min	4 h	30 min	12 min	2.5 h
T8	阅读页码	P.1-61	P.1-602	P.1-20	P.1-10	P.1-11	P.1
	中断次数	0	7	3	2	3	1
	耗时	20 min	9 h	20 min	15 min	15 min	15 min
T9	阅读页码	P.1-61	P.1-468	P.1-68	P.1-201	P.1-168	P.1-14
	中断次数	0	9	2	3	3	14
	耗时	15 min	11 h	50 min	2.5 h	3.5 h	13 h
T10	阅读页码	P.1-61	P.1-34	P.1-36	P.1-29	P.1-18	P.1
	中断次数	4	4	4	4	4	1
	耗时	15 min	47 min	24 min	16 min	25 min	25 min

在数字阅读中，最受测试者青睐的是漫画作品，多数测试者都在不到半小时的时间里看完了作品；其次是小说，虽然本次实验选择的不是通俗的流行作品，而是有一定阅读难度的小说，且篇幅较长，有602页之多，但仍有3/5的测试者坚持看完，其中一位测试者在阅读过程中曾中断10次，但仍终于读完；而短章类的诗歌作品出乎意料，很不受欢迎，最终只有2位同学坚持看完，且阅读过程中断了15次，可以想见其阅读过程的艰难和纠结；阅读结果表明学术性著作在移动阅读中是不受欢迎的，10位同学无一人看完，最终全部放弃完成此项阅读任务；对于视频，虽然其耗时很长，但大部分测试者都表现出了足够的耐心，20节课看完半数课程的同学约占1/2，其中一位同学中断了15次仍坚持看完。

从上述测试者的阅读过程来看，比较适合移动阅读的阅读内容材料是漫画、小说和视频作品，不适于移动阅读的是学术著作以及具有学术性的科普类作品，或者可以认为需要进行逻辑思辨和深入理解的作品不适于数字阅读；此外还可以发现使用移动终端进行阅读，1小时似乎是一个分界，多数测试者在阅读1小时左右都会暂时中断阅读，稍事休息。

（3）不同类型阅读材料的阅读情感体验

在测试结束后，对本次参加实验的 10 位测试者进行了深度访谈，就其对上述阅读材料的阅读心理和情感体验进行描述和揭示。

访谈整理如下：

（1）R1 漫画：几米的《地下铁》之前就读过好多遍，很喜欢。这次在 Pad 上再次看到，效果非常好。Pad 画面清晰，有亮度，很适合对色彩明快的图画进行表达；其次，Pad 平面解决了书籍用铅纸会反光给眼睛带来不适，磨砂纸对图画效果表现力有影响这对矛盾；Pad 对画面质量和效果的保存比纸质书好得多。

（2）R2 小说：《狼图腾》封装在 Pad 中效果还不错，看起来比较方便。缺点是 Pad 开机时间较长，测试者普遍反映在琐碎时间内特想看几眼的时候，还要等待开机，这个过程让人难受，传统图书只要翻开折页便可。且阅读页面没有页码，不清楚正在阅读的内容处于全书的哪个位置。看不到书籍的封面、版权页、题名页。

另外，有测试者还表示 Pad 并不比书籍更便于携带，质量重，有时会没电，反而变成累赘；短途出门，在公交车上还是会选择带薄薄的纸质书或杂志；如果是远途，可能更会选择用 Pad 看电影或上社交网站，而不是看书，结果就是无法完成阅读任务，半途而废。

（3）R3 诗歌：顾城的《暴风雨使我安睡》在回家的火车上读的，本来以为在旅途上读诗会很适宜。但数字版诗集质量太差，排版是个很大的问题，使得诗的韵律和美感受到极大破坏，使人忍无可忍，最后没有了阅读的兴趣，以后再也不想打开了。

最突出的问题是排版。诗的排版很重要，有时结构的变化可以表达诗人的感情，但 Pad 中封装的版本错行问题层出不穷，严重影响阅读。

（4）R4 科普：里查德·道金斯的《自私的基因》是名著，但通过 Pad 进行阅读，非常影响理解，无法静下心仔细阅读。这种书如果是纸质的，会很喜欢看。

（5）R5 学术专著：保罗·A. 萨缪尔森的《经济学》乱码太多，图形变形严重，看得很累。有测试者认为，对于学术类的著作，如果是有声版或动态讲解，可能效果会更好。

（6）R6 英文学术视频：Paul Bloom 的《心理学导论》讲授内容有趣、吸引人，中英双语字幕，音效不错。缺点是画面不是特别清晰，另外篇幅太长，没有足够的耐心和时间看完。看视频毕竟不同于上课，由于读者具有主动性以及受到的约束少，因此当阅读内容过多或时间过长时，就容易分神中断，最后放弃。

4.1.3　个体数字阅读行为偏好

从上述阅读调查和实验结果可以得出一些具有共性的结论，就个体的阅读行为偏好而言，可以归纳为四大方面：

（1）年轻一代普遍接受以手机为主要阅读工具（包括 iPad 及 Kindle）的屏幕化数字阅读方式，阅读过程兼顾在线阅读和下载阅读。

（2）数字阅读带给读者更多地阅读负荷，超过 1 小时的数字阅读对于读者而言将会造成较为沉重的认知负担；对于专业而艰深的阅读内容，通常会考虑下载后离线阅读，甚至打印出来再阅读；读者对长篇幅、学术性的阅读材料表现出了很大的不适应，多数测试者表示看久了，会觉得十分烦躁，最终多以放弃阅读任务结束。传统阅读常用的一些深入阅读的策略如记笔记、注释、画线等，基本没有能够移植到数字阅读过程中。

（3）数字阅读更适应于碎片化的浅阅读，阅读发生的场所通常是随机的，利用的主要是碎片化的时间。阅读内容主要是时事新闻、网络小说以及根据自己的兴趣和关注点订阅的微媒体内容，如微博、微信等，主要以图像、影像或图文混合的内容为主。读者更接受内容活泼生动、具有视听效果的阅读材料，内容复杂、需要认真思考的内容不适于数字阅读。

（4）数字阅读天然具有互联网基因，具有交互性。读者在阅读时，借助计算机、手机、网络技术来获取包括文本在内的多媒体合成信息和知识，完成意义建构；同时发表自己的见解，并得到及时的反馈信息，实现读者与读者、读者与阅读文本之间的动态交互，这种参与性激发了读者阅读的积极性和主动性。

此外，从调查和实验结果情况看，至少在现阶段，网络数字阅读尚远远不能取代传统阅读，两者将长期并存。读者虽然已经普遍接受网络数字这一阅读行为方式，但对数字阅读的认可程度还处于初期，体现在大多数读者并不愿意为网络数字阅读付费。

4.2　社会性阅读行为

网络环境下的数字阅读，不仅是一种私人化的个体行为，更是一种众人参与的社会化阅读。阅读的社会性是指读者在一定程度上进行阅读的分享，将阅读的内容以及阅读时产生的想法和创意通过社交网络平台等工具与他人交流，这种在阅读过程中读者彼此交流观点、心得的行为被称为"社会性阅读"行为。对于社会性阅读的理解包含三种：阅读内容的社会化、阅读受众的社会化、阅读过程的社会化。[1]

在本研究中倾向于阅读过程的社会化。因为从本质上看，社会性阅读是一种在 Web2.0 环境下的以读者为中心、以共同兴趣为集合点，在群体化阅读中相互交流、相互增值的圈子阅读。这种阅读方式从阅读内容的社会化筛选，到与作者或其他读者在阅读中交流互动，再到阅读结束后与读者建立好友联系，始终围绕社区内部读者的交互，因而具有信息分享、参与互动、沟通交流、连通化和社区化等特点。[2]

就阅读行为而言，网络数字阅读与传统阅读的一个本质区别就是社会化与个性化并存。在数字阅读出现之前，读者只能通过书信或电话，与朋友或者作者展开讨论，这种交流从信息交流过程来看效率是很低的，不仅耗费大量的时间，而且交流渠道往往受阻，导致交流效果差。而网络阅读社区提供了读者交流阅读经验和表达情感的舞台，通过发帖和跟帖，将个人的意见直接传递给其他读者，一部分网络阅读社区甚至提供了更为简易的评价方式，如豆瓣网的"打分"机制。从本质上说，读者在社会化阅读的过程中实现的是一种群体认同，一方面"求同"，群体内部成员之间通过互动与交流达成认识趋于一致；另一方面"求异"，通过发表见解，实现对自我的张扬和个体性的确认。网络阅读迎合了读者个性化的阅读需求和自我表现的习惯，读者通过对于兴趣点的搜索，发现别人的阅读推荐和阅读心得，通过阅读别人的帖子来扩充知识，寻求指导和群体认同；另一方面，通过发帖分享和评论行为体现表达自我的主张，通过发表书评、小组发帖、主动发起话题等活动来寻求他人对自我的认同。

所谓"群体认同"，就是指个体认识到作为群体成员带给他（她）的情感和价值意义。每一个个体读者按照这样的认同"自我"到认同"他人"再到认同"群体"的逐层递进、交互影响的方式完成群体认同的过程。[3] 社会化阅读

〔1〕 李泽.基于移动终端的社会性阅读研究[D].上海：华东师范大学,2015.
〔2〕 申艺苑,王婷婷.基于"SoLoMo＋O2O"模式的图书馆创新服务研究[J].现代情报,2014,34(12)：80－83,89.
〔3〕 杨兵兵.读者数字阅读中的身份认同[D].北京：北京印刷学院(硕士论文),2014.

模式最终实现了读者根据阅读兴趣和偏好的划分，产生"我群"与"他群"之间的边界。而这一边界又进一步促成了社区成员对群体共同性的更深认同和归属感，并架构其群内成员与群外成员之间的互动。可以这么认为，网络数字阅读改变了传统阅读那种分散的、个体化的、孤立的阅读特点，转而形成了具有身份认同效应、充分交互和自由交流的网络数字特征。在社群内部，读者不仅有机会去重塑一个新的"我"，也在和他者的互动中，形成了同一类行为模式和行为规范，以区别于其他群体。因此，豆瓣阅读是一种"圈子阅读"。

豆瓣上由用户建立起来的各种读书类型的小组，都是以用户的兴趣为出发点，通过对一本书的共同关注，在虚拟空间中进行评论分享、推荐阅读，找到"志趣相投者"，进而寻找更多地兴趣点。加入一个读书小组，即在虚拟社区中新建一个读书圈子，即使是很生僻的书，也能在豆瓣找到同道中人。这些读书小组既不同于现实生活中具有紧密联系和共同目的的群体，也不同于网络空间中临时形成的松散群体，而是因为用户彼此具有某种相似性，相互吸引而形成一个个特色分明、凝聚力强、可交流性好、互动性高的网络群体，其所提供的阅读服务都是针对个人的"小众需求"的业务模式。豆瓣用户建立起来的各种读书小组风格特色分明、黏度强、交互性高，基本形成了一条完整、自足的阅读生态链，可以实现从发现、阅读、购买、交换、交流、分享、生产的一系列流程。

此外，社区平台通过豆瓣读书（记录了用户想读或读过的书、书评、讨论）的数据，可以分析用户的阅读趣味和喜好，从而将作者和读者有效对接，帮助作者找到目标读者，并做出个性化推荐，同时也帮助读者找到能赋予其精神享受的作者，满足了不同人群的个性化需求。豆瓣的社群互动不仅增强了用户黏度，而且将传统的沉静内敛式的个体阅读，转化成为了社群式的互动体验。不能简单地认为豆瓣读者之间的交互仅仅是一种书评的交流活动而已，其中也存在着读者成员之间的感情交流机制。

4.2.1　网络阅读社区

社会性阅读改变了个体独自阅读的传统模式，进而引申出了"协作式阅读"的概念。协作式阅读指读者间通过大量的阅读分享与交流，包括阅读书籍推荐、共同阅读、观点争论等，形成新的阅读认识。随着媒介形态的变迁、社会化媒体的兴起，网络社交、交流互动成为一种常态。原本原子式孤立存在的读者，可以按照自己的兴趣和发现，通过网络聚合在一起，形成"圈子"，这些不同类型和性质的"圈子"即构成了一个个基于兴趣和爱好的虚拟阅读社区。在"圈子阅读"中,读者的主动性和创造性得到了极大发挥,并成为阅读内容的传播者和再创作者,从而造就了一种多维互动的网络阅读社区。

对于网络数字阅读的读者来说,阅读社区为读者之间进行分享、交流、讨论和评论等阅读行为提供了一个带有心理具象的虚拟社会场景,这既是维系成员关系的纽带,同时也影响着读者的互动与交流。在不同的阅读社区中,读者各自拥有自己的"身份"和"社交关系",并最终建立起共同的"行为规范",以维护社区内部的秩序及其稳定。

目前盛大文学、豆瓣、天涯论坛、百度贴吧等网络社区各自聚合着具有不同喜好的广泛读者群,营造和建立起了属于不同群体类型读者自己的话语和文化空间。百度贴吧就是这种社会化阅读的一个生动体现。贴吧是一种结合搜索引擎建立起来的在线交流平台,是一种基于关键词的主题交流社区,通过提供一个表达和交流思想的自由网络空间,汇集志同道合的网友,实现对同一个话题感兴趣的人们的聚集,方便他们进行交流和讨论。

世界上最大的阅读网站或者说网络阅读社区是成立于 2007 年的Goodreads,2014 年 3 月 Goodreads 被 Amazon 收购。Goodreads 是一家图书分享型社交网站,该网站允许访客搜索网站内的书目、注释和书评,注册用户可以添加新书目和推荐书单,也可以建立自己的图书讨论小组。Goodreads 于 2011 年 9 月份推出了图书推荐引擎,从而具有了书籍管理、书籍推荐功能,对用户增长起到了重大作用。2012 年 7 月,Goodreads 用户数突破 1 000 万,而在此之前 Goodreads 花了 4 年半的时间才积累了最初的 500 万用户。然而,从 500 万到 1 000 万,Goodreads 仅仅只花了 15 个月的时间。[1]

Goodreads 具有强大的交互功能设计,读者可以加入及创建个性化阅读小组,进行书籍评论、书籍打分、添加标签等操作,阅读组内推荐的书籍,与组内成员一起交流互动;此外,Goodreads 还整合了 OCLC 联机联合目录数据库 WorldCat,可以方便用户了解当地图书馆是否藏有该书。[2] 更进一步,Goodreads 整合了 Facebook、Twitter,让用户可以使用社交网络等其他工具来发现、联系其他读者,并把网站上已有的读书俱乐部和讨论小组扩展到

〔1〕 百科,Goodreads[EB/OL]. http://ency. chaoxing. com/detail/CCDD05518548A1E4D7092350C4103377,2016 - 01 - 13.

〔2〕 社交阅读网站 Goodreads 的春天[EB/OL]. [2020 - 7 - 20]. http://36kr.com/p/1640778825729.

Facebook上。读者登录 Twitter、Facebook、Google 即可查看自己的社交好友是否也在 Goodreads 中阅读，或是将自己的阅读观点、建议转发分享到社交网络中。

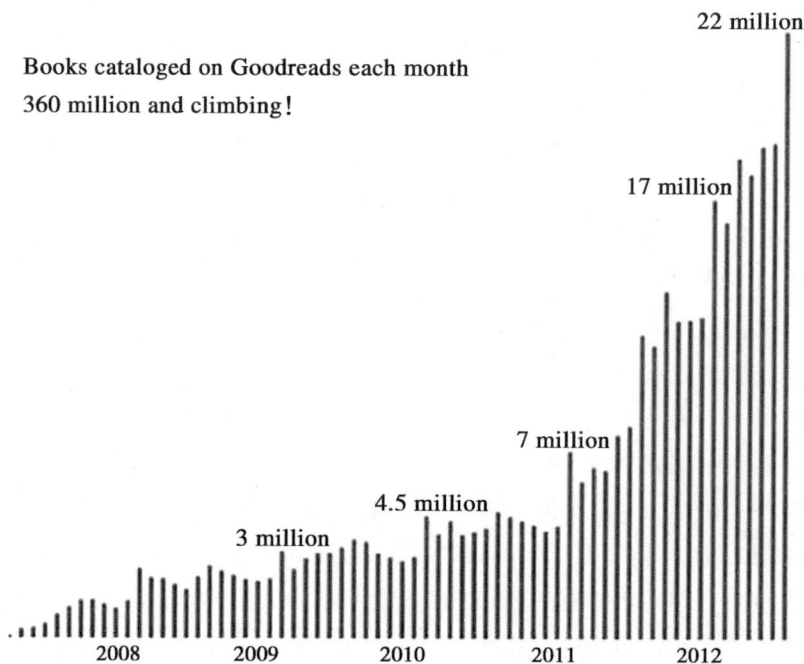

Books cataloged on Goodreads each month 360 million and climbing!

22 million

17 million

7 million

4.5 million

3 million

2008 2009 2010 2011 2012

图 4‑5 Goodreads 网站注册人数变化(2008—2012 年)[1]

总之，Goodreads 扮演了一个派对主持人的角色，为志趣相投的朋友进行图书介绍，并激发讨论。当用户创建一个账号之后，Goodreads 即为你显示朋友的最新活动列表，包括朋友撰写的书评、发布的回复、他们想要读的书等等。Goodreads 为读者的阅读体验营造了一种极好的阅读氛围，在这里用户拥有阅读书架，可以将所有书籍进行已读、在读或将要读等分类。对于每本书，读者都可以打分评估，当评估满 20 本书后，系统会根据阅读者的兴趣进行书籍推送。事实上 Goodreads 已成为世界上最大的读者俱乐部，或者说最大的独立书商。

同时，Goodreads 为出版商也提供了一种和读者进行互动的方式。当一本书出版后，出版商会通过 Goodreads 为读者提供预读版，这样可以吸引读

---

〔1〕 社交阅读网站 Goodreads 的春天[EB/OL]. [2020‑7‑20]. http://36kr.com/p/1640778825729.

者撰写早期评论，进而展开热议，引发其他读者对该书的兴趣。同时，Goodreads鼓励作者参与进来，作者可以自发地和读者展开讨论，听取读者的回馈，甚至为自己自主出版的小说或由大型出版商发行的书籍购买广告。作者可以在网上发布作品，与读者在网上交流，在了解读者阅读反馈的同时，为读者的阅读提供建议，对读者的观点作出评价，形成信息的双向传递。

与 Goodreads 相类似，创立于 2005 年的豆瓣网是目前国内最具特点的阅读文化社区。豆瓣网成立的目的就是实现兴趣相同者之间的阅读分享与交流互动，目前豆瓣网下设读书、电影、音乐、同城、小组、阅读、豆瓣 FM、东西等子栏目。豆瓣读书是豆瓣虚拟社区的主要功能版块之一，也是创始版块之一。豆瓣读书专注于为用户提供全面且精细化的读书服务，已成为国内信息最全、用户数量最大且最为活跃的读书网站。通过无所不在的"推荐"，帮助用户找到志趣相投的朋友，分享各自的书单或者收藏，发现差异内容，为用户之间的知识扩展提供线索，在此过程中实现阅读社会化和个性化的统一。[1]

总之，阅读社区为每一个读者的参与提供了舞台和传播自我思想的机会，事实上，网络阅读社区成员身份的获取门槛非常低，环境非常宽松，一般只需提供用户名、性别、密码和邮箱，即可成为社区的一员。总之，网络阅读社区给每一个成员提供了平等交流的机会，这是社会化网络数字阅读对于个体读者的意义所在。

4.2.2 去中心性阅读

马克·波斯特在《信息方式——后结构主义与社会语境》一书[2]中，明确指出互联网就是一个去中心化的传播系统。每一个互联网用户都可以成为一个信息的控制中心，豆瓣和 Goodreads 提供的正是典型的"满足小众需求"的阅读模式。以读者的个性化阅读为入口，通过共同的阅读倾向和书籍爱好，形成社交需求。豆瓣用户建立起来的各种读书小组，基本上都是以读者自己的兴趣为出发点，找到"志趣相投者"。加入一个读书小组，即使是面对很生僻的书，也能在豆瓣找到同道中人。这些读书小组风格特色分明、黏度强、交互性高、特色分明、凝聚力强，阅读社区中充满了一个个各具特色的

---

〔1〕 张霁. 论豆瓣网的小众聚合功能[D]. 四川省社会科学院，2012.
〔2〕 马克·波斯特. 信息方式——后结构主义与社会语境[M]. 范静哗，译. 北京：商务印书馆，2000.

"圈子"，划分为一个个面貌不同的"地盘"，由此产生了"去中心化"的特点。

中心化的核心在于一个人或机构客观上控制了大多数资源。很显然，中心化的形成不利于社区的发展。在中心化的时代，读者只能被动地去接受信息，而去中心化的意义恰恰体现在读者的自我发现和自我发展。社区这个概念本身就意味着"去中心化"。在阅读社区中，只有一个声音是很难为用户接受的，在阅读社区的一个个圈子里，读者围绕某个读书话题形成即时性的群体学习和阅读行为，进而形成网络讨论。这个过程就是"中心"被瓦解和消融的过程，从一人独唱到众声喧哗，每一个社区成员都可以在这里找到自己发声的机会和舞台。

尽管在这一过程中，会出现一些阅读噪音，具有深度的有价值的知识可能和信息垃圾并存，但是在相对较大群体的参与下，在用户的讨论和互相推荐中会慢慢发展并形成过滤和净化机制，最终让理性化的知识取代情绪化的信息，推动阅读进入深层。一个富有创见的发帖可以高度维持一个圈子里的用户认识上的黏合，引导用户或读者乐于为某一话题贡献自己的阅读理解和所拥有的阅读资源。

与此相对应，无论是豆瓣还是 Goodreads，都在采用不同的技术方法，利用读者的阅读行为信息、阅读收藏和阅读评论数据，进行数据挖掘、关联分析和推荐计算，在此基础上有针对性地向读者进行阅读推荐，拓展读者的阅读范围和阅读深度。通过无所不在的"推荐"，为用户提供了一种新的知识扩展链，推荐的内容既符合内在的逻辑关联，又具有一定的差异，这种先"求同"再"求异"的阅读拓展方式，极大地促进了读者的阅读行为，丰富了阅读内容的获取。

以微信为例，其本质也是去中心化的。在微信里你关注一个公众号，通常是因为在朋友圈看到一篇不错的文章，或者是某个朋友的推荐，又或是公众号彼此之间的推荐。总之，微信是通过去中心化的设计让用户更多地获取信息，关注阅读。这种阅读模式是自下而上的，是一种多元化的、个性化的阅读方式。相对于"中心化"，"去中心化"的阅读内容生产不再是由专业网站或特定人群所产生，而是由全体网民共同参与、权级平等的共同创造的结果。随着网络服务形态的多元化，去中心化网络模型越来越清晰，任何参与者均可提交内容，网民共同进行内容协同创作或贡献。去中心化的意义在于能够自由地选择，在于培养用户的自我意识。

当然，去中心化不等于没有中心化，而是中心动态化，或称之为中心流动性。这个中心是由读者自己创造，由读者选择谁是"中心"，读者自发地以某种类似投票的方式表明自己愿意接受来自谁的信息。以百度贴吧为例，贴吧所创造的社区往往是一个话题非常封闭的社区。虽然理论上这些社区可以有更开放的讨论主题，但是多数贴吧的成员更愿意围绕一个封闭的主题来展开交流，例如围绕某一部小说、某一部影视作品甚至某一个歌曲，进行互动性的深度挖掘。在贴吧中作为组织者的吧主长期活跃在社区中，有着不容忽视的话语权和影响力。他们可以发起话题，决定话题的讨论方向，带动讨论区的氛围，尤其是社区中的"意见领袖"型组织者，往往能够吸引一大批的追随者和崇拜者，能主动对其他成员的意见和观点表示认同或批评，能经常性地发表个人观点或分享个人经验，以加强其在社区内的社会关系。而社区中更多地是一般响应者与浏览者，所谓一般响应者是不定期地发表个人观点、意见和看法的一类人；浏览者则属于一般性了解且沉默和观望的一群人，他们是社区中数量最多的一类。由此形成一个以"意见领袖"为中心的"圈子"或"地盘"。必须指出的是，这种中心是分散的，而不是大一统的，不是强制性的，也不是固定的，因为读者的关注点和兴趣点会与时俱进，会发生转移，因而"中心"也就存在随时被抛弃和替换的可能。"中心"流动性归根到底，取决于读者的取向和意愿。

换言之，社区真正的生命力在于"去中心性"，让一个社区不仅仅局限于一个框定的主题，让社区里的读者各取所需、各得其乐、各美其美。通过"链接"与"检索"将这些主题或中心内容进行串联，造就一个真正意义上的"大社区"，而这一点正是互联网精神的本质所在，也是豆瓣、Goodreads 以及贴吧能够有生命力的原因。"一个没有警察、没有边界、没有不平等的国度，只有那些由天赋决定的因素。作者创造理念，读者来评判。凭借印刷文字的强大力量，这些评论得以广为传播，最强有力的观点成为赢家。"这是哈佛大学图书馆馆长罗伯特·达恩顿在《阅读的未来》一书[1]中的美好寄望，而这一梦想在阅读社区中已现端倪。

4.2.3　社群互动阅读

网络的普及和社交媒体的不断发展，造就了读者自我表达、交流和共享的需求，每个读者都置身于网络之中，并成为"网络"的一个节点。读者从阅

---

〔1〕　[美]罗伯特·达恩顿. 阅读的未来[M]. 北京：中信出版社，2011.

读文本的选择，到具体的阅读过程，以及阅读完成后与其他读者的阅读分享和经验交流等等，都是藉由网络实现的。读者不仅在网络中阅读，而且还参与文本内容的创造与传播，以及文本的分析与评价，通过网络，读者自由而直接地表达对于阅读内容的喜爱或厌弃，因此读者的数字阅读行为可以说是与社会化网络无缝衔接的，传统阅读时代由于时空的阻隔造成读者与作者之间、读者与读者之间的隔膜被逐渐解构于无形之中。

社群互动是社会化阅读的另一重要特征，不仅增强了用户黏度，而且将传统的沉静内敛式个体阅读，转化成为社群式的互动体验。在社会化阅读中，读者之间的交互不能简单地认为仅仅是一种书评的交流活动而已，实际它是在网络空间建立起读者成员之间的感情交流机制。网络阅读社区中的读者活动一般分为线上活动和线下活动两类，读者在社区中的交流除了线上的发帖、跟帖、创作出版外，还会参与到线下的阅读交流中。豆瓣和Goodreads都始终重视社区的交流功能，注重以成熟的线上、线下活动方式来鼓励读者参与，活跃粉丝黏度，打通网络壁垒。在此基础上，实现虚拟阅读社区的个性化发展，提高用户使用与贡献内容的黏度。

豆瓣的社群互动已经形成了一套有效的互动评价机制，其中认知性交互和社会性交互显得尤其重要。就前者而言，读者可以对作者和作品打分评价，在豆瓣阅读器上批注作品、写评论等；豆瓣的内容来自用户，内容的把关权也完全由用户决定，为使用户具有良好的阅读体验，所有内容的分类、筛选、排序都由普通成员产生和确定，如"最受关注图书榜"等都源自于用户的评价。这种自主性既激发了注册用户参与内容生产的积极性，又推进了读者的个性化阅读。读者在豆瓣阅读上发现资源，可以进行阅读，评价其所属等级，还可以写笔记、书评，加入购书单，添加到自己的图书豆列，分享到其他虚拟社区。为最大程度还原读者纸本阅读的体验，豆瓣阅读支持对文本的划线、批注，批注后用户可以选择分享到"豆瓣广播"，让更多用户可见。读者可以将重要的地方划线，写上批注，并可统一显示，方便查找。除了一般电子阅读器都有的批注功能之外，豆瓣阅读还新增互动批注功能。读者本人的批注会被别人阅读、回复、收藏、推荐，反之也可对他人批注采取同样的操作。读者还可以看到自己的、友邻的、热门的批注，豆瓣阅读在页面左侧提供了开关，可以选择"只看友邻"或"友邻和热门"批注，当然也可以将"显示他人批注"关掉，这样页面上只呈现自己的批注。

社会性交互表现在读者可根据自己的理解对作者和作品进行一定程度

的改造和延伸,超越原有的读者身份,实现身份翻转。读者跳出既有的阅读作品本身,介入到某一作品的番外续写、同人改写创作或是不同艺术形式的二次文本、三次文本解读中,甚至走向多媒体作品改编之路。这种社会化交互对于网络作品的未来走向影响巨大。

以著名的网络小说《后宫·甄嬛传》为例,2006 年该书由网络作家流潋紫首发于晋江文学网,截至 2015 年 6 月晋江文学城言情小说站的《甄嬛传》同人创作文、番外及包含这些新作的评论作品超过 200 部。读者主动介入到作品的再创作之中,表现为读者对于某一小说的番外续写、同人改写创作或是不同艺术形式的二次文本、三次文本解读。这一现象表明网络作品不再像传统出版作品那样形成一个封闭的既定文本结构,读者主要是被动地接受作品。《后宫·甄嬛传》最早于 2006 年在晋江文学网连载,作者的后续创作《后宫·如懿传》则在磨铁中文网进行连载。《后宫·如懿传》的连载创作过程明显放缓,读者多在百度贴吧等处聚集,议论吐槽现有剧情,发表意见,表达观点,这些互动无疑会对小说的创作走向产生影响;与之相对应的,作者在自己的小站中也可公布写作计划、提供试读、预告新作。由此,写作与阅读不再只是纯粹私人的行为,而成为作者与读者、读者与读者之间的双向分享行为。

数字阅读读者社群的这种深度互动,有助于形成一种社会化阅读风潮,类似于豆瓣这种圈子阅读中的读者,其实很难界定其身份是读者或是作者,抑或开始是读者,后转为作者,读者在一定程度上已经成为集阅读与写作于一身的"作者—读者","读者即书写者"(reader-as-writer)。[1] 罗森伯格(Martin E. Rosenberg)将读者(reader)与作者(writer)两词合在一起,杜撰了一个新词"wreader",将这类读者命名为"读写者"。[2] 总之,社会化的数字阅读改变着阅读者的阅读方式和阅读习惯,同时也改变着出版的形态和作者的写作面貌。

4.3　数字阅读行为本质

如前所述,无论是读者的个体性数字阅读行为,还是社会性阅读行为,阅读的本质仍然是读者和文本之间的交流过程,个体性的数字阅读行为和社会

---

〔1〕 [芬]考斯基马.数字文学:从文本到超文本及其超越[M].单小曦,陈后亮,聂春华,译.桂林:广西师范大学出版社,2011.

〔2〕 詹丽.超文本文学特征及其价值研究[D].中南大学硕士论文,2009.

性阅读行为是网络环境下数字阅读的两个方面,而这两个方面所表现出来的阅读行为模式有所不同,各自的指向也有所差别,但是两者之间仍然体现出了相当程度的共性,这些共性无疑可以被理解为是数字阅读行为的主要特征。

首先,从物理层面上看,表现为屏幕化的阅读行为,无论是使用 PC、智能手机还是 iPad、Kindle,也无论是读者个体阅读还是阅读社区的社群阅读,都是基于阅读屏幕来实现和完成阅读的。也就是说,读者是基于屏幕来完成阅读行为的,这一点是最为明确的迥异于传统纸本阅读的特征。

其次,从心理层面来看,数字阅读也表现出了与传统阅读迥异的特性,不再是一种相对孤立的、封闭的阅读行为,而表现出互联网特质,具有开放、自由、平等、合作和免费等特性,微博、微信、博客等自媒体阅读都体现了这种自由、平等和去中心化特征。

再次,从具体行为层面来看,数字阅读行为与传统阅读行为的一个本质差别在于社会化群体阅读行为的出现和蓬勃发展,表现为个体化与社会化并存的状态,既呈现为个性化的小众阅读行为,又表现为社区化的交互阅读行为。

4.3.1　屏幕化"超阅读"

无论是 PC、智能手机、iPad 或者 Kindle,屏幕成为读者进行数字阅读的主要视界。屏幕日益取代纸张,成了书籍的基本界面,屏幕的大小和开合控制了阅读的内容和时间,更新了读者的文本观和阅读观。

首先表现在阅读内容的控制上,如前所述,屏幕的尺寸决定了数字阅读的每一屏内容是有限的,至多数百字,因此必然以短文、断章为主;要看长文只能滚屏,而滚动屏幕这种阅读方式已经在历史上被证明非常不利于阅读。写作《阅读史》一书的曼古埃尔提到:"不便于操作的卷轴占据了屏幕上有限的空间——这是一个我们今天强烈感受到的缺点,这种古代图书的样式重新回到我们的计算机屏幕上,使得我们在上下卷动的时候一次只能显示一部分的文本。"[1]卷轴之所以被抛弃,代之以可以翻页的书籍,正是因为需要突破这种阅读空间上的限制。

当这一类似现象再一次出现在以屏幕阅读为主的网络数字阅读中时,新

---

〔1〕 刘子明. 从纸张到电子[M]. 郑州：大象出版社,2013：50.

的解决方法是通过超文本技术。1965 年美国信息技术专家、哲学家及社会学家泰得·尼尔森(Ted Nelson)发明了超文本技术,数字阅读行为由此发生了革命性的改变。由于超文本所具有的非线性组织方式,超文本阅读能够有多种联结组合与检索方式,因此超文本阅读的阅读路径和阅读模式打破了传统文本单一的线性阅读路径,获得了多种阅读可能。特别是伴随手机等载体的出现,超文本阅读变得极为容易和便捷,举手之间就可以实现在阅读文本、网络之间的自由切换。

事实上,在网络超文本技术成熟之前,哲学与文艺界已经就超文本阅读理念进行了相当深入的理论探讨和实践创作。1962 年法国小说家马克·萨波塔(Marc Saporta)创作出一本极为特殊的小说《作品第一号》[1],全书连同前言、后记共 151 页(中文版);不编页码,如扑克牌装入纸盒,每页上的故事独立成篇。阅读前,需要先行洗牌,然后依次阅读;每洗牌一次,便可得到一个新的故事。在这部小说中,超文本的理念不是通过信息技术实现的,而是通过独立的故事单元,以打乱顺序的形态在纸质界面上呈现。由此可见,超文本不过是藉由网络技术,实现了诸如罗兰·巴特、德里达和克里斯蒂娃等人的互文理论,直观演示了"一切文本都是互文本"这个抽象命题和它所隐含的空间范式。[2] 罗兰·巴特在《S/Z》一书中所设想的"理想文本",原本就是一个网络交错、相互作用的无中心、无主次、无边缘的开放空间。由于网络技术的发展,罗兰·巴特他们所阐述的文本开放性、文本单元间的隐形联系以及阅读单元离散性等等在超文本中得到了直观呈现,从而将传统阅读那种静态封闭的线性结构转化为弹性开放的网状结构。

超文本结构创造了一种全新的认知环境,非线性的开放文本结构,不再受制于时间序列和逻辑关系,随之带来的无疑是阅读内容的多元化,以及阅读行为的解放。超文本所改变的不只是既定文本之间的关系,更重要的是它改变了读者阅读与理解的方式。在传统纸质文本的阅读过程中,读者一般是被动的,是在作者的写作构思和意图引导下,去领略和接受作者的思想和表达,其整个阅读过程基本是由作者掌控和主导着的。而数字阅读则不然,阅读可以不再是循序的,读者可以在阅读的过程中,根据自己的兴趣和体会在文本内外自由出入,穿梭在文本的意义网络之间,调整、改变自己的阅读进

---

〔1〕 [法]马克·萨波塔.作品第一号[M].江伙生,译. 长春:吉林出版集团有限责任公司,2010.

〔2〕 费多益.超文本:文本的解构与重构[J].哲学动态,2006(3):43-47.

程、关注的中心以及阅读的方式。比如在阅读某本小说的过程中，读者可以随时跳转到相关的读者评论、作者创作经验谈、作者的生平传记，甚至直接链接到改编的电影、电视等其他类型的文本上。随着网络和数字技术的发展，"超阅读"已经突破理论研究和试验性阶段，正在成为当下人们阅读的主流形式，在阅读过程中，读者的选择性得到了加强。[1]不论是学术数据库，还是网络小说，其中内嵌的链接引导着读者的阅读视野在不同的文本之间迁移。在此过程中，读者不只是一个简单的阅读欣赏者或阅读消费者，而是通过自由联想成为文本意义的一个积极创造者。"超阅读"培养了读者个性化的阅读方式，调动了读者的能动性。

从本质上说，"超阅读"方式是数字阅读与传统阅读最大的差异。[2]超阅读带给读者在阅读行为方式上的自由几乎是无限的。读者在进行数字阅读的过程中，不仅可以阅读文本，而且可以无缝链接图片、视频等。数字文本的主流已经告别纯文字文本，而是包含图片、视频、动图以及链接的混合文本，这种文本形态保证了读者在阅读的过程中不必一致滚动屏幕，而可以在一屏与另一屏之间跳跃。相应地，基于屏幕的阅读行为发展出了一系列异于传统纸本阅读的新阅读行为特性，包括浏览（browsing）、扫读（scanning）、关键词定位阅读（keyword spotting）、一次性阅读（one-time reading）以及非线性阅读（nonlinear reading）等行为方式。屏幕化阅读带来的阅读行为的改变表现为：读者在阅读的过程中更多采用扫读方式，以粗略的浏览方式找到最显眼的标题和文字，然后聚焦定位关键词，进行阅读，并随时可能发生跳读；如若该关键词是一个超链接，那么读者就有可能点击链接，进行超阅读，离开既有的阅读页面，读者的阅读轨迹是变动不居的。在阅读态度上，表现为一种肤浅的非专注态度，更关注标题、图片、链接和关键词，习惯于通过关键词定位、选择性阅读、非线性阅读或在不同的篇目之间跳跃式阅读，不愿意阅读长篇内容，更接受短篇的文章，不求甚解，以保证在碎片化的时间内能够一次性完成阅读。

上述屏幕阅读行为方式实际上是读者在面对海量的信息环境所发展出来的一种有效的筛选阅读的策略，以保证在有限的时间内可以尽可能关注和阅读到更多地文献，接触和了解到更广泛的信息。以图 4-6 为例，网易就

─────────

〔1〕 黄奋鸣. 超阅读：数码时代的文本变革[J]. 厦门大学学报（哲学社会科学版），2001(1)：139-141.

〔2〕 费多益. 超文本：文本的解构与重构[J]. 哲学动态，2006(3)：43-47.

"战后13年,伊拉克真实的经济状况到底如何?"所作的分析完全以图表的形式予以展现,给读者以一清二楚的阅读印象。[1]读者在阅读信息内容时,通常首先会先找标题。标题并不像以往呈现在最上面,而是与图表联系在一起。根据图表的设计形式,数读的标题会出现在图形中的任意位置,为了突出,标题旁边一般会配有网易新闻数读版块的小 Logo,标题以字号大小及颜色来区分。

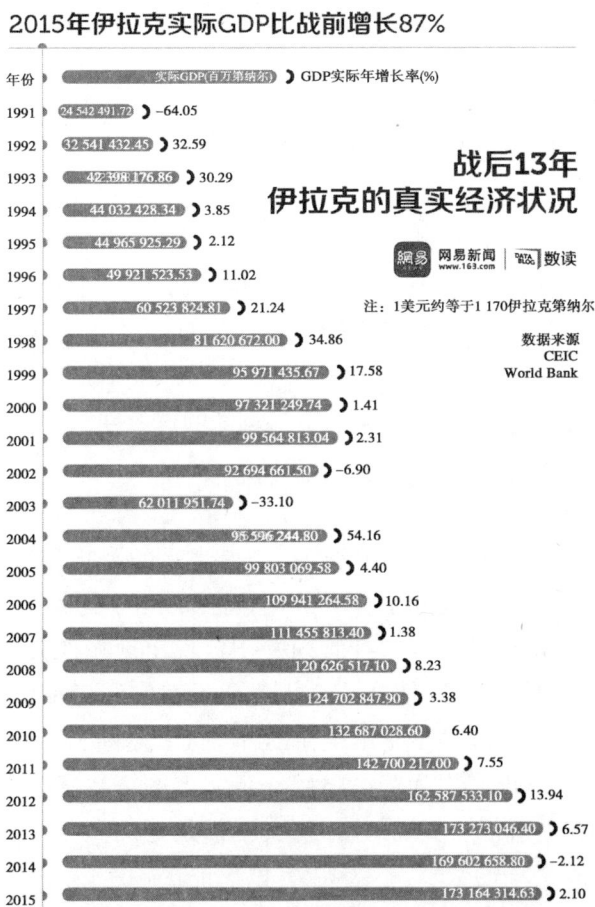

图 4 - 6   网易数读:战后 13 年伊拉克的经济状况

读者在阅读的过程中,首先是扫视全图,了解信息图表的整体结构、数据分类以及复杂性。接着通过搜索信息,找到自己需要的阅读内容,并顺着图示图形以及色彩直到发现有用的信息;在找到目标数据后,读者会从表中提

---

〔1〕 网易数读."战后 13 年,伊拉克真实的经济状况到底如何?"[EB/OL]. [2016 - 10 - 28]. http://data. 163. com/16/0728/08/BT22BLBI00014MTN. html.

取出一条目标信息，用自己已有的知识去理解信息图表中所获取的信息，结合图表下方的文字，进行分析，解释数据的意义，最终作出推论。在此过程中，传统阅读中的浏览、翻阅、记笔记、注释、回看复习等等阅读行为都已经不适用，转而代之以非线性阅读、检索式阅读和定位阅读。

刘子明在《数字环境中的阅读行为：过去十年阅读行为的变化》一文中指出，在网络数字阅读中读者倾向选择篇幅短小、直观、主旨清晰、图文并茂的阅读内容，更多采用浏览、屏幕阅读、跳读等省力阅读方式。他指出基于屏幕的阅读行为，最主要特征是读者用较多的时间进行浏览、扫描、关键词定位、一次性阅读、非线性阅读、选择性阅读，而只花较少的时间用于深入阅读方面，并指出注释和标记这些在印刷文本中常见的方式尚未迁移到阅读数字文本中去。[1] 在传统的印刷环境中，文本是固定的，作者决定了内容和观点表达的次序，而在数字环境中，作者只是提供了选项，需要读者自己点击并确定阅读的次序和方式，超文本给了读者选择的自由，"超阅读"在分散阅读内容的同时，又集中了读者的阅读内容，只不过这种集中是藉由读者的主观意志得以完成的，这是屏幕阅读带来的最深刻的阅读改变。

4.3.2 立体化"互文阅读"

屏幕化阅读方式对于读者的阅读行为所带来的影响和改变不仅仅是阅读秩序和深度的改变，也改变了读者的阅读心理和阅读取向，使之呈现出外向的、互动的、社会化的倾向，这种倾向并不仅仅出现在社会性阅读中，同样也体现在个体性阅读中。即使是一个人完成的数字阅读依然能够呈现出互动性，只不过这种阅读互动不是出现在读者与读者之间、读者与作者之间，而是出现在文本之间，即表现为"互文性"。事实上网络数字阅读的发展，可以说直观演示了克里斯蒂娃所说的"一切文本都是互文本"这个抽象命题和它所隐含的空间范式。

"互文本"这一概念是法国符号学家朱丽娅·克里斯蒂娃（Julia Kristeva）1969 年首先提出的。她认为："每一个文本都是由对其他文本的援引而构成的镶嵌图案，每一个文本都是对其他文本的吸收和转换。"[2]就是说任何一个文本从来都不是孤立存在的，总是通过引用、改写或戏仿别人的文本，形

---

〔1〕 Liu Z M. Reading behavior in the digital environment: Changes in reading behavior over the past ten years[J]. Journal of Documentation,2005,61(6): 700 - 712.

〔2〕 冯寿农. 文本·语言·主题[M]. 厦门：厦门大学出版社,2001: 18.

成如同马赛克镶嵌一般的拼图。文本与文本之间满布着相互参照和关联关系。一个文本总是在过去的已有文本的背景中建立起来,同时自身也被后来的文本回应,被重新加工和不断改造。一个有价值的文本似乎永远都不会有终点,从而形成了庞大的意义网络。

作为一种新的文学观念和文学研究方法,"互文性"理论的影响逐渐延伸到阅读研究的领域。在这方面法国著名结构主义文学理论家罗兰·巴特(Roland Barthes)产生了重要的影响。罗兰·巴特对于"互文性"理论的贡献在于他认为后人对前人的解读,反过来也构成且不断地构成前人文本的一部分,从而形成巴特所说的"立体书写"(sténographie)。这种立体书写可以通过明引、暗引、拼贴、改编等互文写作手法建立,也可以在文本阅读过程中通过读者的主观联想等建立。[1]换言之,普通的读者在阅读作品的过程中,基于自身阅历和阅读经验,通过自己的主观联想,可以使得原本由作者创作的一维作品,变成了由作者和他所借鉴、模仿和参考的他作者共同创作的二维作品,进而变成了由原作者、他作者以及读者共同构筑的三维作品。[2]

事实上,一个人在阅读或思考问题的过程中,总是从一个概念或主题联想到另一个相关的概念或主题,人类的思维具有联想特征,也可以说人的思维方式是一种超链接的网状结构。从某种程度上讲互文性的阅读方式可能更符合人类的思维特点。

举例来说,在网络上阅读和在纸质的书本上阅读《红楼梦》,到底有什么不同? 仅仅只是载体不同而已吗? 现实情况是,数字一代的读者已经形成了某种立体化的互文性的阅读方式,他们在阅读原始文本的同时,会同步借鉴和阅读相关的文本,包括其他读者的评论,相关的改编版本以及对作者生平和创作经过的介绍等等。通过导读书评、读友感受分享等阅读推荐方式,转向更为宽泛语境下的跨文本的互文性阅读,发现和挖掘文本内部与外部间语言、人物、情节、主题以及结构上的互文性,寻求和揭示文本间可证实的影响,寻找文本与文本间的多重联系。

例如《红楼梦》与《金瓶梅》,这两者在故事结构、小说主题内涵以及语言上存在千丝万缕的联系;《红楼梦》对《金瓶梅》有一定程度的借鉴、模仿和转换;而现代作家张恨水的《金粉世家》无疑又与《红楼梦》有着密切的关系,存

〔1〕 甫玉龙,陈定家.超文本与互文性[J].社会科学辑刊,2008(3):199-204.
〔2〕 秦海鹰.互文性理论的缘起与流变[J].外国文学评论,2004(3):19-30.

在着对于《红楼梦》的模仿和学习,甚至小说的主题都有脱胎于《红楼梦》的明显痕迹。这三部名著横向之间的相互指涉无疑构成了横向互文;而小说原著与以其为原型的电影、电视、戏曲等等的改编,如小说《西游记》与动画片《大闹天宫》、电影《大话西游》,话剧《雷雨》与电影《满城尽带黄金甲》之间又存在着一种纵向文本之间的相互指涉,属于纵向互文。[1]

置身于网络数字环境的读者,可以轻松地实现横向与纵向的互文阅读。假定读者是豆瓣的用户,那么他很容易了解到这三部作品的互文与关联,读者会站在不同的角度,去阐释和抒发自己对《红楼梦》的理解与认识,因此该读者在对原文本阅读的同时,藉由他人的阅读,得以发现作品与历史、社会文本之间的关联,加深对作品内涵的理解。所以从本质上说,互文本的阅读方式拓宽了读者的阅读范围,带领读者进入一个围绕某一主题的阅读空间,极大地拓展了阅读视野,由此读者获得的阅读体验无疑比单一文本的阅读要深入和丰富许多,尽管这种阅读也存在着蜻蜓点水和浮光掠影的弊端。

由个体性阅读推而广之到社会化阅读,可以发现以阅读社区为代表的社会化阅读,其本质就是阅读的互文性。每一个社区成员、每一篇书评、每一个推荐、每一个链接都构成文本之间的互文,它们彼此影响、彼此指涉,从而形成一个寓意复杂的语义网络。读者在这个语义迷宫中探索和发现,寻找自己的出路。这种互文性阅读相比于传统的单向阅读和线性阅读而言,将会有趣、丰富得多,并且更富于启发性和能动性,但同时也会更容易迷航,更易花费时间,并降低读者阅读的专注性。因为相比于思考,不断点击是更容易分散注意力的事情。

4.3.3　碎片化"浅阅读"

"互文性阅读"在扩大读者阅读广度的同时,降低的是阅读的深度和难度,相应地也带来了阅读的"浅薄化"和"碎片化"。这里的"浅薄化"并不是贬义,而只是相对于"深度专注"而言,是指由于屏幕化阅读带来的浏览、扫描、关键词定位、一次性阅读方式,以及互文性阅读带来的非线性阅读、选择性阅读、参照性阅读等方式,导致数字阅读呈现碎片化的形态。读者在阅读网页、数读、微信之类内容的过程中,主要是为了寻找和发现自己感兴趣的内容,以及追求存在感,对于内容并不求甚解,略知大意即可。

---

[1]　袁曦临.数字阅读与导读中的互文性分析[J].图书与情报,2012(3):30-34.

碎片化阅读一般具有如下特征：首先是阅读时间的断续性和阅读场合的随意性。碎片化阅读是可以随时随地发生的，无论是在车站、地铁、快餐店，还是在等人、等车或休息闲暇，阅读随处发生。正是这种阅读时间的断续性和阅读场合的随意性，决定了数字阅读的篇幅一般比较短小，如微博、微信、新闻、小小说、百科条目和段子等。碎片化阅读反映了当代人阅读方式对生活节奏加快的适应与变通。

总的说来，可以将网络数字阅读的碎片化特征归纳为两个核心方面：

其一是阅读过程的碎片化。读者在使用手机、iPad 和 Kindle 等的过程中，倾向于利用休息、等待、工作之余等碎片化时间以及不固定的地点进行不完整的、断断续续的阅读方式，在形态和时间上表现为一种"断续"状态。另一方面，由于阅读屏幕大小的限制，屏幕阅读能够容纳的信息量是有限的，滚屏和翻屏是数字阅读的必然。而一旦阅读内容丰富且复杂，那么在频繁的翻页和滚屏中，读者能够得到的阅读印象是破碎的，呈现出一种阅读过程的断续状态；特别是在超文本阅读和互文性阅读中，频繁的点击和链接，增加了读者的认知负荷，降低了读者对于文本的持续关注，进而导致更加碎片化的阅读。

其二是内容的碎片化。伴随网络阅读的深化，读者的阅读需求呈现出小众化与个性化特点，由此产生对于阅读内容的细分，以及阅读服务的分层和分群，并对阅读内容提出多元化和专门化的要求，小众或者个性化阅读趋向日益明显。

为了迎合读者关注点的离散，数字出版和媒体领域在内容生产中愈发注重对于目标受众的定位，这种更为细化和精准的读者定位反过来又进一步促进了受众的分化。[1] 读者对于阅读内容的选择渐趋细致和分化，内容的这种碎片化特征深刻反映了读者个性特征、兴趣爱好与价值追求的差异。

碎片化的阅读行为并非仅仅体现在一般性的社会阅读中，即便是学术阅读，也越来越多地呈现碎片化特征。读者在进行学术阅读的过程中，其阅读行为也是非连续的，学术性的电子书和期刊普遍采用超文本结构，提供全文检索和导航，读者通过电子书章节标题和目次，随时可能引发阅读顺序或方向的转变。[2] 专业读者不再像过去一样阅读整本学术期刊或论著，而更习

---

〔1〕 林楠,吴佩婷. 新媒体时代下的碎片化现象分析[J]. 广西师范大学学报(哲学社会科学版),2014,50(4)：47 - 51.

〔2〕 王英哲. "读屏时代"大学生手机阅读行为研究[J]. 电子世界,2014(5)：84 - 85.

惯于通过数据库检索，直接阅读相关的论文或篇章，并在阅读的过程中确定是一般性浏览还是保存下来精读，或打印出来仔细研读；读者的点击、浏览、扫读、漫游等碎片化阅读行为方式已经成为一种阅读习惯被日益固定下来。

总之，碎片化特性日益演变成为年轻一代的主流阅读方式。在数字环境下，深度阅读和集中阅读时间在减少，而利用碎片时间进行基于屏幕的浏览和扫读时间在增加。读者以注意力不需要高度集中的方式进行阅读，随时随地根据需要和心理感受，决定阅读哪一个文本，点击哪一个超链接以及是否要下拉阅读页面。阅读呈现出前所未见的浅薄化和碎片化。

目前的大学生群体正是具有这类碎片化阅读行为的主体，碎片化阅读已成为他们获得知识信息的重要途径，通过微信、微博、论坛、贴吧等工具，获得新闻、娱乐、运动以及相关专业知识领域的信息，同时也乐于转发至腾讯空间、微信朋友圈相互分享碎片化知识。碎片化阅读行为在一定程度上方便了读者之间、读者与社会之间的交流。[1]

阅读方式的改变并非只发生在网络时代，事实上早在 18 世纪末就已经发生过一次阅读革命。曾经担任哈佛大学图书馆馆长的历史学家罗伯特·达恩顿（Robert Darnton）在其书籍史研究中指出，从作家的手稿到读者手中的书，有一个复杂的生产流水线，其职能是传递信息和知识。而在这个线路系统中，读者是最为关键、最重要的环节。从中世纪到 1750 年之前的手抄本时代，读者的阅读行为一直是以精读为主流的，因为书籍的稀罕，人们总是一遍又一遍地阅读有限的书籍；而伴随印刷时代的来临，书籍、期刊、报纸激增，读者开始趋向泛读。[2]今天随着网络时代的发展脚步，越来越多的信息以及越来越便捷的阅读工具给读者带来更宽广的阅读视野和更深入的认识世界的可能，数字化环境下成长的年轻一代正在慢慢地流失深度阅读以及长时间持续阅读的能力，转而以快速检索和浏览的方式，在汗牛充栋的文献汪洋中翻检、选择和定位。

数字文本的动态性、超文本性以及海量的、多样化的网络数字化文献资源，需要读者发展出更为适合的阅读和信息处理模式，需要读者能够快速定位、筛选并完成整合阅读。当读者访问一个网页的时候，他实际上就面临着访问页面上可能存在的平均 9 个链接的机会，因此，在信息日益丰富的阅读

〔1〕 张文亮,蒋秋子,尹一村.大学生碎片化阅读行为调查及其影响因素研究[J].四川图书馆学报,2015(6):79-83.

〔2〕 Darnton R. Towards a history of reading[J]. Wilson Quarterly,1989,13(4):87-102.

环境中,读者的注意力和判断力是一种极为稀缺的资源,如何分配和管理自己的注意力用于最有价值的信息成为一个至关重要的问题。大多数读者在浏览网络数字文本时,都倾向于阅读文本的第一屏内容,或者只浏览网页检索呈现的前 20 个结果;更关注阅读文本上的标题、图片等等占据显著位置的内容。人们越来越多地进行着图像式阅读,一个全部是文本的阅读内容甚至会让读者产生放弃阅读的冲动。

从印刷到数字的转变不仅带来了新的文献形式,诸如图像、文本、声音和视频的聚合等等,更促成了一种新的阅读行为方式。阅读从来都不是一种单一的读写行为,而是一种复杂行为,包含根据不同的阅读目的而作出的行为选择,以及面向不同对象时所需要的不同阅读策略和技巧。

所谓的屏幕化的超阅读、立体化的互文阅读以及碎片化的浅阅读行为模式,从本质上讲,其实正是读者在网络数字环境中完成阅读任务所必须作出的关于阅读注意力分配的选择策略。正是因为碎片化信息的客观存在,才导致了读者的碎片化阅读行为。因为读者不可能对每一个碎片化信息都给予相同程度的关注,读者必须做出判断和选择。快速浏览、关键词扫读、检索定位阅读以及非线性的跨文本阅读等等,都是读者做出更具针对性、更有选择性的有效阅读方式,以便于花费最少的时间和精力来获得更多地信息、处理和加工更多地信息和知识。快速的、缺乏深度的"浅阅读""互文性阅读"以及"超阅读"是网络数字时代读者更为有效和广泛地探索不同知识世界和信息主题的方式和策略,虽然这种方式牺牲掉了一部分宝贵的深入思考和记忆的注意力。

第五章

数字阅读行为机制

单就阅读过程而言,阅读是一个由读者主导的复杂的信息加工过程,包含了字词识别、句法分析、涵义理解、推理判断等一系列交替进行的认知与理解过程。依据鲁姆哈特的阅读过程相互作用模式,阅读认知包含了由视觉主导的文字信息的分析、存储和加工的整合过程;而阅读理解则是逻辑思维活动下的认知活动的综合与发展。认知与理解彼此支撑,交替发展。不同个体因其知识经验和认知能力的不同,其认知和理解的水平和程度亦不同。[1]

面对纸质和数字媒介这两类不同的阅读载体,撇开读者个人在阅读体验感受方面的差异,纸质阅读和数字阅读在阅读认知和理解方面存在差异吗?如果两组分别进行数字阅读和纸质阅读的读者,在同一控制时间内阅读同一文本内容,其理解文本内容的程度和效果是否会一致? 抑或有所不同? 如果存在差异,主要体现在哪些方面? 两组读者在记忆和消化阅读内容的过程中会有不同吗? 如有不同,又会表现在何处? 以上问题在数字阅读领域的研究中必然是要被首先关注的。

对于数字阅读认知理解效果的研究是一个重要的新领域。其之所以重要,不仅在于它关乎读者阅读行为偏好和阅读习惯改变,更关乎人类知识的积累和学习认知的效率;对于学校教师的教学导向,个体学习模式的选择以及图书馆馆员的阅读推广都有极为深刻的影响。

---

〔1〕 张必隐.阅读心理学(修订版)[M].北京:北京师范大学出版社,2004:35-46.

5.1　纸质阅读与数字阅读认知差异

5.1.1　实验设计思路

基于上述认识,本研究从阅读认知和理解记忆层面设计了纸质阅读和数字阅读对照组实验。在阅读理解效果测试问卷的设计中,借鉴了国际学生评价项目 PISA(Programme for International Student Assessment)的阅读理念和测试框架。

PISA 认为,阅读不是单向维度的技能,对阅读素养的评价可从获取与检索、整合与解释、反思与评价三个方面着手。[1] 包括从基本的字词解码,到句法、语法及文本结构和特征,涵盖读者对于世界知识的认知,以及阅读元认知在内的广泛能力。本研究在参考 PISA 阅读能力测评思路的基础上,做了适当修正,形成本次实验的测试问卷。

实验的设计依据澳大利亚新南威尔士大学的认知心理学家约翰·斯威勒(John Sweller)1988 年提出的认知负荷理论。他认为人类的认知结构由工作记忆(短时记忆)和长时记忆组成。工作记忆容量有限,一次只能存储 5～9 条基本信息块,而长时记忆的容量则近乎无限。工作记忆的负荷受到阅读材料的内涵、呈现形式以及读者的学习认知活动的影响。[2] 一旦认知活动所消耗的所有认知资源大于阅读者本身所拥有的资源,即会出现认知负荷过重,影响到阅读理解的效率。

因此本实验在选择阅读测试材料时,选用所有被试都未接触过的文本,以避免阅读材料熟悉程度不同对用户认知负荷产生不同影响;且测试阅读文本的长度短小简练,以保证认知负荷不超过被试读者能够接受的范围;在设计问卷提问时,回忆的任务数基本控制在五个方面内,以避免由于让用户回忆的信息量超过一定范围而造成认知负荷,对实验结果造成影响。

本实验旨在观察和测量两组读者分别在数字阅读和纸质阅读过程中,对于阅读同一材料时的认知水平和理解效果,包括对文本内容的细节回忆、归

---

〔1〕　陈康. PISA 阅读素养测评内容领域的解析及其启示[J]. 中国考试,2014 (10):57 - 61.

〔2〕　陈巧芬. 认知负荷理论及其发展[J]. 现代教育技术,2007(9):15 - 19.

纳性总结以及推论性理解、记忆内化整合等。

阅读测试材料选取 19 世纪美国著名小说家爱伦·坡的短篇故事《黑猫》[1]，选取此文本作为实验测试材料，出于如下考虑：

（1）作为一个现场完成的阅读实验，测试时间控制在 15～20 分钟，《黑猫》是一篇微型小说，共 6 000 余字，符合这一要求。

（2）《黑猫》属于悬疑小说，是现代悬疑侦探小说的鼻祖。小说围绕黑猫这一对象作为基点设置情节，由此生发铺叙，形成复杂的故事内核。其中包含有较多细节要素、叙事关系以及象征、隐喻手法，符合本次研究测试问卷的题目设计和阅读理解的层次分类。

（3）目前国内所做的有关阅读认知和阅读行为的实证研究，其实验材料往往选择文献片段或根据实验要求自拟的阅读材料，这种人工设置的阅读材料不符合读者的一般阅读情况，不能够很好地反映阅读的真实形态，也不能体现阅读过程中的内在一致性和逻辑性。而本次实验选择的是一个完整的优秀短篇小说，其中的人物、情节、背景和逻辑关系浑然一体。

实验首先将被研究者分为 2 组，一组进行《黑猫》的纸质文本阅读，另一组则进行《黑猫》的电子书手机阅读。参加纸质与数字阅读实验的分别为 23 人与 24 人，其中有 3 位同学在数字阅读过程中由于阅读软件的手机兼容性问题影响到答题，被剔除，最终确定的有效参加人数为纸质阅读与数字阅读组各 20 人。

在被试的选择上，为保证参加阅读实验的被试者阅读能力和知识水平基本一致，避免由于文学素养的差异导致实验结果失真，因此，本次实验的参与者均为东南大学"善渊读书会"和"东南风文学社"的成员，他们在兴趣、爱好和文学素养方面程度相当，水平较为一致。

"数字阅读认知效果"测试问卷设计主要围绕《黑猫》这一作品的情节细节、作者的创作意图及作品风格、对作品展开的联想、作品深层含义的理解设计题目，以考察被试采用不同阅读载体的理解认知效果。共计 20 道题目，划分为四个方面，分类情况如表 5-1 所示。

---

〔1〕 爱伦·坡.黑猫[M].詹宏志，译. 石家庄：河北教育出版社，2003.

表 5-1 《数字阅读认知效果》测试问卷设计

方面	测评要求	测试问卷的题号及题目
Ⅰ 型	寻找发现信息 （作品细节）	4. 小说中"我"和妻子养过哪些动物？ 5. 小说中"我"养过的第一只猫有什么特点？ 7. 小说中的黑猫是如何死的,死于何处？ 8. 小说中黑猫死亡的晚上发生了什么奇怪事情？ 9. 小说中救了"我"一命的那堵灰墙上有什么？ 12. 当小说中的"我"伤害第二只黑猫时,这只黑猫的反应？ 13. 小说中黑猫胸前的白斑最后显现出了一个什么幻象？ 14. 小说中的妻子是怎样遇害的？ 15. 小说中的"我"怎样处置了遇害妻子？ 16. 小说中的第二只黑猫最后去哪里了？ 17. 警察是怎样发现小说中遇害的妻子的？
Ⅱ 型	文本理解与 归纳阐释 （内容解读）	6. 你认为小说中的"我"是因为什么原因,开始虐待小动物？ 10. 小说中的"我"如何看待"黑猫浮雕"这件事情？ 11. 小说中的"我"为什么想要找一只黑猫作为弥补？ 20. 你认为小说中的"我"虐杀黑猫的深层次原因是什么？
Ⅲ 型	反思和评价文本的内容 （主旨发现）	1. 你觉得"黑猫"在文章中具有象征意义吗？ 如果有,你觉得"黑猫"象征了什么？ 18. 《黑猫》这部作品反映了怎样的时代环境与氛围？
Ⅳ 型	反思和评价文本的形式 （评论鉴赏）	2. 请描述读完本篇之后的心理感受,你觉得作者文章采用了什么样的文学风格？ 3. 请简要说出整篇小说的叙述视角。 19. 《黑猫》这部小说吸引你的特质(例如：故事情节、故事风格等)是什么？

其中,Ⅰ类问题要求被试在文中寻找和发现所需信息;Ⅱ类问题要求被试能够对文本内涵达成宽泛的了解,了解故事的主要特征、主要情节及其内在逻辑关系,得出文本中没有明确陈述的结果;Ⅲ类问题旨在考察读者是否能够联系阅读文本中提供的不同信息线索,与自己原有的知识、想法和经验相联结,综合判断后提出自己见解的能力;Ⅳ类题目考察被试是否能够欣赏或评论小说结构、语言风格等文体特征,识别隐喻、讽刺等写作方法在文本中的作用等等。上述四个方面的题目在问卷中所占比例为 11：4：2：3,Ⅰ类

的题目最多，其他三个方面需要深入理解的题目所占比例达到 45%。

在问卷中，对被试读者可能产生理解偏差的几个概念做了注解，注解的概念有：

（1）"文学风格"的注解：主要指作家和作品的风格，通常被誉为作家的徽记或指纹。文学风格既涉及作家的创作个性和言语形式，也与时代、民族、地域文化有关系。

（2）"叙述视角"的注解：叙述视角，是小说叙述中对故事内容进行观察和讲述的特定角度，通常可分为四种情形，即第一视角、第二视角、第三视角、变换视角。同样的事件从不同的角度看去就可能呈现出不同的面貌，在不同的人看来也会有不同的意义。

5.1.2　实验过程与结果

本次实验分成两个阶段进行。第一阶段为现场阅读，阅后即脱离文本完成测试问卷，考察两组被试在阅读认知理解和短时记忆的差异；第二阶段时隔 1 个月，第二阶段的测试问卷与第一次完全相同，主要目的是考察读者在现场阅读以后的遗忘与记忆内化情况，比较两组被试在长时记忆上的差异。

2014 年 6 月 19 日，来自东南大学文学社团的志愿者参加了本次阅读行为实证研究，随机分组。A 组进行《黑猫》的纸质文本阅读，B 组进行《黑猫》的超星电子书手机阅读。第 1 次测试时间为 6 月 19 日，A、B 两组在不同阅读载体下分别阅读完短篇小说《黑猫》之后，现场完成测试问卷。答题完毕，提供的《黑猫》文本和阅读问卷即被收回；第 2 次测试时间为 7 月 15 日，时值暑假。要求读者在不回看小说原文的情况下，在网上重新填写原先的问卷题目，之后以邮件形式返回。

以下分别对 A、B 两组在两次答题过程中的各自表现及其差异进行统计与分析。

（1）Ⅰ型问题

属于Ⅰ型"作品细节"类的题目共有 11 个，主要考察读者对于作品原文细节的把握。所提问题皆有"标准答案"，即在原文可以找到与问题一一对应的关键词作答，着重于读者对于作品细节的发现与提取能力。

以下是 A、B 两组在Ⅰ型"作品细节"类问题的两次答题的总体情况，如图 5-1 所示。

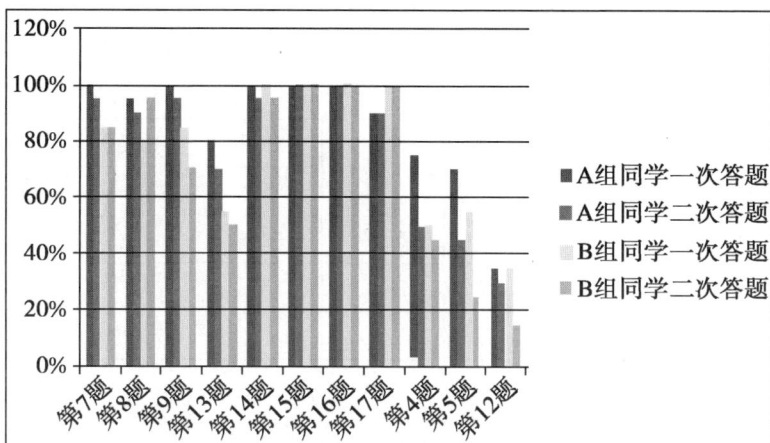

图 5-1　Ⅰ类问题　A、B两组两次答题总体情况

　　Ⅰ型问题属于直观的细节记忆题,如果细分一下,可以划分为两个层次:第一层次包括第7、8、9、13、14、15、16、17题,这8道题是较为简单的细节类题目;第二层次包括第4、5、12题,则是比较复杂的细节题目。

　　统计发现,对于第一层次简单细节类题目,A组前后两次的答题情况类似。第一次答题中,这8道题的平均正确率为95.63%,正确率很高;第二次的平均正确率为91.88%,与第一次相比仅下降3.75%。说明经过1个月时间,读者对于简单细节情节的记忆依然很牢固,记忆偏差不大,正确率微弱下降。

　　B组对于这8道简单细节题,第一次测试的答题平均正确率为88.1%。第二次为86.9%。与前次相比下降1.2%。总体表现逊于A组。

　　第二层次的3道题是较为复杂的细节题,特别是第4题(小说中"我"和妻子养过哪些动物?)全部正确答案应为7种且有具体名称,为便于统计,答对4种以上动物名称的即视为正确。第5题(小说中"我"养过的第一只猫有什么特点?)实际包含体表特征与性格特征两方面,因此有一些理解成分。第12题(当小说中的"我"伤害第二只黑猫时,这只黑猫的反应?)是一个并不明显地细节,需要在阅读时特别关注。第二层次复杂细节题的答题情况见表5-2。

第五章　数字阅读行为机制

表 5－2　Ⅰ类问题中第二层次复杂细节题 A、B 两组两次答题情况

复杂细节题	第一次测试正确率（%）		第二次测试正确率（%）		遗忘程度：正确率降幅（%）	
	A组	B组	A组	B组	A组	B组
第4题	75%	50%	50%	45%	25%	5%
第5题	75%	70%	50%	50%	25%	20%
第12题	35%	35%	30%	15%	5%	20%
平均	61.67%	51.67%	43.3%	36.67%	18.3%	16.67%

A组在复杂细节题的表现差于简单细节题，平均正确率下降明显，前后两次记忆也有差别，略有遗忘；B组的回答情况与A组类似。值得指出的是，A、B两组尽管对于复杂细节题的记忆情况有较为明显地差别，但遗忘的情况却比较接近。

对比A、B两组在Ⅰ类题目上的两次答题情况，A组总体好于B组。对于简单细节题，因其直接、容易被记住的特性，A、B组之间差距并不明显；对于较为复杂的细节记忆，B组的短时记忆效率和长时记忆效率均较A组为弱，差距较为明显，但遗忘程度相当。

（2）Ⅱ型题目

Ⅱ型题目为"内容解读"类题目，属于此类型题目有第6、10、11、20题。按照PISA的阅读素养测评标准，对于此类题目的考察主要是为了测试读者概览全篇，归纳主旨，由文及义，了解人物意图、事件原由，并找出关联关系等方面的能力。其中第6题和第20题都是追寻人物行为动机的，需要对小说进行一定思考，才能对主人公的行为动机做出相应地推理。由于题目是主观判断题，没有标准答案，但仍可通过答题的结果，发现读者的理解情况和阅读效果。

A组对于第10题（小说中的"我"如何看待"黑猫浮雕"这件事情？）两次回答的答案趋同，回答"奇怪""害怕""后悔""黑猫的复仇"等的人数基本相同，区别不大；对于第11题（小说中的"我"为什么想要找一只黑猫作为弥补？）两次回答情况稍有一些出入，前一次测试回答比较集中，回答"歉疚"的同学多达15人；第2次测试时，回答"歉疚"的同学人数减少4人，新增了"害怕""逃避"等回答，从答题情况看，读者的思维发散性更强些，对问题的思考层次更深些；对于第6题（你认为小说中的"我"是因为什么原因，开始虐待小

动物？），A组的回答集中为"酗酒""与妻子感情失和""生活环境影响""人性中的恶"，或认为有双重原因："酗酒与生活环境影响""酗酒和人性恶的一面使然"等。两次回答出现了一个有趣的现象：第一次回答时有18人认为小说中的"我"虐杀黑猫的原因主要是"酗酒"这一表层原因，第二次测试时认同这一观点的读者下降为15人；而在深层次原因追究的第20题（你认为小说中的"我"虐杀黑猫的深层次原因是什么？）的回答中，认为"酗酒与生活环境影响""酗酒和人性恶的一面使然"双重因素的同学第一次测试为11人，第二次测试上升到13人。这个变化说明同学在阅读后的时间中有了一些内化思考，逐渐形成了较为明确的观点。

与A组相比，B组在Ⅱ型题目的回答中表现出较大的差异性。如对第6题，B组第一次回答出"酗酒"这一表层原因的读者有11人，第二次测试回答出"酗酒"的人数下降为7人，另有4人未作回答，表示彻底忘记了；对第20题，B组第二次测试与A组差别颇大，答案趋同，基本都指向人性"恶"这一直接观点，相比之下，A组的答案更为多样化。对于第10、11题的回答，A、B两组差异不明显，B组在二次测试中未作答或表示遗忘的同学有所增加。

总体而言，A组在阅读思考上比B组更深入，在文意理解的准确性方面，A组也胜于B组。在遗忘和记忆层面，A、B两组都表现出一定的发散性，其表现为：一部分同学的答案更分散和多样，另一部分同学则在内化理解之后有了更深入的理解；比较而言，B组较A组在理解性记忆上表现出遗忘的人数更多。

（3）Ⅲ型题目

问卷中Ⅲ型题目为"反思和评价文本的内容"类题目，考察读者能否领悟作者的原意、文本的内在涵义，发现文本中隐含的问题。属于此类型的题目有第1、18题。

对于第1题（你觉得"黑猫"在文章中具有象征意义吗？如果有，你觉得"黑猫"象征了什么？），A组中第一次回答黑猫象征人性"恶"的人数约占50%；在第二次回答中出现一个较为明显地变化，有7人认为黑猫象征"正义"或是对"恶"的惩罚，这是第一次回答中所没有出现的。说明在阅读文本后的一段时间之后，A组虽然没有再阅读小说，但已经获取的信息量帮助其进行了较为深入的思考，并得出了比第一次更为深入和准确的答案。对于第18题（《黑猫》这部作品反映了怎样的时代环境与氛围？），A组在第一次测试中，偏重于描述"社会环境的恶劣"所造成的唤醒人性"恶"的影响，答案差别较大,有不同角度的认识。在第二次测试的回答中,回答趋向集中和一致,基本是从社会环境、人际关系、社会历史阶段这三个不同的认知角度思考的观点。

相应地,B组对于第1题的回答,前后两次测试相比较,遗忘增加幅度较大,有效回答减少。对第18题,第二次回答中B组的答题率很低,有9人未回答或不清楚,未回答的同学人数达到45％,而在第一次测试中,仅有10％的同学未作回答,从比率上看是一个锐减的状况。回答较为分散,答案相对单一、简短,集中于"社会动乱""人与人之间温情缺失""信仰缺失"等因素,远不如A组基本能保持第一次答题的水准。对比前后两次测试的结果,说明B组在第一次阅读之后,经过一段时间后遗忘较多,印象变得较为模糊,已经不能够支撑起对文章进行再一次较为深入的思考。

（4）Ⅳ型题目

Ⅳ型题目即"反思和评价文本的形式"类题目,着眼于理解的延伸和知识的迁移。属于此类型的题目有第2、3、19题。

A组对于第2题（请描述读完本篇之后的心理感受,你觉得作者文章采用了什么样的文学风格?）,第一次测试比较集中的回答是"荒诞""悬疑",第二次回答中,有3位读者提到了写作视角和叙述手法,这是前一次回答中所没有的,认为作者"对人性的描写""故事寓意""意象设置""叙述方式"等等的处理令小说具有吸引力。说明A组在第二次测试时对于故事的写作方式有了更深一层的新认识。

B组对第2题的回答前后两次测试有较大差别。第一次有7人未回答或回答未看懂,多数被试对作者注重"心理描写"和叙述的语言风格有较深印象,表示"压抑""震撼"和认为主人公"精神状态有问题",对小说有较为直观的印象;但在第二次测试中竟然有17人未能做出回答,显然经过一段时间之后,遗忘较多,对文章内容并无深刻印象。

由于问卷在第3题（请简要说出整篇小说的叙述视角）和第19题[《黑猫》这部小说吸引你的特质（例如：故事情节、故事风格等）是?]上有导引注解,因此A、B两组对于这两道题的回答情况趋同,两次回答区别不大。对于第3题,A、B两组基本都认为是第一视角。对于第19题,第一次回答中A组有些读者较为深入地谈了自己的感受,诸如"压抑""阴森惊悚""做人不应迷失自我"等。第二次测试时回答则变得非常简短。而B组对于第19题,回答更为简单,基本局限于题目中的两个引导性词语。

5.1.3 实验结果分析讨论

从阅读速度方面看,B组读者完成试卷的速度总体快于A组读者。经过现场观察与问卷后现场调查发现,A组读者在阅读过程中为了不遗漏文本内容,是按"行"阅读的,且会反复翻回到前面的内容再看,这个翻页和定位的过程损失了时间。数字阅读的B组读者则较少返回看。现场测试后的访谈发现,B组读者阅读速度快的原因是手机屏幕相对于纸本书面积为小,一页的文字内容可以几眼便知梗概,读者是按照"块"读取的。

从Ⅰ型细节题来看,两组答案总体正确率均较高,两组读者都可以在短时间内完成阅读并回答基本正确,差别不大。对比A、B两组,发现简单直接的细节容易被大多数人记住,两组虽有差别,但差异不大。但当出现深入的复杂细节问题时,B组的答题正确率远低于A组。进一步深究发现,同学反映"眼睛虽然快速地在那些字句间扫过,但似乎没有读进去,当然就很难完全记住这些词句的意思",因此错过了很多的细节。两组对Ⅰ型细节题的遗忘率都较高,但遗忘幅度接近。

在Ⅱ型题的阅读理解方面,第一次测试中A、B两组没有产生深刻印象的同学占比类似,但B组对文本的理解精确度低于A组,属于理解性错误的答案比例高于A组。第二次测试主要考察读者对于不同层面信息的记忆程度,或者说遗忘程度。结果显示,A组在"作品的深层含义"和"对作品展开联想"的题目上出现了较多的变化,不少读者经过一段时间的消化,没有了第一次既要阅读又要做题的时间压力,思维变得较为发散、活跃,在第一次回答的基础上进行了更为细致和深入的回答。实验表明,A组的长时记忆更牢固,也更深入,而B组遗忘情况较为严重,对文本的理解趋于简单、直接。

在Ⅲ、Ⅳ类题目中,A组表现相对较为稳定,前后两次测试答案相对一致。B组则表现出前后两次测试在理解上有较大差异,答案变化很大,B组对于文章的感受不够深刻,不能很好还原最初的阅读感受并加以描述,无法归纳文意,提炼主旨,理解性记忆稳定性不够。

总体而言,在完成整个故事的阅读任务之后,A组的阅读感受更为深入一些,对小说也形成了更多属于个体的理解,有读者甚至给出了很深刻的读后印象。B组的表现差强人意,对于小说的认知比较表面,感受较为粗浅、简单,遗忘程度高。需要特别指出的是,文本中出现的注释和提示说明,无论对A组还是B组都有直接的影响,注释和提示在较大程度上能够加强和控制读者的判断。

　　通过实验,可以看出在数字阅读过程中,读者习惯于略读、跳读和泛读,阅读速度较纸本阅读为快;在短时记忆方面,纸质和数字阅读对于简单信息的认知加工和记忆差别不大,但数字阅读对于复杂信息的认知加工效果略差;对于理解阐释性的内容,数字阅读表现逊于纸质阅读;在长时记忆方面,数字阅读内化阅读材料的能力较纸质阅读为弱。实验还提示在阅读材料的某些重要信息上做特殊标记或注释,有助于加深记忆和阅读印象。

5.2　数字阅读对认知理解效果的影响[1]

　　上述实验研究结果提示,纸质阅读在理解认知效果上要优于数字阅读,长时记忆和知识内化程度也高于数字阅读。与上述实验相对应,脑科学和神经学家的研究表明,阅读行为和习惯的改变确实会刺激并改变脑神经的联接方式,脑神经元会由于持续阅读刺激方式的不同而打断旧联接,形成新联接,神经元之间的突触的联结强度随着突触前后神经元的活动而变化。[2] 简言之,阅读环境和阅读行为的变化,会带来大脑的适应性调整。

　　回顾过往,苏格拉底曾激烈地反对过文字阅读。众所周知,背诵和朗读是古希腊人最主要的文化习得方式。随着文字的产生和书籍的普及,书本阅读成为流行,朗读让位于默读。作为古希腊最伟大的学者,苏格拉底敏锐地感受到了这一改变,他认为读写能力的提升,书籍的普及,会降低个人的记忆能力;深信书面语言如不加控制的传播,会对人的记忆以及知识的内化吸收造成毁灭性的影响。[3] 不难发现,苏格拉底当时对于人类知识的未来充满担忧,正如今天的专家学者对于网络数字阅读的未来普遍担忧一样。网络数字阅读是否会影响人类思维的深刻性? 对于网络和搜索引擎的依赖是否会影响到人类的记忆能力和思考能力? 对于这些问题的思考之所以重要,是因为它关系到人类文化的传承和知识的传播与交流。

　　因此,需要认真思考数字阅读对于读者的认知和理解的影响,并探究网

　　〔1〕　袁曦临. 网络数字阅读行为对阅读脑的改造及其对认知的影响[J]. 图书馆杂志, 2016(4)：18 - 26.

　　〔2〕　顾凡及. 脑科学和信息科学的交叉学科研究[J]. 自然杂志,2015,37(1)：26 - 32.

　　〔3〕　玛丽安娜·沃尔夫. 普鲁斯特与乌贼：阅读如何改变我们的思维[M]. 王惟芬,杨仕音, 译. 北京：中国人民大学出版社,2012：67 - 76.

络数字阅读和传统纸质阅读形成差异的原因及其背后的内在机制。

5.2.1　增加阅读认知负荷

相比于传统纸本阅读，网络数字阅读的阅读负荷无疑有所增加。认知负荷理论认为，各种阅读认知活动均需消耗认知资源，每一个读者的认知加工能力是有限的，一旦认知活动所需要的资源超过了读者既有的认知资源总量，就会出现资源分配不足，造成认知负荷过重。[1] 当读者所承载的认知负荷超过认知加工能力时，就会影响到阅读的效率，发生阅读困难。

相比于传统阅读，网络数字阅读给读者增加了多重任务，包括多媒体、超文本之间的频繁切换、并发处理、快速评估和筛选判断等，每一重阅读任务对于大脑而言，都需要切换认知模式，进行调适。在网络数字阅读过程中，读者既要搜寻所需信息，关注主题信息以及主题相互之间的关系，又要抑制有趣但与主题无关的信息干扰，数字文本中存在的超链接和由此产生的点击，以及屏幕与屏幕之间的切换，容易使读者的注意焦点发生频繁跳转，不仅容易导致迷路而且会给读者产生较大的认知负荷，因此网络数字阅读的认知负荷要远高于纸质阅读环境。特别是当读者的阅读目标不很清晰的时候，其所承受的认知压力将会更为严重。

有研究表明，在超文本阅读中只有链接次数适中的阅读资源对于读者而言效果才是较好的。[2] 节点数目越多，各个节点之间的关系越复杂，认知负荷就越高，迷路的可能性也就越大。[3] 在阅读获取信息和知识的过程中，读者如果需要频繁地在链接的迷宫中选择、跳转，那么对读者的注意力与耐心无疑形成极大考验，阅读的难度必然增加。

我国台湾学者唐砚渔、王茂骏、林荣泰 2009 年完成了一个电子书的阅读实验：20 位学生参与了实验，结果表明阅读一本电子书引起的疲劳比读一本

---

〔1〕　John Sweller. Cognitive load theory, learning difficulty, and instructional design[J]. Learning and Instruction. 1994,4(4)：295 - 312.

〔2〕　张智君,等. 信息呈现方式、时间压力和认知风格对网上学习的影响[J]. 浙江大学学报(理学版),2004,31(2)：228 - 231.

〔3〕　Niederhauser D S,Reynolds R E,Salmen D J,et al. The influence of cognitive load on learning from hypertext [J]. Journal of Educational Computing Research, 2000, 23(3)：237 - 255.

传统书高很多。[1] William Douglas Woody 等人 2010 年发表《电子书还是教科书：学生更偏好教科书》表明，尽管学生们都很熟悉计算机网络技术，但他们都不喜欢以电子书作为教科书，而更偏向选择特殊功能的印刷型书籍。[2] McDonald 等研究了网状和层次超文本，并与线性文本做比较，结果发现线性文本阅读绩效显著高于网状型超文本，层次型超文本介于两者之间。M. A. Just & P. A. Carpenter 1980 年的论文《阅读理论——从眼动到理解》中就提出了阅读理解注意力的分配模型。指出读者在阅读加工过程中如果对于语句的访问或文字单元的处理过于频繁，会产生更大的认知负荷。[3]

国内的研究同样证实，超文本中节点数目越多，各个节点之间的关系越复杂，认知负荷就越高，迷路可能性就越大。江程铭、张智君和任衍具的研究表明，在信息搜寻过程中，被试需要不断地在不同节点之间进行跳转，且在搜寻信息的同时还要保持各个信息之间的关系，认知负荷大为提高。节点数目越多，各个节点之间的关系越复杂，被试认知负荷越高，迷路的可能性也就越大。[4] 另有研究调查了超链接在外语阅读中的效果，指出不同链接次数对外语阅读理解产生不一致的影响。统计发现，学生在外语阅读过程中，对阅读材料中涉及的文化背景知识的链接点击率要高于生词解释，且点击文化背景知识链接对提高学生的阅读理解成绩的帮助作用更大，原因在于链接提供的一些背景知识可以帮助学生更好地理解文本，提高学生的阅读理解能力。与此相关联，不同链接点击组的学习成绩之间存在着明显差异，链接的点击次数太少不会明显提高阅读成绩，而点击次数太多会增加认知负荷，阻碍学习。只有适当次数的点击（6～10 次）才有助于提高英语学习者的阅读理解成绩。[5] 国际学生评估项目（PISA）对中国上海、中国香港、韩国、日本及新

〔1〕 Kang Y Y,Wang M J J,Lin R. Usability evaluation of e‑books[J]. Displays,2009,30(2)：49‑52.

〔2〕 Woody W D,Daniel D B,Baker C A. E-books or textbooks：Students prefer textbooks[J]. Computers & Education,2010,55(3)：945‑948.

〔3〕 Just M A,Carpenter P A. A theory of reading：from eye fixations to comprehension[J]. Psychological Review,1980,87(4)：329.

〔4〕 江程铭,张智君,任衍具.文本结构和个体认知风格对网上信息搜索绩效的影响[J].人类工效学,2004,10(1)：4‑6.

〔5〕 赵婷婷.超链接在超文本英语阅读中的作用研究[J].山西农业大学学报(社会科学版),2014,13(2)：202‑206.

加坡学生的测试结果数据也表明：使用社交媒介的时间对学生数字化阅读成绩的影响显著为负；在校使用平板电脑、笔记本电脑对学生数字化阅读成绩均呈显著负向影响。[1] 陈子江认为数字化的阅读和学习方式并没有带来学习效果的提升，反而损害读者认知模式的构建，从而影响了学习绩效。[2]

但是，另外一些研究者提出了与上述观点不同的观点，认为数字超文本并不总是影响阅读的效果，在一定程度上也可以促进阅读理解。例如 Peter Foltz 1996 年被收录于《超文本与认知》一书中的论文《超文本和线性文本的理解，连贯性及策略》认为，读者在进行超文本阅读时从一个部分跳跃到另一个部分，部分和部分之间的连贯性被打破，固然会引起读者的理解困难，但是相比线性阅读文本，超文本提供的灵活性更能适应现代读者的特点，超文本系统能够提高用户查找和使用信息的能力。[3] 在英语教学中，利用超文本链接提供一些阅读材料的背景知识可以帮助学生更好地理解文本，提升思维的发散性和探究创新学习能力。[4]

一些研究者还试图厘清并揭示数字阅读所带来的认知负荷究竟是由于传统纸质阅读习惯造成的，还是数字阅读行为固有的。因此，专门针对没有太多纸本阅读经验的儿童读者进行了研究。Maria T de Jong 等人 2004 年的论文《电子图书在促进幼儿园孩子们的故事紧急理解的功效》通过对照实验研究了儿童自主阅读电子图书与成人朗读的效果，结果表明电子书的动画并不会干预儿童的理解，认为这个阶段的儿童会在电子图书阅读中获益。[5] O Korat & A Shamir 发表于 2008 年的论文《教育电子图书作为一种工具，用于支持儿童在低或中社会经济地位组的早期读写》进行如下实验：就教育电子图书对 149 个 5～6 岁幼儿园孩子早期读写水平的影响进行了研究，分成两个社会经济地位组——低（LSES；79 名儿童）与中（MSES；70 名儿童）。

〔1〕 陈纯槿，邝庭瑾. 信息技术应用对数字化阅读成绩的影响——基于国际学生评估项目的实证研究[J]. 开放教育研究，2016，22（4）：57-70.

〔2〕 陈子江. 超文本阅读认知负荷的个体差异[J]. 长春教育学院学报，2013，29（14）：44，46.

〔3〕 Foltz P W. Comprehension, coherence, and strategies in hypertext and linear text[J]. Hypertext and Cognition, 1996：109-136.

〔4〕 赵婷婷. 超链接在超文本英语阅读中的作用研究[J]. 山西农业大学学报（社会科学版），2014，13（2）：202-206.

〔5〕 Jong M T, Bus A G. The efficacy of electronic books in fostering kindergarten children's emergent story understanding[J]. Reading Research Quarterly, 2004, 39（4）：378-393.

结果表明,电子图书教育对于这两组孩子的词汇理解都有很大提高,且低社会经济地位组的儿童早期读写水平比中社会经济地位组的儿童呈现较大改善率,采用"读玩"模式结合实验的孩子比"只读"模式的孩子呈现更大的早期读写水平改善。[1] Shirley Grimshaw 等人 2007 年的论文《电子书：孩子们的阅读与理解》进行的实验研究了孩童的理解力和以不同媒介形式阅读故事书的差别,结果同样显示：介质不同并未显著影响孩童的故事书阅读,但孩童们阅读电子版所花费的阅读时间更长一些。[2]

上述两类研究因关注点不同,结论存在差异。但同时揭示出网络数字阅读的某些共性,即数字文本与传统纸质文本的最大差别是可以以灵活的超文本形式呈现信息,读者可以通过链接从一个节点跳转到其他任何一个节点,这种丰富的交互对于阅读理解和认知的影响是深刻的。尽管尚不能给出最终的定论,但研究认为在数字阅读和纸质阅读绩效之间存在有一个很重要的中介变量,即认知负荷。相较于纸质阅读,读者在完成数字阅读任务的过程中,需要投入更多地认知成本,当认知成本控制在一定范围内时,数字文本可能因信息量的扩增而促进阅读理解,而一旦认知成本超过某一既定范畴,即会出现记忆负荷过重,产生阅读迷航,或者,干脆放弃阅读任务。

上述研究表明,网络数字文本对于阅读认知和理解的效果和质量有深刻的影响。概括起来可以归纳为以下三个基本点：

(1)数字阅读以数字文本和读者之间的互动为基础;这种互动带来了阅读认知模式的改变,正如 Walter Kintsch 1988 年的论文《知识在语篇理解中的角色：集成模型构建》提出的集成模型所描述的,传统阅读模型中的初加工是严格自下而上的过程,词义被激活,命题形成以及推论和阐述,都是针对文本发生的,即在文本内部完成,没有考虑到话语背景。而在网络阅读方式中,知识可以通过点击激活链接,实现知识扩散过程,即在文本的内部和外部交互集成[3],这一观点是符合目前网络数字阅读研究的关联主义理论的。

(2)数字阅读更主要是一个由读者主导和控制的过程。传统阅读过程

---

〔1〕 Korat O,Shamir A. The educational electronic book as a tool for supporting children's emergent literacy in low versus middle SES groups[J]. Computers & Education,2008,50(1)：110 - 124.

〔2〕 Grimshaw S,Dungworth N,McKnight C,et al. Electronic books：Children's reading and comprehension[J]. British Journal of Educational Technology,2007,38(4)：583 - 599.

〔3〕 Kintsch W. The role of knowledge in discourse comprehension：a construction-integration model[J]. Psychological Review,1988,95(2)：163.

中,文本一旦印刷出版,其内容就是既定的,不仅内容是既定的,且内容的格式、书籍的编排和版式等也是固定的,因此传统阅读更多地是由作品和作者决定的;但是在网络数字阅读过程中,阅读的主体是读者,数字阅读的生态更多地是围绕读者建立起来的。

（3）数字阅读可能带来更大的认知负荷。虽然,有研究表明对于较少或从未建立起纸质阅读经验的儿童读者而言,这种认知负荷增高的机制有可能并不存在,但目前对于这一点尚未有最终的定论,还有待于更为深入的研究和发现。

5.2.2　降低阅读认知成本

为了应对上述网络数字阅读过程中认知负荷增加的情况,人类的"阅读脑"不得不顺应这种新的阅读行为模式,发展出了一种降低认知成本的机制,在阅读策略中做出调整性的反馈。这种调整表现为两个方面:

其一,尽可能阅读那些形式直观、标题醒目、短小精炼、言简意赅的内容;网页交互设计专家 Jakob Nielsen 在题为《网站用户如何阅读》的报告中指出,网页阅读与图书阅读有很大不同。[1] 书本阅读是叙述性的,读者读的是一个个完整句子;而网页阅读则重在寻找所需答案。在他的测试中,只有16％的人对于网页上的内容是一字一句阅读的,其他人只是在网页上扫描浏览。Jakob Nielsen 后来又测试了人们阅读自己订阅的专业简报（Newsletter）和聚合资讯（RSS news）等资料的行为。尽管这些阅读材料是读者自己出于兴趣和需要订阅的,但结果依然表明他们仅仅浏览了19％的内容,通常只花51秒钟浏览标题、内容提要以及关键词和目标句。Jakob Nielsen 由此得出结论[2]：扫描浏览是网络阅读的主要形态,网络读者更倾向于读浅显、简短的文字,同样的内容,放在网页上,其长度只能为纸质媒介的一半。内容越长,用户越没有耐心读,浏览速度越快。

在国内,以微博、微信为代表的数字阅读的内容通常篇幅短小、主题单一,直接呈现结果和结论,而不展示过程及内在逻辑,不提供原始文献的出处。目前基于手机的阅读基本都是百字微博、搞笑段子和网络逸闻趣事等,其目的也是为了降低读者的认知负荷,留住读者。读者并不主动去记忆微信

〔1〕　Nielsen J. How Users Read on the Web[EB/OL]. [2015 - 10 - 8]. http://www. useit. com/alertbox/9710a. html.

〔2〕　Nielsen J. Writing Style for Print vs. Web[EB/OL]. [2015 - 10 - 8]. http://www. useit. com/alertbox/print-vs-online-content. html.

内容,而更多采用收藏、保存和分享的阅读方式。读者在这类"浅阅读"中并不存在记忆量和记忆强度的压力,重要的内容只需收藏、保存和关注即可。

目前,在大学生(可以被理解为 Digital Natives,他们自小就使用数字技术,网络阅读多于书本阅读)群体中已经出现阅读经典名著困难、无法集中注意力阅读鸿篇巨制作品的倾向。[1] 这种阅读耐心的减弱,主要表现为从头至尾将一本图书阅读完的次数减少了。在阅读过程中,读者发生阅读关注点转移的情况非常频繁,最终导致读者失去对原先作品内容的持续阅读。

其二,对于内容篇幅很长或者对于阅读理解有难度的文本而言,读者会选择打印成纸质文献来进行深入阅读,即回到纸本阅读的深度传统阅读的轨道中。尽管不同学科背景的人使用电子网络数字阅读的习惯有所差别,但打印电子文档的频率类似。这表明,人们在深度阅读时更偏好纸质媒体。[2][3] Ramirez 在墨西哥国立大学进行的研究发现,80％的学生偏好把数字文本打印后阅读,以更清楚地理解文本内容;68％的受访者表示阅读印刷媒体时能理解和记住更多信息。[4] 这与本研究的结论基本一致。圣荷西州立大学的教授研究了数字环境下过去 10 年阅读行为的变化,发现在数字时代里人们的阅读时间增多了:67％受访者表示花费更多时间来阅读;Liu 通过问卷调查 30～45 岁阅读者的阅读行为时,发现超过 80％的受访者表示他们"总是"或"经常"把电子文档打印出来阅读;近90％的受访者表示,相对于数字媒体,更偏好纸质媒体。在本研究的问卷调查中也有相似的结论。

所有这些表现都表明是为了应对数字阅读的碎片化和互文性,大脑做出了降低认知成本的调整策略。在数字环境下,读者在阅读过程中更多采用浏览和扫描、关键词定位、一次性阅读、非线性阅读等阅读方式和策略。阅读变得更具选择性,读者选择采用以较少的时间获取更多信息的阅读方

〔1〕 Burbules, Nick. Rhetorics of the web: hyperreading and critical literacy in Page to Screen: taking literacy into the electronic era. [Ebook]. 2003. https://www. taylorfrancis. com/books/9780203201220.

〔2〕 Hart P, Liu Z M. Trust in the preservation of digital information[J]. Communications of the ACM,2003,46 (6): 93 - 97.

〔3〕 Liu Z M. Stork D. Is paperless really more? Rethinking the role of paper in the digital age[J]. Communications of the ACM,2000,43 (11): 94 - 97.

〔4〕 Ramirez E. The impact of the Internet on the reading practices of a university community: the case of UNAM [J]. New Review of Libraries and Lifelong Learning,2003,4 (1): 137 - 157.

式进行信息加工和认知,而放弃了在传统纸质阅读时代常用的注释、笔记和标记等深度阅读方式。近 54% 的受访者表示在阅读印刷资料时"总是"或"经常"标注;而在数字资料阅读时仅 11% 的人会这么做,51% 的受访者表示从不标注电子资料;85% 的受访者表示,相对于电子资料,更经常标注印刷资料。[1]

为了完成对网络时代海量来源信息的阅读,作为一种代偿机制,大脑只能减弱对于每个单一信息的深入关注和严格控制,泛泛浏览,选择性阅读。这种轻盈的浅阅读模式无疑可以降低认知成本,提高阅读效率,但也可能对深入理解和长时记忆造成不良影响。读者大抵都会有这样的感受:在网络环境下每天阅读微信、微博,浏览 QQ 和网页的频率挺高,似乎阅读量并不算少,但真正能够留下印象、记住并能够回忆出来的内容却不多,甚至会有一片茫然的感觉。原因之一即在于此。大脑发展出了一种以略读为主,不强调沉浸式精读的阅读方式,目的就在于控制认知负荷、降低认知成本。

5.2.3 强化元阅读认知能力

随着研究的深入,有学者提出了一些新的研究结论,这些结论有助于解释网络数字阅读行为的内在机制。Hervé Potelle 等人于 2003 年发表的论文《内容表达的效果及读者先验知识对于超文本理解的影响》提出了一个新的结论:读者对于超文本的理解效果受到所阅读的文本的内容表达效果以及读者既有的先验知识(prior knowledge)等因素的影响;对于具有高水平知识储备和元认知能力的读者而言,纸质文本和超文本的阅读材料在读者的认知理解上没有显著影响。[2]

所谓先验知识,即图式。图式是以知识结构的形式存储于大脑中的先验知识,类似于一个领域的知识本体,是由概念、关系和实例组成的,它们所构筑的语义网络就是一个领域知识本体。概念或主题决定了事实真相的范畴,而关系解释了事实的本质和深度,藉由实例,方能进行逻辑推理和知识发现。阅读理解的产生离不开图式,当读者阅读到的内容信息与已存在的先验知识

---

〔1〕 Liu Z M. Reading behavior in the digital environment: changes in reading behavior over the past ten years[J]. Journal of documentation,2005,61(6):700-712.

〔2〕 Potelle H,Rouet J F. Effects of content representation and readers' prior knowledge on the comprehension of hypertext[J]. International Journal of Human-Computer Studies,2003,58(3):327-345.

（图式）发生映射的时候，理解即产生；读者进行阅读时，存储于大脑中的图式就会被选取和激活，与阅读内容中的信息发生相互作用，引导和帮助读者理解所读内容。因此先验知识是阅读理解产生的基础，已有的图式为读者的理解得以产生提供了必需的导引语境，同时，语境也有效帮助了读者筛选阅读中输入的信息，并最终完成对所读内容的理解。可见，先验的背景知识是阅读理解的关键因素之一。立足于建构主义理论，阅读就是一个读者与阅读文本之间的建构与整合过程。[1] 读者如果对所阅读内容的背景完全不了解，缺乏足够的先验知识储备，这时读者就需要去寻找、获取和筛选出更多认知资源，以便建构内容图式；而在网络数字阅读过程中，要想完成这一内容图式的构建，不仅涉及所关注的内容本身，还涉及信息搜索、信息定位以及评价筛选信息等知识。因此，相较于传统纸质阅读，数字阅读的认知负荷有所增大是可想而知的。但如果能够具备足够的先验知识和充分的元认知策略和技能作为准备，那么认知负荷相应就会降低。

一个有效的阅读过程既是认知活动过程，也是元认知活动过程。阅读元认知策略即读者对其阅读活动的监测和控制，具体说来就是读者在阅读一本书的过程中，如果遇到一段读不懂的内容，能够清楚知道采用哪些策略来帮助认知和理解，包括反复研读，寻找其他相关的内容，例如词典、百科、地图、参考文献、工具书等；或选择回到问题的源头，重新学习某些知识内容以弥补自己知识结构上的不足。所有这些认知活动都属于阅读元认知策略的范畴。概括起来，元认知策略大致可分为：

（1）计划策略：包括阅读前的阅读目标设置、阅读内容的确定、阅读方式的选择等。

（2）监控策略：包括阅读过程中对阅读内容的理解和认知情况的关注，阅读中产生的疑问以及监控自己的阅读速度和效果等。

（3）调节策略：即根据对阅读理解结果的检查，发现问题，并采取相应地补救措施，并予以及时的更正与调整。

与传统阅读相比，网络数字阅读的理解过程更为复杂，需要培育足够的数字阅读素养，读者应该具备关于网络数字阅读的相关先验知识、检索和推导策略以及自我调节读取处理的能力。网络数字阅读过程不仅拓展了读者

---

〔1〕 Kintsch W. The role of knowledge in discourse comprehension：a construction-integration model[J]. Psychological Review,1988(92)：163－182.

的知识获取的广度,也提升了读者寻找、发现、整合、运用和分享信息的能力,并发展出与数字阅读策略和解决问题的功能密切相关的元阅读能力。相对于传统纸本阅读时代,网络环境下的元阅读能力无疑需要增加关于数字素养的那部分策略和技能,包含对相关信息来源的熟悉、对搜索引擎的熟练使用以及在多重文本之间的快速筛选和切换的能力等。鲁墨哈特的相互作用的阅读加工模式认为,阅读加工离不开内容图式和语言图式的支持,他所提出的这一理论是基于传统纸质阅读的,在网络环境下,这一阅读加工模式有必要增加与网络信息获取、检索、筛选、评价等相关的知识图式的支持。在数字阅读过程中不仅需要内容图式、语言图式的支持,还需要数字素养的支持。

1994 年以色列学者 Yoram Eshet-Alkalai 提出了"数字素养"的概念框架[1],包括五个方面:图像素养,即理解视觉图像的能力;再创造素养,指整合多种来源信息,并赋予新意义的能力;分支能力,指在网络非线性环境中搜索获取特定信息并加以组织整理的能力;以及信息素养和社会—情感素养。框架中的这五点对于网络数字阅读而言意义重大,只有当读者具备数字素养,才能有效掌控网络数字阅读过程,成为自主的阅读者,围绕某个目标筛选关键词和阅读要点,在阅读中调整策略,寻找和发现目标信息,提升阅读的效率和质量。[2]

目前的研究已经在一定层面上证明了具备网络数字阅读的先验知识和元阅读能力,其数字阅读效果会得到提升。King 和 Montgomery 比较了教师与博士生的数字阅读行为,发现博士生 77% 的阅读资源是电子资源,多于教师;把文档打印出来阅读的教师占 68%,而博士生仅占 54%。[3] Tenopir 等研究了过去 30 年大学教师的信息检索和阅读模式,发现他们在查找和使用科学信息方面日趋从纸质期刊转向电子期刊。例如,在查找期刊论文方面,趋于使用在线检索方式;且与人文和社会科学的教师相比,自然科学、基础科学的教师更倾向于阅读电子期刊;另外,在学术界,从本科生到教授都呈

---

〔1〕 Eshet-Alkalai Y. Digital literacy: a conceptual framework for survival skills in the digital era [J]. Journal of Educational Multimedia & Hypermedia,2004,13(1): 93 - 106.

〔2〕 刘辉. 超文本阅读与元认知交互关系研究[J]. 北京第二外国语学院学报,2012(6): 9 -14.

〔3〕 King K W and Montgomery C H. After migration to an electronic journal collection: Impact on faculty and doctoral students[J/OL]. D-Lib Magazine,2002,8(12).

现类似的文献检索行为：倾向于"横向地"而非"纵向地"搜索，即粗略地扫读文献，并很快从一篇文章跳到另一篇。[1] 这些研究表明，网络数字阅读素养越高，元阅读能力越强，其数字阅读的绩效就越高，相应地，也就更习惯于数字阅读。

网络数字阅读的理念与建构主义认知理论在本源上是相通的，阅读是一个建构的过程。具备丰富的元阅读认知策略、充分的先验知识储备，是提升读者数字阅读绩效的2个重要因素。如果读者的阅读素养水平高，元阅读认知能力强，以及具备更多地先验知识和背景知识储备，那么网络数字阅读方式就能够促进阅读认知和理解；反之，如果读者的阅读素养水平较低，且数字素养和元认知能力不强，则认知负荷会急剧增大，从而影响和阻碍阅读。因此，提升读者的元阅读能力在网络数字阅读中是一个值得重点关注的领域，对读者认知理解效果的提升其作用不言而喻。

5.3 数字阅读行为发生机制

总的来说，传统的纸质文本阅读主要针对的是文字、图画、图表、插图等的认知与处理，而数字阅读则还包含了声音、动画、视频、链接等网络数字元素，从纸质阅读到数字阅读，即阅读形态发生了由平面的一维到多维立体、从静态到动态的变化，引发阅读行为内在机制的改变，进而促进了阅读脑的重构，带来阅读行为机制的调整。

5.3.1 碎片化关联加工机制

网络阅读与纸质阅读的差别首先表现在阅读内容的文本结构上。传统文本的结构相对严密，具有逻辑性、整体性和连贯性，印刷型读物通常是有内在的逻辑框架的，其内容组织、编排体例设定了阅读的方向和顺序，阅读是循序渐进、由前往后的过程，读者只要进入这一逻辑框架，实际上就接受着这种逻辑思维的训练，因而对于读者的逻辑思维、整体认知是有效的训练；而网络数字阅读的文本结构多为松散的，通过超链接进行关联，在内容上不强调有缜密的逻辑关联。

---

[1] Cull B. Reading revolutions: online digital text and implications for reading in academia, First Monday[EB/OL]. [2015-2-6]. http://firstmonday.org/ojs/index.php/fm/article/viewArticle/3340/2985.

以微信为例，微信阅读的内容通常篇幅短小、主题单一，直接呈现结果和结论，而不展示过程及内在逻辑，不提供原始文献的出处。常常是围绕某一观点、事件或主题组织起来的文字、图片、音视频以及混合动态图片，少见深入系统的阐述，即便有，也是通过链接原文实现的。此外，篇幅上也有所限制。

总的来说，网络数字化文本包含两类，一类是非连续的文本拼贴，通过搜索引擎和超链接，实现阅读上的连续和意义上的完整；另一类从文本层面上讲是连续的，但从文本的内容意义层面看则并不一定那么完整，通常由碎片化的知识点和信息点集成，如醒目的标题、友好的界面、美观的图片等等。特别是微信、微博这样的社交媒体，其每一条微博信息都是互不关联，呈现发散、跳跃、快速的特点。读者在阅读过程中倾向选择篇幅短小、直观、主旨清晰、图文并茂的阅读内容，并更多采用浏览、屏幕阅读、跳读等省力阅读方式。因此，读者的阅读必然呈现碎片化、无系统、无逻辑的浅阅读状态。

正是由于网络数字文本在内容组织上不强调逻辑性和连贯性，缺少逻辑的"关联"和"实例"的支持，缺少"结构"和"逻辑"的支撑，因此这些知识内容较难形成某种知识结构，孤立的知识点不仅难记住，即便记住了，也容易被忘记。读者在阅读和认知的过程中所获取的知识往往形如一盘知识的散沙，难以实现"重用"和"再提取"。通俗地说，就是比较难以被记住，由此带来的一个突出问题是，读者所获得的知识较难整合到自己既有的知识框架中。读者在这类"浅阅读"中不存在记忆量和记忆强度的压力，重要的内容可以收藏、保存和关注，而无需一一记忆。

另一方面，数字化、网络化媒体下的超链接、检索、推送等方式改变了传统印刷文本的阅读顺序和读者连续阅读的习惯。在数字阅读过程中，凭借搜索工具，大脑对于获取信息的处理和加工模式发生了重大改变，从记忆大量精确内容转变为快速分析页面、提取主要信息、记忆和索引更多关键字的模式。表现在阅读行为上，读者的眼睛快速浏览关键词，通过跳读和屏幕扫读，从一个资源跳到另一个资源，短时记忆加工的速度明显加快。人一旦习惯了这种"链接"阅读，会很难保持足够的注意力坚持长时间看书。通常情况下，大脑需要一段时间的预热，才能集中注意力，沉浸到阅读材料之中进行理解、记忆和思考。而在网络数字阅读中，由于频繁切换认知模式，认知过程不断受到干扰，往往专注点尚未形成，注意力已经转移，无法沉浸，从而干扰了对阅读的专注。因此思维碎片化、注意力分散化、认知效率降低是必然结果。

这种浏览式、跳跃式、索引式的数字阅读模式，使得人们的思维过程转变为碎片化、浅层化的同时，大脑对信息的加工变得更为快速和随意，其结果是记忆牢固程度、读者分析判断力的下降，失去对阅读内容的深度思考。[1] 目前已经有相当数量的研究发现，网络数字阅读会造成读者注意力分散，沉思内省能力弱化，以及思维架构的弱化。[2] 北卡罗来纳州杜克大学的 Jake Vigdor 对 10 万个孩子的研究发现，大量使用网络进行阅读学习的孩子学习能力不但没有提高，反而出现了下降。[3]

正如网络达人和菜头发布的博客《碎片化生存》所表述的那样："我甚至连一个小节都无法读完，无法控制眼球转开去，似乎它在扭来扭去要找到一个停顿，否则就不肯继续工作。同时，读完一段文字之后，头脑里突然会空白一下，然后那些字句和含义就突然消失掉了。因为这样的缘由，也就谈不上理解，更无法形成一个整体印象。另外，更加让我恐惧的是，我的注意力根本无法长久地停留在一页纸上，它总是不断迁转，像一条水银做的蛇。"[4] 和菜头的描述可以被看作网络数字阅读对大脑阅读模式改变的一种临床主述。

在数字化阅读过程中，读者所接收的信息是海量且不断变化的，这一特点使得大脑一直处于接收状态，记忆的加工存储过程大大缩短，瞬间记忆与短时记忆无法有效地转换为长时记忆，表现在记忆层面就产生了记忆不够牢固的现象。与此同时，数字化阅读呈现的内容往往比纸质阅读内容更直观，因而可能存在削弱逻辑思辨能力的危险。长期接受碎片信息，习惯于用孤立的知识点去看待问题，习惯于通过搜索、收藏或者交互分享来获得和存储知识，有可能降低大脑将所获得知识转化为长时记忆的能力。

漫游式的数字读者，习惯于多窗口阅读、跳跃式阅读，所获得的信息既多且杂，阅读获知的内容是松散的，一鳞片爪，知识点与知识单元之间的逻辑关系并不十分紧密，这些新知识较难整合到读者既有的知识结构中，对于读者

〔1〕 王珏，等. 论多媒体阅读行为的双重特征. 湖州师范学院学报，2015，37(12)：26 - 30.

〔2〕 Ralph D. Korthauer, Richard J. Koubek. An empirical evaluation of knowledge, cognitive style and structure upon the performance of a hypertext task[J]. International Journal of Human Computer Interaction, 1994, 6(4)：373 - 390.

〔3〕 [美]练小川. 数字时代的阅读[EB/OL]. [2015 - 10 - 8]. http://www. cbkx. com/2009 - 2/1239. shtml.

〔4〕 和菜头. 碎片化生存[EB/OL]. [2015 - 4 - 25]. http://www. huxiu. com/article/4892/1. html.

深入理解和长时记忆而言存在遗忘性升高、思维架构弱化的可能。[1]众所周知,不常用到的知识和技能会随着时间的流逝慢慢被遗忘。既然网络上随时可以检索获取所需知识,大脑就不必增加认知负荷,通过"深度阅读"将其转化为长时记忆,长此以往,有可能导致大脑发展形成一种类似于"记忆外包于网络"的思维模式,影响到大脑进行高质量的系统思考。

5.3.2 非线性协同机制

纸本阅读是对一种以语言(文字)为载体的线性思维、想象和体验,它促进了人类思维朝着秩序化、条理化、深度化方向发展和建构。而数字阅读过程中的屏幕阅读和快速浏览等方式和行为,则在锻炼着大脑的非线性的协同思维能力,在快速理解和反应的能力以及多任务处理能力方面表现出显著优势。

如同大量的体育训练会促进肌纤维生长一样,阅读能力也是如此。阅读训练可以使阅读脑相关区域的联接程度加强,激活程度提高,提升阅读能力。[2]长期的网络数字阅读行为可以催生出与之相适应的"阅读脑",刺激神经细胞改变和神经递质释放,在弱化传统阅读大脑某些神经元网络结构的同时,逐步强化大脑当中新的神经通路,以适应网络数字阅读所常用的搜寻答案、发现路径、快速筛选、频繁切换、同时处理多任务等信息加工行为。相比于传统阅读的读者,数字阅读的读者其大脑前额叶区域活跃度较高。[3]

心理学家 Patricia Greenfield 的研究证实了不同的媒体技术能够影响人的认知能力,例如视频游戏有助于增强人的"视觉识别技巧",提高人们对于屏幕上不同的图像之间注意力切换的速度。[4] Nicholas Carr 在《浅薄》[5]一书中指出:网络数字阅读行为会促使大脑的敏捷思维,提高应变能力,大脑

〔1〕 Ralph D. Korthauer, Richard J. Koubek. An empirical evaluation of knowledge, cognitive style, and structure upon the performance of a hypertext task[J]. International Journal of Human Computer Interaction, 1994, 6(4): 373 - 390.

〔2〕 Park H J, Friston K. Structural and functional brain networks: from connections to cognition[J]. Science, 2013, 342(6158): p. 579(DOI: 10. 1126/science. 1238411.

〔3〕 Claudia Wallis. The multitasking generation[J]. Time. 2006, 167(13): 48 - 55.

〔4〕 Kaveri Subrahmanyam, Patricia Greenfield. Effect of video game practice on spatial skills in girls and boys. Journal of Applied Developmental Psychology, 1994, 15(1): 13 - 32.

〔5〕 [美]尼古拉斯·卡尔. 浅薄[M]. 刘纯毅, 译. 北京: 中信出版社, 2010.

会学会迅速分析、迅速决定信息的去留，同时，多任务并行处理的能力也得到加强，例如手眼协调、反射反映、视觉信号处理等认知技能。

有学者提出了多媒体认知模型的双通道假设：认为人拥有两个独立的信息加工通道，即视觉/图像加工和听觉/言语加工双通道。多媒体呈现使读者的短时记忆中同时保存相应地言语表征和画面表征，这一过程是形成概念理解的重要步骤。[1] 读者的信息理解和知识建构获得了双通道的感知与整合。同时，视觉/图像加工通道开发了大脑右半球的潜能，促进直觉思维、形象思维、综合思维的发展。心理学的测试也表明复合通道的阅读效果通常优于单一通道的阅读效果。

随着研究的深入，还有学者提出了存在更多通道的假设，拓展了多媒体阅读的双通道模型。不过，也有一些研究结果表明信息技术应用对学生学业成绩的影响是混合性的。总之，目前的研究迄今未形成一致性的结论。Mare Prensky 认为，自出生便伴随数字化技术成长的"数字原住民"，更倾向于屏幕阅读，其多任务处理的认知方式、猎奇追新的心理特征以及图像优先的思维方式更容易接受和适应数字化阅读；而经历信息技术从无到有的"数字移民"，则更习惯文本阅读。[2]

总的说来，阅读过程及其内在机制不是固定不变的，存在着交互性，会随着信息环境的变化而变化。网络数字阅读在牺牲阅读专注力和整体的系统思考力的同时，锻炼和提升了大脑的快速理解和反应能力。

5.3.3 脑神经元重塑机制

美国神经学家 Michael Merzenich 认为互联网对人类大脑所带来的改变不是轻微变化，而是大规模改造和根本性改变，"当文化驱动我们的用脑方式发生变化的时候，这种变化就会造就'不同'的大脑"[3]。

众所周知，神经元是大脑中的特殊细胞，大脑中存在着上千亿的神经元，彼此之间又有着百万亿的联结，负责机体信息和信号的交流。1949 年心理学家赫布（Donald Hebb）在其著作 *The organization of behavior* 提出过一个假设："经常同时活动的神经元，就会联结在一起。"这一假设后来被证明是

〔1〕［美］理查德·E. 迈耶. 多媒体学习[M]. 北京：商务印书馆，2006：41-88.

〔2〕史忠翠. 教育游戏的理论研究与应用[D]. 北京交通大学硕士学位论文，2009.

〔3〕［美］尼古拉斯·卡尔. 浅薄[M]. 刘纯毅，译. 北京：中信出版社，2010：130-153.

正确的,并引起了更多研究者的关注。[1]大脑是具有可塑性的,主要表现在神经元之间联系的增加和复杂化上面。大脑神经元基本上是用进废退的,阅读中的大脑具有可塑性,会不断进行联结、整合、反馈等信息加工活动,不断调整减少误差,以便做出正确的反应。[2]

简单地说,阅读方式对大脑具有改写作用。在数字信息环境中,读者一旦习惯于搜索引擎和超链接,那么其阅读行为模式就会发展出与网络数字阅读相适应的"阅读脑",主要表现形态为搜寻答案、发现路径、获取信息,而不是锁定目标、细致分析和深入思考。这种阅读机制的优势在于可能拓展人的认知宽度,快速整合多领域知识,但也可能分散宝贵的注意力,弱化系统思维能力。正如 Michael Heim 所说:"超文本和提纲处理(outliner)、电子函件和数据库查询,都属于组织事物的新方法……当我们用计算机读写时,我们的整个心灵架构(psychic framework)也随之改变"。[3]尼古拉斯·卡尔在《浅薄》一书中论述了大脑的这种可塑性,将之形容为大脑"具有在百忙当中自行重写程序,改变运行方式的能力"。[4]

幼儿在看图识字学说话时,会结合情境,包括父母的动作、语气、表情等等,将之与接触到的图像、词语、声音紧密联系在一起,完成对图像、文字、语言的学习和理解;与此相对应的,幼儿大脑中的相关神经元同步发生着联结,在既有的神经结构中建立起新的联结,发展新的神经回路,逐渐形成与阅读密切关联的语言区,慢慢发展出阅读能力。阅读的内在机制正是如此,当大脑逐渐形成功能高度专门化的各个区域,并完成信息加工自动化过程时,就实现了阅读的流畅性和自动化。[5]研究表明,阅读能力强,学习成绩好的读者,其大脑的角回和缘上回有更大的激活;伴随阅读和学习能力的提升,左脑枕顶区与颞叶下部的功能联结也会有所增强。反之,阅读能力差的读者或者

〔1〕 顾凡及. 脑科学和信息科学的交叉学科研究[J]. 自然杂志,2015,37(1): 26 - 32.

〔2〕 Hermundstad A M,Bassett D S,Brown K S,et al. Structural foundations of resting-state and task-based functional connectivity in the human brain[J]. Proceedings of the National Academy of Sciences, 2013, 110(15): 6169 - 6174.

〔3〕 M. Heim. Electric language: a philosophical study of word processing[M]. New Haven: Yale University Press,1987: 10.

〔4〕 [美]尼古拉斯·卡尔. 浅薄[M].刘纯毅,译.北京:中信出版社,2010: 20 - 36.

〔5〕 王雨函,莫雷,陈琳,等.文本阅读认知神经科学研究进展[J].心理与行为研究,2013,11(2): 264 - 269.

阅读障碍者,这些脑区的激活水平较正常者降低。[1] 阅读能力的差异,被证明与左脑外侧裂区域与枕叶、颞叶联合区的激活程度相关。[2]

在书本普及之前,耳朵才是人类阅读的主要管道。公元 10 世纪以前,西方人阅读的主要形态一直都是朗读,默读是非常罕见的阅读行为。在我国古代,朗读也是读书人的常态。随着书籍的普及和教育的发展,大脑对阅读内容的加工途径由耳朵转为眼睛,默读和书本阅读才成为阅读的常态,读者的阅读行为由最初的朗读转向默读。

相应地,伴随网络环境的发展,数字阅读的普及,读者的"阅读脑"的结构及其功能也随之调整。当阅读载体由书本转为手机,阅读行为由逐行阅读转为快速浏览,即意味着"手机阅读"和"快速浏览"这两个事件在大脑中的表征被联系在了一起,负责这两个事件的神经元群体间的突触增多,神经元之间的联结变得紧密。阅读经验、行为和环境的改变,促使大脑神经细胞不断作出适应性调整,形成新的神经回路。一旦这种新连接形成,大脑就会尽量保持这种新结构。如同由于某种原因改道的河流,一旦新的河道形成,水流就会顺流而下,随着流速不断加快,"掉头返航"的难度也就越来越大。

众所周知,传统阅读是以阅读文字为主的书籍来获取知识和传播内容的,读者需要对文字进行辨识和解码,而后根据文字描述发挥想象与思辨;因此,传统阅读过程锻炼了读者的思辨能力,赋予其具备更多地系统思考能力。而数字阅读内容的开放性给读者提供了不同人对同一问题的不同见解和看法,提供了给同一人对于不同问题的判断和认识,因而有助于提高读者的批判性思维能力。[3]

网络数字阅读带来的阅读理解和认知层面的改变,会对人类的学习、思维、创新乃至精神健康等等方面产生什么样的后果,暂时还不能完全确定。人脑是否会发展出新的更为高级的认知形态也未可知,目前的研究还不能完全预知和认识到未来数字阅读将带给人类认知的影响。但无论怎样,阅读始终是人们获取信息和知识的主要方式,同时也是形成世界观、认识自我、认识

---

〔1〕 Horwitz B,Rumsey J M,Donohue B C. Functional connectivity of the angular gyrus in normal reading and dyslexia[J]. Proceedings of the National Academy of Sciences, 1998, 95 (15): 8939 - 8944.

〔2〕 Turkeltaub P E,Gareau L,Flowers D L,et al. Development of neural mechanisms for reading[J]. Nature Neuroscience,2003,6(7): 767 - 773.

〔3〕 王佑镁. 数字化阅读对未成年人认知发展的影响研究. 中国电化教育,2013(11): 6 - 11.

世界的重要途径之一。当人的大脑习惯于数字阅读的快速、跳跃、浏览，就必然会发展出适合这种方式的大脑结构，反之，这种新建的结构也就变得不再那么适应传统阅读的慢速、品味和思考的阅读方式了。

历史发展自有其轨迹。即便伟大的苏格拉底也不能阻止书籍的普及和以默读为主的阅读方式的流行，网络数字阅读方式尽管备受教育学者和专家的这样或那样的质疑，但是，不能不看到网络环境下生长的年轻一代已经习惯于浏览手机、阅读微博微信这一屏幕数字阅读方式，并由此逐渐形成了一套适合于浏览、屏扫、略读和跳读的新型阅读方式，相应地他们的大脑也同步发生着神经元联结方式的改变，不断改写着读者阅读脑的结构。这种改变也许从现阶段或者短时段来看，确实会导致阅读过于随意、理解认知不严谨等问题，但如果从未来技术的发展和长时段的知识习得方式演进角度来看，网络数字阅读给人类的信息加工和认知方式所带来的改变，以及由此产生出的非线性思维与协同思维方式，或许正是"阅读脑"演进的方向。

因此，至少在目前阶段，在数字环境中的读者有必要训练自己对两种阅读方式的适应度，一方面应鼓励纸质阅读、深度阅读，增加深入分析和理性思考的机会；另一方面，也需要有策略、有步骤地加强数字阅读，培养数字阅读的技能，以增加知识获取的多元性。两者兼顾，才有可能实现阅读认知理解效果的整体提升。

第六章

图书出版模式转型

数字文本和屏幕化阅读其影响不仅仅是阅读内容的碎片化和阅读行为的浅薄化，也深刻改变了写作者的书写叙事方式，以及出版商的出版发行方式。作者的中心性和出版者的主导性受到了挑战，阅读的选择性和主动权越来越多的转移到读者手中，相应地，带动了整个出版的转型。即便在学术阅读中，读者也不再像过去那样循序渐进的通读一本书，或完整的浏览一本期刊，而更多地是在关键词的锁定下，由一篇文章转向另一篇文献，并藉由文本中的参考文献转向不同的阅读主题和方向。

面对网络环境和网络数字阅读的变革，图书生产模式不断发生变化，出版机构作为连接作者和读者这两个群体的机构，不得不面临转型变革的风险，但在风险中也寻求着新的发展机会。

6.1 网络写作与网络阅读

随着互联网的发展，写作这种古老的表达方式有了不同于既往的写作方式和传播载体。网络写作滥觞于 1998 年台湾写手蔡智恒（痞子蔡）的网络小说《第一次亲密接触》。作品讲述了一对年轻人的网络爱情故事，在两岸三地（中国大陆及港澳台地区）迅速获得超高人气，并在 1999 年以实体书形式出版发行。《第一次亲密接触》之后,"网络文学"这一名词开始进入人们的视线。[1] 网络写手越来越多,网络作品亦层出不穷。据统计,"无论是按字数还是按篇数计算,网络原创文学作品都已经远远超过当代文学 60 多年在纸质媒体发表作品的总和"。[2]

6.1.1　网络写作状况扫描

涉及网络写作者的概念主要有"网络写手""网络作者"和"网络作家"三种。

在网络文学发展的初期,一群专注于在电子布告栏(BBS)发表文学创作以及文学评论意见的写手被称之为"网络写手"。这种源于草根的自发性文学社群 1992～1993 年在各大高校的 BBS 上蓬勃发展,此后,新生代作家和网络写手风起云涌,目前仍活跃的代表性网络写手有唐家三少、唐七等人。"网络作者"是指在网络上发布自己原创作品的作者,其作品不限于文字创作,包括诗歌、小说、漫画、歌曲、影视等,以网络原创为总的原则,因此,"网络作者"的作品类型范围比"网络写手"要广阔得多;而"网络作家"是指从事网络文学创作并有相当成就的人,也分专业和业余。较为公认的网络作家代表有当年明月、南派三叔、流潋紫等人。

就逻辑关系的内涵来看,"网络作者"范围大于"网络写手","网络写手"范围大于"网络作家"。从时间发展阶段来看,"网络写手"按其主要活动的时段可分为四代:

2000 年以前的写手为第一代;2000～2004 年出现且比较活跃的写手为第二代;2004～2008 年间的写手为第三代;2008 年后出现的为第四代。审视其创作内容,可发现随着时间的推移,写作越来越受到商业化进程的影响。即从第一代、第二代写手的心灵化写作转向了大规模类型化写作。第三代写手中的类型区分就有历史类、战斗类、情感类、幻灵类和其他类等。第四代写手更是将情感类和幻灵类创作发扬光大。

相应地,网络写手的创作阵地也经历了一系列的变化和转移。追根溯源,可以追溯到 1997 年创立的榕树下网站,榕树下是网络创作和网络文学最重要的平台之一,几乎所有的早期网络写手如安妮宝贝、李寻欢、宁财神、黑

---

〔1〕 杨震.国内网络文学发展现状探析[D].重庆:重庆工商大学,2013.
〔2〕 关云波.论读者介入对网络文学创作的影响[D].昆明:云南大学,2012.

可可等都在榕树下发表过作品。这一时期也是国内网络文学出现的第一次高潮时期，榕树下被称作是全球最大的中文文学网站。2001 年后由于找不到自己的特色定位和商业模式，榕树下辉煌不再，榕树下的兴衰几乎可以看作为一部早期网络文学变迁史。

对目前著名的网络写手首发作品及后续创作阵地迁移情况进行统计分析可知，第一代和第二代写手中有相当数量是在天涯论坛开始其早期写作的，最初一批写手在榕树下和天涯这两个阵地自由切换非常平常；此后起点中文网开始成为最重要的网络文学阵地。在起点中文网首发作品，或创作生涯中曾在起点中文网发表过作品的网络写手，人数非常多，有将近一半的知名写手起步于此，且相当数量的作者从未迁移。可见，起点中文网对于写手的黏度极强，远超其他网络文学网站。排在起点中文之后的网络文学网站有17K 小说网、晋江文学、红袖添香和潇湘书院等。值得一提的是纵横中文网，纵横中文网创办于 2004 年 5 月，出现年代较迟，但上升势头强劲，主要提供原创小说和网友自荐，对第三、第四代网络写手的创作阵地有很大影响，有不少知名作者直接从起点中文网转移到纵横中文网的，形成与起点中文网对峙的竞争局面。

近年来，网络文学出版领域的格局已经基本确定，可以说盛大文学一枝独秀。盛大文学通过收购网络原创文学网站，几乎横扫了中国网络小说的半壁江山。2004 年收购起点中文网，2007 年收购红袖添香，2008 年收购晋江原创网，2009 年收购榕树下，2010 年收购小说阅读网和潇湘书院。由此，盛大文学旗下拥有起点中文网、小说阅读网、晋江原创网、潇湘书院、红袖添香和榕树下等常年位居十大文学网站之列的几大名站，实力强大。盛大文学最早形成了网络文学写手签约—作品出版—影视游戏改编—海外版权转让的网络出版成熟产业链条。2015 年初，盛大文学亦被腾讯收购，腾讯文学和盛大文学整合成立新公司"阅文集团"。

6.1.2 交互式类型化创作

网络数字时代的读者也有别于传统纸媒时代的读者，数字阅读的读者不仅仅是读者和受众，同时也身兼撰稿人、评论员、投资者、用户等多重角色，正是这些不同角色的互动对接，才实现了网络数字阅读的社区化、社会化。

一部网络小说在连载过程中，会逐渐形成自己的读者群体，网络作家的第一桶金往往依靠读者网络阅读点击累积而成。[1] 这些读者粉丝不仅追随着作者的创造，同时也干扰着作者的写作，他们的评论、趣味和好恶决定了阅读排行榜，进而影响到作者写作和作品的形态。在网络连载的过程中，付费阅读制度已经在一定程度上淘汰了一部分低人气的劣质作品，网络点击量、网友评论量成为一部优秀网络作品的量化指标。在网络创作中，尽管作者仍然是阅读关系中的主体，但读者的权力越来越大，通过点击和付费改变着作者和读者的传统关系：出现作者对读者的迎合，或者说读者对作者的干预。传统模式下阅读者被动接受、评论家发表评论等等均有时滞问题，因此作者得以保有其自主创作的空间，而网络作品多为网络连载，实时更新，读者可以在作品连载网站、相关论坛贴吧、主题 QQ 群等处即刻表达自己的意见和想法，由此造成的"畅销书"效应，使得商业目的浓厚的网络作家往往会考虑读者意见，修改作品的走向和内容。读者的点击选择，干涉到作者的写作，写作者的主导地位一定程度被削弱。有些网络作者，甚至会写出两个不同故事方向，来试探读者的口味，并根据读者的喜好来决定下一步的叙事走向。在这类创作中，作者的主体性就已经被严重挑战了。

《后宫·甄嬛传》系列共七部，从《后宫·甄嬛传》在百度贴吧古言小说类目下的贴吧，可以看出超 7 万的关注规模（截止到 2020 年）。有如此良好的读者基础，《后宫·甄嬛传》才可能在万千同类型作品中脱颖而出，从而得到知名出版社的赏识，顺利进入传统出版领域。但是，这样的读者反馈对于依旧处于创作连载中的网络作品，其影响是巨大而危险的，会干扰到作者的创作动机和思路。事实上，作者流潋紫在《后宫·甄嬛传》的后续作品《后宫·如懿传》的创作过程明显放缓，读者在百度贴吧等处聚集议论吐槽剧情，对小说创作走向所发挥的群体意见表达作用不容小觑。

另一方面，网络读者在发表评论、影响作者的同时，自己也会介入创作本身。同文创作在网络时代是一种特殊现象，即读者根据自己的理解对网络作品进行一定程度的改造和延伸，此时读者实现了身份翻转，同时具有了作者的身份，这类读者被命名为"超读者"。"超读者"主动介入创作过程，其主要的表现形式是：读者对于某一作品的番外续写、同人改写创作或是不同艺术形式的二次文本、三次文本解读。晋江文学城言情小说站的《甄嬛传》同人创

---

〔1〕 实录：晓月谈网络作家与读者关系[EB/OL]. [2014 - 10 - 30]. http://book. sina. com. cn/news/c/2013 - 10 - 09/1755546646. shtml.

作文、番外文及包含这些新作的评论作品已远远超过 200 部。

图 6-1　百度甄嬛吧

这种交互式写作已经成为一种新型的写作模式，作者和读者的边界变得不那么分明。1992 年前后美国后现代小说家罗伯特·库佛（Robert Coover）率先在布朗大学开设数字超文本小说写作班；妮特·穆瑞（Janet Murray）教授也在麻省理工学院开设了"交互式和非线性小说"课程[1]，目的都在于为未来的文学创作探明道路。网络作品发展的过程中，每一位参与者都可以是阅读者，也可以是作者、改编者和评论者，读者是网络数字阅读全过程的主导，在一定程度上决定了作者和出版社的发展。

在读者目光注视和点击之下，网络小说创作类型化非常明显，悬疑、玄幻、穿越三分天下，如著名的《斗罗大陆》《吞噬星空》《斗破苍穹》都是玄幻题材。由于内容定位和取向的不同，不同的网络平台会吸引不同的阅读群体，集聚不同的网络写手，由此分化成不同的网络内容创作集群。这一现象与传统出版和传统阅读有着较为明显地不同，体现出互联网时代阅读市场的日益细分和阅读需要的日益个性化。在网络阅读中有"网络文学越小众越合法"的说法。网络传播所具备的碎片化的特征，导致越是小众的东西在这个大传播的时代越具有合法性。如金宇澄的小说《繁花》最终受到关注就是网络时代碎片化传播的典型范例。这部以沪语为叙述语言的网络文学作品一开始并不引人注目，但伴随口碑的积累，在豆瓣获得了 8.9 的高评分，读者评论不断增加，最终获得了文学界的关注和认同。

---

〔1〕　吉河.罗伯特·库佛与超文本小说[EB/OL].[2019-1-10].http://shuzix.com/60.html.

网络小说题材内容及其发表平台作如下细分，大致如表 6-1 所示。

表 6-1　网络小说题材分类表

题材分类	细分内容	代表网站
玄幻	东方玄幻 远古神话 异术超能 王朝争霸 转世重生 异世大陆	起点中文网 幻剑书盟
奇幻	西方奇幻 吸血家族 魔法校园 异类兽族 领主贵族	幻剑书盟
武侠	传统武侠 历史武侠 浪子异侠 谐趣武侠 快意江湖	幻剑书盟
仙侠	现代修真 洪荒小说 古典仙侠 奇幻修真 远古神话	幻剑书盟
都市	都市生活 恩怨情仇 青春校园 都市异能 都市重生 耽美小说 同人小说 娱乐明星 谍战特工 爱情婚姻	17K 小说网 晋江原创网
言情	冒险推理 纯爱唯美 品味人生 爱在职场 菁菁校园 浪漫言情	晋江原创网 红袖添香
历史	架空历史 历史传记 穿越古代 外国历史	17K 小说网 小说阅读网
军事	战争幻想 特种军旅 现代战争 穿越战争	连城读书军事馆
游戏	虚拟网游 游戏生涯 电子竞技 游戏异界	起点中文网
体育	弈林生涯 篮球运动 足球运动 网球运动	17K 小说网
科幻	机器时代 科幻世界 骇客时空 数字生命 星际战争 时空穿梭	起点中文网 纵横中文网
灵异	推理侦探 恐怖惊悚 灵异神怪 悬疑探险	磨铁中文网

6.1.3　网络作品出版形态

网络作品不像传统出版的纸质作品，一旦出版阶段完成就定型成为封闭的既定文本结构，读者对出版的影响是有限的，读者与出版者之间的交流途径也是有限的。一本书的再版、改版、修订必然存在着一定的时差。这些问题在网络数字出版中得到相当程度的缓解。网络作品是一种便于读者被动或主动介入的开放式文本，但这并不意味网络数字出版与传统纸媒的出版是截然分开、泾渭分明的两种形态，恰恰相反，两者存在着相互转化的可能。

从读者角度来看，网络作品在网络连载之时，此时的读者为数字阅读群体，当网络作品的生命周期真正进入传统出版阶段之后，这部分读者对于网络小说的原有"黏度"以及在原先阅读的网络文学网站所在读者粉丝圈的"黏度"会促使他们进一步购买纸质版本。由此，这类数字阅读群体转入了传统读者的范畴。

从作品形态来看，网络作品可以呈现出纸质书、网络书、电影和电视剧、漫画、手游等多种版本形式，表现为多元立体化的跨时空、跨文化、跨媒介版本生成与融合。在跨媒介融合传播与交流环境下，同一作品的小说、戏剧、电影、手游等版本处于相互影响和不断变化之中，从而形成一个内隐的文本关联网络。具有高知名度和强大粉丝基础的网络文学作品被称为 IP。"IP"一词在中国网络文学语境中特指网络作品作为独特知识产权（Intellectual property）对象，具有广泛适应性的流行文化元素，具备潜在改编能力或者多媒介形态转换能力。此类 IP 即可以被理解为围绕某一主题的文本关联网络。在 IP 范畴内，既可以是在线阅读的文字连载，也可以被改编为印刷书籍、动漫、影视剧、网络游戏、有声读物等。2018 年在中国"网络文学＋"大会上，发布了"网络文学发展历程中的 20 部优质 IP"作品，包括《诛仙》《步步惊心》《鬼吹灯》《致我们终将逝去的青春》《琅琊榜》《斗罗大陆》《盘龙》《大江东去》《斗破苍穹》《花千骨》等。

"IP"作品不仅能带动周边产品开发，也能促进粉丝经济发展。以流潋紫的《后宫·甄嬛传》为例，《后宫·甄嬛传》2006 年 2 月在网上连载以后，引起强烈关注，入选《2017 猫片·胡润原创文学 IP 价值榜》，名列第六。最后出版权花落磨铁。目前《甄嬛传》网络小说不仅出版了纸质书籍，还改编为剧本，拍摄了影视剧，衍生出不同系列的衍生作品。

网络作品是一个开放、自由、可以无尽阐释的意义网络，以 IP 来评价网络文学作品，可以发现，除文学性、经济产值和社会影响之外，网络作品的生产性文化元素也是考量中的重要因素。例如《斗破苍穹》，作为网络文学的超级 IP，《斗破苍穹》首发于阅文集团旗下的起点中文网，迄今全网点击量已近100 亿，奠定了庞大的粉丝基础。《斗破苍穹》动画第一季播放量超过 15 亿，成为 2017 年 3D 动画播放量榜首。此外还有《斗破苍穹》改编的影视剧、《斗破苍穹》漫画以及 IP 授权手游《斗破苍穹：斗帝之路》。再如 2000 年网络文学小说《悟空传》在金庸客栈横空出世，一时间跟帖转载无数，出书后更是多次加印，累计销量达百万本。《悟空传》这个经典大 IP 在电影、舞台剧、游戏等各个行业均有衍生作品。同名改编电影《悟空传》上映 7 天票房超过 5 亿元,话剧《悟空传》也取得了巨大的成功;以《悟空传》为蓝本构建的大型网络游戏《斗战神》已经在腾讯运营。

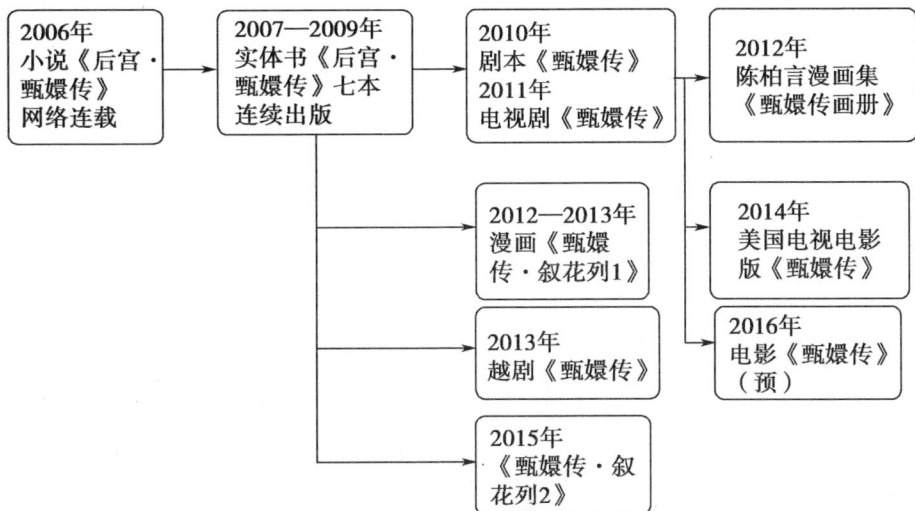

```
┌─────────────┐   ┌─────────────┐   ┌─────────────┐   ┌─────────────┐
│ 2006年      │   │ 2007—2009年 │   │ 2010年      │   │ 2012年      │
│ 小说《后宫· │→ │ 实体书《后宫·│→ │ 剧本《甄嬛传》│→ │ 陈柏言漫画集 │
│ 甄嬛传》    │   │ 甄嬛传》七本 │   │ 2011年      │   │《甄嬛传画册》│
│ 网络连载    │   │ 连续出版    │   │ 电视剧《甄嬛传》│ │             │
└─────────────┘   └─────────────┘   └─────────────┘   └─────────────┘

                                    ┌─────────────┐   ┌─────────────┐
                                    │ 2012—2013年 │   │ 2014年      │
                                    │ 漫画《甄嬛  │→ │ 美国电视电影 │
                                    │ 传·叙花列1》│   │ 版《甄嬛传》│
                                    └─────────────┘   └─────────────┘

                                    ┌─────────────┐   ┌─────────────┐
                                    │ 2013年      │   │ 2016年      │
                                    │ 越剧《甄嬛传》│→ │ 电影《甄嬛传》│
                                    │             │   │（预）       │
                                    └─────────────┘   └─────────────┘

                                    ┌─────────────┐
                                    │ 2015年      │
                                    │《甄嬛传·叙 │
                                    │ 花列2》     │
                                    └─────────────┘
```

图 6-2 《甄嬛传》网络 IP

总之,网络作品的出版模式迥异于传统纸媒出版,它越来越发展成为一种集成创作、阅读、评论、多样化出版一体发展的新模式。磨铁中文网是目前出版业界"四位一体"数字出版模式的先行代表,磨铁旗下数家公司兼有首发连载、轻博客阅读评论、纸质出版功能,并开始进入电影制作领域。

6.2 从传统出版到媒体出版

随着社会经济的日趋进步以及信息网络技术的快速发展,数字媒介蓬勃发展,传统纸媒日渐式微,发行量下滑,读者减少,影响力减弱,很多传统媒体进入严冬,有的甚至在网络新媒体冲击下消亡了。作为传统媒介,纸媒是否已经一无是处,最终必然走向消亡呢? 纸媒的发展机会又在哪里?

6.2.1 传统纸媒的冬天

纸媒的衰落已经是一个全球普遍现象。2017 年年末,国内不少纸媒宣布告别读者,《渤海早报》《假日 100》《采风报》《球迷》《北京娱乐信报》《台州商报》《无锡商报》《上海译报》等宣布休刊，另有不少纸媒也表示将缩减出版周期，以应对纸媒寒冬。这一趋势是具有全球性的，早在 2010 年 7 月，美国的电子书销量就首超精装书；到 2011 年电子书销量首超平装书。2011 年曾是美国第二大传统图书零售商的 Border 倒闭。历史悠久的《纽约时报》目前已经停止出版纸面报纸，而改为电子出版。英国牛津大学出版社的《牛津英语词典》也放弃出版纸本，而只出电子版。

在学术出版领域，信息技术和网络技术的日臻成熟，不仅改变了传统的学术生产、传播方式，也培育了与之适应的数字化阅读与信息获取方式，学术期刊迅速进入数字化时代，开放获取期刊不断发展，数字期刊具有显著的技术优势，其信息量、覆盖面、传播速度、共享程度等远高于传统纸质期刊。由于电子期刊在传播速度和可访问性上的巨大优势，使得读者阅读纸刊、学术图书馆订阅纸刊的比例逐渐下降，纸质学术期刊的生存空间日渐萎缩，实际上已经面临消亡的局面。数字期刊不仅改变了读者获取信息的渠道，也改变了其阅读方式和阅读习惯，网络检索导引下阅读成为研究的主流形态。

数据显示，从 2013 年上半年开始，传统的出版传媒领域和网络数字环境的紧张状态加剧，传统报纸生产业的经营状况堪忧。以"新华传媒""浙报传媒""南方传媒""博瑞传播""中南传媒"等 5 家上市公司 2011—2015 年的主营业务收入数据为例，可以看出自 2013 年以来这 5 家目前在国内上市的报业传媒集团增长速度普遍降低，传统出版传媒业在数字化浪潮中遭受着巨大冲击，寻求转型的途径以适应数字化进程成为当务之急。

表 6-2　国内主要传媒上市公司的主营业务收入(2011—2015)

新华传媒			
报告期	主营业务收入(元)	比上期变化(元)	变化幅度(%)
2015/12/31	1 572 710 000.00	−216 300 000.00	2.70
2014/12/31	1 789 010 000.00	−58 470 000.00	−2.12
2013/12/31	1 847 480 000.00	51 990 000.00	−1.16
2012/12/31	1 795 490 000.00	−315 500 000.00	—
2011/12/31	2 110 990 000.00	—	—

浙报传媒			
2015/12/31	3 457 550 000.00	391 600 000.00	−0.45
2014/12/31	3 065 950 000.00	710 200 000.00	−0.23
2013/12/31	2 355 750 000.00	917 790 000.00	8.59
2012/12/31	1 437 960 000.00	95 680 000.00	—
2011/12/31	1 342 280 000.00	—	—
南方传媒			
2015/12/31	4 601 790 000.00	187 310 000.00	−0.69
2014/12/31	4 414 480 000.00	613 960 000.00	−0.01
2013/12/31	3 800 520 000.00	622 080 000.00	1.17
2012/12/31	3 178 440 000.00	286 940 000.00	—
2011/12/31	2 891 500 000.0	—	—
博瑞传播			
2015/12/31	1 197 200 000.00	−426 870 000.00	−5.03
2014/12/31	1 624 070 000.00	105 970 000.00	−0.37
2013/12/31	1 518 100 000.00	168 300 000.00	2.84
2012/12/31	1 349 800 000.00	43 840 000.00	—
2011/12/31	1 305 960 000.00	—	—
中南传媒			
2015/12/31	10 085 400 000.00	1 046 640 000.00	0.04
2014/12/31	9 038 760 000.00	1 005 710 000.00	−0.09
2013/12/31	8 033 050 000.00	1 102 690 000.00	0.03
2012/12/31	6 930 360 000.00	1 073 790 000.00	—
2011/12/31	5 856 570 000.00	—	—

数据来源:新浪财经. http://money.finance.sina.com.cn/

纸媒传播速度缓慢和内容形态单一的劣势,在数字技术和数字出版面前暴露无遗。在此趋势下,出版转型已经成为业界共识。然而,如何转型是一个艰难的选择。目前看到的更常见的是传统媒体病急乱投医式的乱转型现象。比如投入大量资源去做手机客户端的 APP 应用,将纸媒的内容复制到互联网上。为了适应时代和技术的发展，很多传统媒体开始运作新媒体，包括官方微博、微信公众平台等。但是不难发现，每天发布、推送的内容基本均为当天其报纸上的新闻内容，几乎可以说沦为了传统纸媒的搬运工，这样的全媒介既失去了时效性，又失去了权威性，丧失了纸媒与数字新媒体的双双优势。换言之，这些转变仍然是以纸媒为基础，即从原有的传统平台（如报刊、图书等）转移到互联网平台上去。

事实上，在纸媒的冬天来临之前，传统实体书店更早遭遇严寒，大量的实体书店关闭，著名的风入松、季风书店、万圣书园均难逃关门的命运。但是，经历了某种意义上的穷途末路之后，一些书店诸如先锋书店、西西弗书店、诚品书店等走出了新的发展道路，但是这些书店从本质上已经不完全是传统意义上的书店，而是一种集展示、陈列、咖啡店、网吧于一身的新型空间，慢慢成为了城市文化地标性的存在。实体书店是与纸质出版相辅相生的机构，实体书店的转型之路在一定程度上提供了传统纸质出版转型的某种启示。

6.2.2　数字出版新模式

作为图书网络销售平台的亚马逊从 2010 年开始已经进军数字出版业。在传统出版环境中，必须要通过出版社或出版商的中介，才能够将读者和作者有效地链接起来。对于作者而言，出版商不仅是其作品的版权经纪人、编辑、装帧设计者，同时也是作品的投资者和营销者，更是读者反馈信息的收集、分析和挖掘者，通过出版社才有可能实现对于市场和读者的有效跟踪和把握，作者和出版社是目标一致的利益共同体。然而，在数字出版环境下，情况发生了质的改变。2011 年 10 月亚马逊已经开始尝试与图书作者直接签约，出版电子书。举例来说，国外出版领域不可或缺的角色——文学经纪人，长期以来一直扮演着作家和出版社之间的纽带角色，文学经纪人代表作家和出版商讨价还价，签署出版合同。但在网络环境下文学经纪人的角色正悄悄发生改变。以美国为例，著名的文学经纪人安德鲁·怀利（Andrew Wylie）2010 年宣布成立专营数字现当代文学经典的奥德赛出版机构，并一举签下包括帕慕克、奈保尔、纳博科夫、博尔赫斯、厄普代克等在内的 17 位世界一流作家的 20 部作品的电子版权，独家销售于亚马逊的 Kindle 电子书平台。这一行为所产生的示范效应及其后续影响对于传统出版社而言也许是致命的，这意味着作家（作者）可以不再和传统出版社签售纸质书版权，而直接把版权卖给电子出版商。更进一步，随着电子书销量持续增长，以及阅读平台和发行方式的不断进化,也许文学经纪人或编辑的角色也将模糊乃至消失。置身于网络中的作者,完全可能抛开出版社和文学经纪人,直接把作品拿到亚马逊去销售。

不仅如此,亚马逊还承担了书评的支撑,书评已经成为亚马逊出版内容最重要的一部分。2008 年亚马逊收购了 Shelfari 这家书评读者社区,Shelfari 的功能主要是为图书爱好者们提供交流平台。该网站允许用户创建虚拟书架,并与好友分享图书目录。2013 年 3 月,亚马逊又达成了收购社交阅读网站"好读网"(Goodreads)(www. goodreads. com)的协议;Goodreads 是一个社交阅读网站,允许用户跟好友分享阅读消息,如读过哪些书、正在读哪些书和想读哪些书等。Goodreads 依据其个性化推荐系统,可以为读者提供至少 20 本书的评分和推荐。此外,Goodreads 还允许作者创建个人页面或博客,跟读者直接互动。

事实上,国外已经出现了数字自出版和自销售,作者可以通过与 Google Play 和 Apple iTunes 直接联系,不通过任何出版社直接把自己的作品或者说电子书放到这些电子书店上去出售。Apple iTunes 还提供怎样制作电子书的 epub 文件,包括怎样申请账号、怎样将电子书放到 Apple iTunes 电子书店上。[1] 这些举动表明传统的出版模式已经发生改变,即从"作者—经纪人—出版社—书店—读者"转换为"作者—亚马逊—读者"。

在国内,数字出版业同样正如火如荼地发展壮大。相比于亚马逊的模式,国内的电子书出版是从文学网站起家的,其中的突出代表是盛大文学有限公司。盛大文学通过一系列并购获得超过 90%的网络文学资源,因此在出版资源上极其丰富。盛大文学运营的原创网站包括起点中文网、红袖添香网、言情小说吧、晋江文学城、榕树下、小说阅读网、潇湘书院七大原创文学网站以及天方听书网和悦读网。盛大文学拥有 3 家图书策划出版公司,即"华文天下""中智博文"和"聚石文华"。2010 年盛大文学已经成为国内最大的民营出版公司。盛大文学目前所建立的"云中图书馆"收录了大量版权内容,累计注入超过 500 亿字的文学作品、300 多万部(本)原创小说和传统畅销书。随着国内手机阅读市场需求逐渐扩大,盛大文学实际上已经成为中国移动阅读基地最大的内容提供商,在 2010 年年度畅销榜前 10 位的作品盛大文学占 7 成。2011 年 2 月,盛大文学宣布云中书城正式独立运营。云中书城是盛大

---

〔1〕 绿野出版社. http://rmeiguiba. wixsite. com/greenwildspress/how.

文学的运营主体平台,用户可以通过云中书城网站、iPhone 手机端应用、iPad 应用、电视等多种平台设备随时随地下载阅读云中书城的海量内容。通过云中书城开放平台,所有出版单位均可自主上传数字图书、数字报刊等内容,自主定价,借助云中书城庞大密集的销售网络进行推广销售。

从云中书城的运营模式来看,盛大文学试图全线整合数字出版业务,整合出版内容、管理、销售和分发。其运作模式是:内容商,在某种意义上也包括作品的原创作者,经过云中书城认证后即可自主上传作品,云中书城为内容商或作者提供专业的内容管理和内容上传工具;内容商可以对上传的作品进行自主定价、自主管理,并定制专业的营销方案;云中书城为内容商提供专业、个性化的运营数据统计分析,便于内容商或作者及时查询自有内容的销售状况、读者偏好等,并据此调整定价及营销策略;此外,云中书城还为内容商或者作者提供符合国际会计标准的稳定透明的结算系统。作为一个开放式平台,云中书城为版权方提供内容录入、自主定价、支付结算等一整套数字版权解决方案。诚如盛大文学的 CEO 侯小强所言,云中书城的业务非常类似于文字淘宝。

目前,云中书城已吸引了近 30 家出版社、出版机构及文学网站开店。用户则可以在一次购买后,用 PC、手机、电子书等多终端实现阅读。书城中的电子书售价通常都在实体书的三分之一以下,有些畅销书免费供应。在作家分成方面,收入从 20％到 50％。从盛大文学的发展来看,数字出版的前景是十分乐观的。

6.2.3　UGC 自媒体出版

新媒体(New Media)是一个宽泛的概念,即利用数字技术和网络技术,向用户提供信息服务的传播形态。严格地说,新媒体应该称为数字化新媒体。新媒体是以数字信息技术为基础、以互动传播为特点,具有创新形态的媒体,涵盖了所有数字化的媒体形式,包括所有数字化的传统媒体、网络媒体、移动端媒体、数字电视、数字报纸杂志等。

新媒体相比传统媒体在一定程度上更具有开放性与丰富性,生产主体的多样化也在一定程度上消解了传统媒体生产方式中所包含的专业准则与职业伦理。UGC(User Generated Content)模式并不是某一种具体的业务,而是一种用户使用互联网的新方式,即由原来的以下载为主变成下载和上传并重。在 UGC 模式下,网友不再只是观众,而是成为互联网内容的生产者和供应者,YouTube、MySpace 等都可以看做是 UGC 的成功案例,社区网络、视频分享、博客和播客(视频分享)等是 UGC 的主要应用形式。一方面,愈加广泛的 UGC 改变了传统媒体的线性传播方式,受众的主动性有所增加;另一方面,由于缺乏足够专业准则与职业伦理,新媒体的信息生产及传播在公信力和权威性方面是欠缺的,例如导致假新闻泛滥,社会信息良莠不齐。

UGC 模式的集中体现是在自媒体(We Media)的运作上。自媒体又称"公民媒体"或"个人媒体",是指私人化、平民化、普泛化、自主化的传播者,以现代化、电子化的手段,向不特定的大多数或者特定的单个人传递规范性及非规范性信息的新媒体的总称。美国新闻学会媒体中心 2003 年 7 月发布了由谢因波曼与克里斯威理斯两位联合提出的"We Media(自媒体)"研究报告,对"We Media"下了一个较为严谨的定义:"We Media 是普通大众经由数字科技强化与全球知识体系相连之后,一种开始理解普通大众如何提供与分享他们自身的事实、新闻的途径。"简言之,即公民用以发布自己亲眼所见、亲耳所闻事件的载体,如博客、微博、微信、论坛/BBS 等网络社区。在自媒体环境下,任何人都可以是互联网上内容的创造者和使用者。任何媒介都不再是信息传播的唯一载体和必然选择,每个人都能够成为以自己为中心的见闻信息发布者。用户只要通过简单的注册申请,就能在网络上发布文字、图片、音频、视频等信息,创建属于自己的"媒体"。自媒体能够迅速地将信息传播到受众中,与此同时,受众也可以迅速地对信息传播的效果作出反馈,并给予评价。

随着个人用户对互联网的深度使用,每个普通人都可以拥有一份自己的"网络报纸"(博客)、"网络广播"或"网络电视"(播客)。每个"草根"都可以利用互联网来表达自己想要表达的观点,构建自己的传媒网络。传统的新闻媒体将传播者与受众分得很清,它们是"自上而下""点对面"的传播方式。而自媒体打破了这种不对等的格局,"人人即媒体"。其中最具代表性的托管平台是美国的 Facebook 和 Twitter,中国的 QQ 空间、新浪微博、腾讯微博、微信朋友圈、微信公众平台、人人网、百度贴吧等。作为数字出版领域的一股新生力量,"自媒体"得到了空前的发展,并日益冲击着传统的媒体从业领域。

以"播客"为例,这是数字广播技术的一种,既指一种在互联网上发布文件并允许用户订阅和自动接收新文件的方法,也指那些自己录制广播节目并通过网络发布的人。播客可以传送文字、视频、音频、图片等多种文件,用户可以试听、订阅并下载文件。[1]与之相类似的还有微信。微信是腾讯公司于 2011 年 1 月 21 日推出的移动应用程序,支持跨通讯运营商、跨操作系统平台传递语音、视频、图片、文字等信息。建立于 2012 年 8 月 23 日的微信公众平台已成为当下最流行的多媒体交流平台,阅读类公众号的推送者可以以不同类型、形式的内容来吸引订户。这种传播模式是点对点的强制推送,保证了信息的到达率;另一方面,用户订阅公众号本身就是自主选择,可以按照兴趣选择持续关注或退订。

自媒体不只是一种传播媒介的改变,它所代表的其实是一种由用户主导的内容可定制、可发布、可订阅、可点播、可传播的网络内容生产和出版模式。自媒体的独特属性在于公众的自由话语权,每一个用户在发布信息的同时也可以接受其他用户的信息,读者和受众能够迅速地对信息传播的效果作出反馈,给予评价。他们之间的互动又会增加新的信息,从而形成以用户为中心的全面开放共享的信息传播网络。不管是文字、图像,还是录音、录像作品,其制作和发表的迅速、高效以及传播和反馈评价的迅捷,都是传统媒体无法企及的。从内容上看,既有编辑转译的外媒资讯,也有聚合自门户的热闻,以及读者提供的原创内容和观点,而更吸引读者的是由第三方读者提供的分析评论。因此,就数字阅读内容的生产而言,自媒体的内容生产是丰富多彩的,具有更新快、低成本等特点。自媒体与受众之间几乎没有距离,作者和读者是目标一致的利益共同体,具有非常强大的交互性。

总之,在网络数字化时代数字内容生产的主体已经不是出版社一家独大,而是自媒体、网络阅读平台与出版社三足鼎立。当然,在整个数字出版和数字阅读产业链中这三者的关系并非是截然划分开的,也存在其中的二者或者三者的整合,亚马逊和盛大云中书城的做法就是三者的全线整合。

6.3　数字媒体出版新模式

网络环境的日渐成熟和数字技术的迅猛发展,尽管压缩了纸媒的发展空间,也带来了新的机遇。毕竟任何新媒体都无法代替纸媒的阅读体验,以及触手可及的查阅过程。在出版传媒和阅读服务这一产业链条上正发生着一系列的探索和变革,出版社、网络平台、图书馆的关系发生着变化,读者、作

---

[1]　陆杰. 论播客在高校图书馆的应用[J]. 图书馆建设,2008(1)：40-42.

者、编辑、图书馆馆员的关系也在发生变化。网络数字化在给传统出版传媒业的发展带来挑战的同时,也提供了发展的机会和转型的契机。

6.3.1 数字阅读产业链

从广义上说,数字阅读产业链是一个包含了内容创作者、内容出版者、阅读平台支持商、阅读设备提供商、内容销售商、内容消费者六个环节组成的产业链条。从狭义角度看,数字阅读产业链划分为设备制造商、网络运营商、内容提供商和终端用户四大类。

其中,设备制造商主要针对读者数字阅读的需求特点,研发推广各类移动阅读产品设备,如平板电脑、手机、电子书阅读器;网络运营商的职责在于为用户提供通信和网络基础设施连接服务,为阅读用户提供相关服务。网络运营商的加盟,促使网络阅读市场的迅猛发展[1]:美国电话电报公司AT&T向亚马逊提供流量批发;德国电信专注于出版平台和支付服务,提供"PagePlace——数字报刊亭和在线图书馆"业务;西班牙电话公司Telefonica用终端带动内容发展,设计电子阅读器,和出版商合作为用户提供阅读内容;法国电信则专注数字图书馆的内容建设,联合法国图书馆联合会,共同打造数字内容图书馆;日本电报电话公司NTT DoCoMo以合资公司方式与大日本印刷DNP合作,推出"实体图书+手机阅读"业务;在我国,以中国移动、中国联通、中国电信为主要力量的网络运营商,具备渠道、用户、合作伙伴以及对数字产业链掌控能力方面得天独厚的优势,也具备较强的内容资源整合能力,纷纷建立各自的阅读基地。以中国移动为例,中国移动与汉王、大唐电信等终端厂商合作推出TD电子书,获得移动阅读的硬件设备,与中国作家协会、中国出版集团、中国编辑学会、国家图书馆签署了战略合作协议,并在浙江杭州建立了一个电子阅读内容发布管理平台。[2]中国移动负责阅读平台的建设、产品的开发、内容的整合、运营推广、营销推广、网络建设和计费系统。中国移动期望通过内容分成、终端补贴等多种方式,积极发展数字阅读

---

〔1〕 移动阅读:运营商参与模式各不同[EB/OL].[2012-9-21].http://roll.sohu.com/20120208/n334113924.shtml.

〔2〕 李嘉.中国移动或将推出移动阅读新政 产业链各方迎来变革浪潮[EB/OL].[2012-9-4].http://tech.ifeng.com/telecom/detail_2010_12/23/3656453_0.shtml.

业务,以主导整个移动阅读产业链。[1] 在目前的架构中,运营商甚至有企图控制网络阅读产业链的倾向。

然而,阅读设备和网络覆盖满足的只是数字阅读的硬件要求,而阅读的关键还是在于优质的阅读内容,内容提供商的职责就是提供各种类型符合用户期望的阅读资源,包括文本、音频、视频等类型资源。

作为网络数字出版领域的领风气之先者,全球最大的出版物网络零售商亚马逊 2007 年 11 月即推出了电子阅读器 Kindle,标志着 Amazon 在数字阅读产业链的下游设备业务方面取得了重大突破。2011 年 10 月亚马逊与图书作者直接签约出版图书和电子书,标志着亚马逊从销售商向图书出版商角色转变;2012 年亚马逊进驻 Facebook 社交平台,进一步提升用户的互动交流体验。由此亚马逊在数字出版领域逐步整合了内容出版者、技术支持商、阅读设备提供商、内容销售商四个环节,实现了传统的"作者—代理人—出版社—亚马逊—读者"的出版产业链向"作者—亚马逊—读者"的出版模式转变。

从商业的角度来看,未来的数字出版或者说出版领域,也许就如亚马逊所预言的,只需要三个环节——作者、读者、亚马逊,亚马逊直接与作者签约,以电子书或纸质书形式出版;与此同时,由于亚马逊拥有数量庞大的用户资源和内容信息资源,通过深入的数据挖掘技术,不难识别读者的阅读模式,了解读者需求,从而提供个性化的服务,将适合的内容推送给有需求的读者,实现出版内容和读者需求的匹配,准确定位读者市场,把握目标读者人群。而这正是传统出版商在出版和销售中十分薄弱的环节。

国内的数字出版产业发展同样也处在上升阶段。2014 年我国数字出版产业收入为 3 387.7 亿元,比 2013 年增长 33.36%,其中互联网期刊收入从 2006 年的 5 亿元增长至 2014 年的 14.3 亿元,8 年增加近两倍。电子图书收入,2006 年为 1.5 亿元,2014 年为 45 亿元,8 年间增加了 29 倍。2014 年数字报纸收入 10.5 亿元,博客 33.2 亿元,在线音乐 52.4 亿元,网络动漫 38 亿元。电子图书产品规模从 2011 年的 90 万种,增加至 2014 年的 160 万种,增长率为 77.78%。互联网原创作品的规模从 2013 年的 175.78 万种,增至 2014 年的 201 万种,产品规模显著增加。原创网络文学注册用户数保持着高

---

〔1〕 手机阅读铁三角形成中国移动独占六成[EB/OL]. [2012 - 9 - 4]. http://tech. ifeng. com/telecom/detail_2010_05/06/1488879_0. shtml.

速增长的态势,微信等社交媒体迅猛发展。[1]

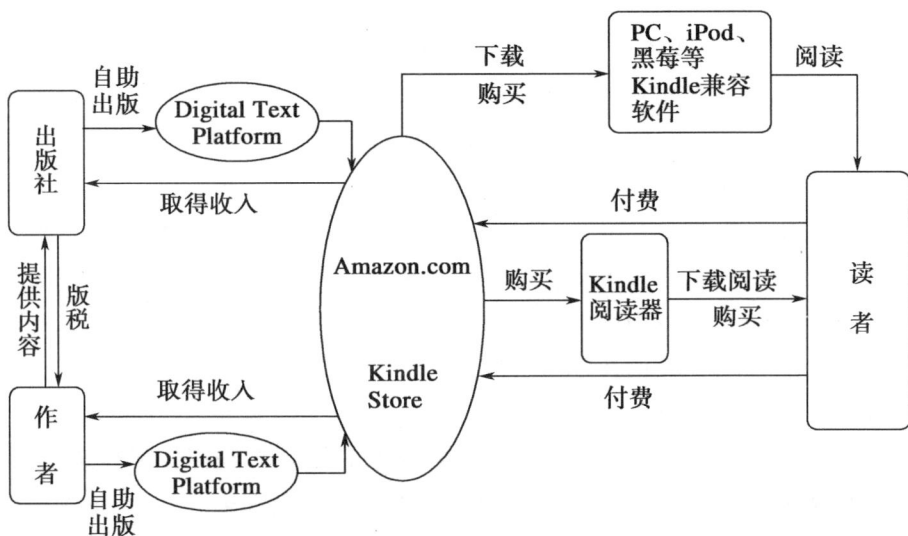

图 6-3　Amazon 的商业模式

无论是国内还是国外,出版领域都正处于数字化转型和上升发展的通路上。在此背景下,与数字出版密切相关的数字阅读服务领域获得了前所未有的重视。"2016 年数字出版管理工作暨主流媒体融合发展经验交流座谈会"上,国家新闻出版广电总局公布了"十三五"时期 5 个数字出版重点项目工程,其中就有与数字阅读相关的重点工程——全民数字阅读推广工程,内涵包括:组织开展系列专题数字阅读活动,大力提升全民数字阅读率;支持建设一批数字阅读服务平台,通过政府采购公共数字阅读产品和服务,满足老少边穷和少数民族地区人民群众精神文化需求,助力全民阅读普及,提升数字出版在公共文化服务体系建设中的支撑能力。[2]与此同时,越来越多的企业开始进驻数字出版与数字阅读行业:联想、索尼、汉王、方正等设备制造商不断加盟;三大网络运营商中国移动、中国电信、中国联通纷纷斥巨资建设移动网络,相继成立手机阅读基地;传统出版社、数据库商、网络文学公司等

---

〔1〕 魏玉山. 2014—2015 中国数字出版产业年度报告[EB/OL]. [2016-10-18]. http://www.chuban.cc/special/26138/26147/201507/t20150714_168515.html.

〔2〕 孙寿山在 2016 年数字出版管理工作暨主流媒体融合发展经验交流现场会上指出:把握新要求,贯彻新理念,引领新发展[EB/OL]. [2016-10-18]. http://www.gapp.gov.cn/news/1670/290446.shtml.

通过整合内容和形式，积极投身移动市场。网络数字阅读领域已成为多个行业关注的焦点，竞争激烈。

在欧美的数字出版产业链中，分工比较明确。主要分为：内容提供方，即出版商；数字出版销售平台，如亚马逊的电子书店、苹果电子书店等；硬件生产商，如 Kindle 和 iPad 等；技术提供商，主要提供图书数字化格式转换研发、版权保护技术服务；以及电信或移动运营商。在国内数字阅读市场，目前处于网络运营商、终端厂商、内容提供商各自为战的局面。终端厂商有硬件，缺内容；网络运营商依仗庞大的用户群体和网络覆盖，试图主导产业链的走向；而以出版社为主的内容提供商虽然已经认识到亟须转型，但是尚未理清思路。相较于国外，我国数字阅读产业链发展并不完全，存在诸多问题，内容出版商与终端厂商脱节严重，数字内容服务领域尚待开发，合作缺乏。此外还存在一些目前尚无定论的方面，例如数字版权的保护与侵权的界定、数字出版的管理等。目前内容资源是网络阅读产业链上的薄弱环节，传统出版单位亟待转型成为共识。在这一过程中也产生了不同的转型路径。

转型路径之一是转战手机阅读市场，例如长江出版传媒集团、中国出版集团、新华出版社等，相继涉足手机出版领域，与中国移动、中国电信、中国联通三大手机阅读基地平台合作，进行跨媒体出版经营转型。长江文艺出版社出版的张正隆新作《雪冷血热》一书，即与中国移动手机阅读基地联合首发，有1 000万的移动阅读用户被覆盖。而在该书的纸版销售中，也同步赠送手机阅读点播书签。这是一种纸质出版与数字出版共生的模式。

转型路径之二是在传统的出版业务之上搭建全新的数字出版发行平台。人民教育出版社开发的"人教学习网"就是一个典型案例；而华东师范大学出版社早在2008年就制定了清晰的数字出版战略，力图打造一个集内容提供、教学支持、辅导评估、平台服务为一体的布局转型升级的平台。在提供教材的同时，提供互动、全媒体的综合教学服务，配套发展教学网站、电子教案、音视频等数字出版物。[1]

但从总的方向来看，形成从内容、渠道、平台、阅读终端设备到读者服务的一体化产业布局无疑是数字出版产业未来发展的定位。网络阅读产业的发展，就趋势而言，短期看终端、中期看平台、长期看内容。[2]

---

〔1〕 李云华,马莉.传统出版业数字化转型模式分析[J].媒体时代,2013(8)：34-36.

〔2〕 孙寿山.文艺出版企业要加快向数字出版转型[EB/OL].〔2012-9-7〕.http://51fayan.people.com.cn/GB/172471/186811/15479423.html.

6.3.2　数字出版盈利模式

就数字出版的商业模式大致可以分为以下三大类型：

（1）全媒体出版模式，即通过与社交平台绑定，聚合内容源，注重数字内容建设，强调用户的多元化、社会化和个性化，强调社区内部的信息交互与知识分享。这一模式以"豆瓣"和"书香中国"为代表。

豆瓣作为一个用户众多的文化社区，凭借豆瓣读书、豆瓣阅读和豆瓣小组等，实现了网络数字阅读的全流程整合，其核心价值就是帮助用户发现对他们有价值的产品、服务或者人。豆瓣是一个典型的"满足小众需求"的业务模式。豆瓣上由用户建立起来的各种读书类型的小组，以个人为核心，以每个用户自己的兴趣为出发点，通过一本书的共同读者在虚拟空间中进行经验交换、评论分享、推荐阅读，找到"志趣相投者"，进一步寻找更多的兴趣点。加入一个读书小组，即在虚拟社区中新建一个读书圈子，即使是很生僻的书，也能在豆瓣找到同道中人。豆瓣的运行机制不是依据网络之外的身份或者某种等级，而是用户对于豆瓣的参与程度。用户在豆瓣上的行为、收藏和评论越多，所得到的推荐也会越精确、越有价值。"豆瓣猜"和"豆瓣推荐"通过无所不在的"推荐"为用户提供了一种新的知识扩展链，帮助用户找到志趣相投的朋友，同时通过分享各自的书单或者收藏，这种先"求同"再"求异"是豆瓣用户阅读扩展、知识扩展的一种重要方式，从而重新整合了阅读产业链。

中文在线建设的"书香中国"是国内第一家互联网交互阅读平台和全民阅读公共服务平台。作为集阅读、互动于一体的读书活动组织平台和全民阅读公共服务平台，"书香中国"聚合了国内500多家出版机构的正版数字图书作品，能够实现根据读者的年龄特征、行为特征，有针对性地智能推送给目标读者，以满足读者个性化阅读需求。同时，它还把分散在各个组织机构的读者联系起来，形成了一个巨大的网络阅读社区，读者们可以以书会友，分享阅读。配合"书香中国"，中文在线分别推出了 PC 版和手机版"微书房"客户端阅读软件，以实现在线检索"书香中国"互联网数字阅读平台上的图书和听书资源，并对图书、听书进行下载和离线阅读、收听，形成"一种内容、多种媒体、同步出版"的全媒体出版模式。

（2）以产品版权运营为核心的模式。该模式以培养网络原创写手，自主提供阅读内容、注重内容建设及其媒体化为主。以原盛大文学与腾讯文学合并成立的"阅文集团"和起点中文网为代表。2015 年初，盛大文学被腾讯收购,整合成立新公司"阅文集团"。整合腾讯文学与盛大文学成立的阅文集团,旗下拥有创世中文网、起点中文网、云起书院、起点女生网、红袖添香、潇湘书院、小说阅读网、言情小说吧等网络原创品牌,腾讯文学图书频道、华文天下、中智博文、聚石文华、榕树下、悦读网等图书出版及数字发行品牌,以及承载上述内容和服务的领先移动 APP——QQ 阅读。因此,阅文集团可以说是目前全球最大的正版中文网络小说图书馆。

(3) 以数字出版终端设备制造为核心的模式。当当网推出的"都看"阅读器,可通过连接网络完成电子书购买、支付等环节,同时将阅读器与微博绑定,可以随时随地写书评与其他读者互动。2008 年成立的中国移动手机阅读基地致力于基于手机的移动阅读客户端开发,相继推出杂志、漫画、"听书"等产品,杂志可支持图、文、音视频、Flash 等丰富的富媒体展现形式;"漫天下"插件可实现 200 余种漫画渲染效果;听书首创了"用耳朵看书"的阅读新方式。

网络数字出版的盈利模式大致有四类,这四类模式对于读者而言,其实也是读者实现和完成网络数字阅读的主要方式。就目前而言,一般读者尚未形成较强的数字版权意识,通常会选择只浏览不下载或者去寻找免费的盗版电子图书。但这一阅读习惯正在发生改变,目前豆瓣阅读上的作品价格从免费到 4.99 元不等,网络阅读和网络出版商会以较低的价格培养读者的数字阅读习惯和版权意识,同时兼顾电子出版运营商与作者的利益。

(1) 付费阅读模式

付费阅读模式是最基础的网络出版盈利模式,通常在网络小说连载过程中提供某些章节公开免费阅读,余下的章节则需要读者付费阅读。在付费阅读的收益中,阅读网站会抽取一部分作为稿费交给作者。例如流潋紫新作《后宫·如懿传》在磨铁中文网独家连载,每册约有 60 章,前 30 章免费阅读,后 30 章付费阅读。计费标准每千字 5 磨铁币(1 元购买 100 磨铁币)。系统测算读完前四册需要 24 元左右购买磨铁币,即每册书支付 6 元进行阅读。对于广大书迷来说,这个价格是可以接受的。

此模式后来又衍生发展出一种作者—读者互动增值服务模式,即在付费阅读模式之外创造了一个额外的作者盈利渠道。读者可以以月票、推荐票等方式投给自己喜欢的作者,帮助作者获取高人气,通过互动增值服务模式对自己喜爱的作者和作品进行额外激励。

付费阅读的模式,由阅文集团提出并实施。2003 年 10 月阅文集团 CEO

吴文辉推出了网络文学界第一套有偿阅读付费制度,并一直沿用至今。当然,后续的具体收费模式有了改善和变化,进化出多种模式,比如按章购买、打赏、全本购买、包月阅读等。

（2）网络签约出版模式

这种模式不仅是网络作者走向传统出版界、文学界认同的重要里程碑,其实也是 VIP 付费阅读模式的延续。通过付费阅读,实际上已经在一定程度上淘汰了部分低人气的劣质作品。一部作品所获取稿费的多少和网络点击量、网友评论量成为了一部优秀网络作品的量化指标,也是进入实体出版领域的门槛。出版社出版某部高人气网络小说,巩固了出版社的声誉,网络作者也由此进入主流文化社会。如《后宫·甄嬛传》2006 年 2 月在网上连载以后,引起强烈关注。截止到 2020 年,已有 97 万余个帖子,最后出版权花落磨铁。

尽管网络签约出版模式不可避免受到网络人气和点击量的影响,但随着网络的不断成熟,没有很高关注度的小众作品也会有其发展空间和小众市场。在小众阅读圈里慢慢积累知名度之后,同样会获得出版社垂青,并最终进入实体出版领域。

（3）商业化版权开发模式

这一模式的本质即通过出卖网络作品的版权获利。版权是网络作品的核心价值所在,一旦拥有了网络小说版权,就等于拥有了运行网络小说盈利模式的控制权。近年来的影视界剧本有明显地改编热门网络小说或游戏的倾向和趋势,出现了所谓的 IP 概念。IP 影视是一个本土概念,由电影圈率先引入,特指应用于影视剧改编或再创作的原创作品,包括小说、网游、网剧、歌曲、动画、综艺等来源,一部电影、一部小说、一个故事甚至一个角色等等,它们都可以成为某个 IP。[1] 以网络作家猫腻的《择天记》为例,这一明星 IP 拥有一支包括作家、编辑、运营、商务、公关等人员组成的"私人定制"制作人团队,在出版、漫画、动画、手游、页游、音乐、周边、舞台剧、影视等诸多产业领域实现开发转化。从《少年天子》到《甄嬛传》《致青春》《杉杉来吃》《古剑奇谭》等等,无一不是大热剧集,为作者、出版社、影视公司带来巨大效益,而读者又会为这些改编作品再次买单。

---

〔1〕 王子轩,王哲平. 弱水三千 只取一瓢——从影视 IP 崇拜看大众文化迷的辨识力与创造力[J]. 视听界,2015(6)：25 - 28.

（4）广告植入营销模式

有别于上述三种模式，对于数字出版新媒体而言，广告是更重要的盈利模式。由于微信、微博这类微数字阅读内容出版所面向的读者群体广泛，流量巨大，因而具有强大的传播能力，相应地广告也就相伴而生，包括定制化广告、微信广告、APP广告等，数字阅读领域的广告多以内容植入为主要特点，区别仅在于是硬植入还是软植入。进而在内容之外提供服务，实现"RaaS（Read as Services，阅读即服务）"。

基于上述付费阅读模式，网络阅读市场得以发展，数字出版产业得以迅猛发展。目前，阅文集团成为中国最大的网络文学内容生产与分发平台，阅文旗下作者约400万，作品量约1 000万部，QQ阅读的用户达6亿，而在由网文IP衍生出的影视、游戏、电视剧、电影等市场中，阅文集团占据遥遥领先的市场份额。《2016年网络文学发展报告》显示，阅文集团2016年为作者发放稿酬近10亿元，集团百万年薪作家超百人，更新50万字作者平均年薪达129 182元，远超2016年全国的平均年薪48 938元。[1]

6.3.3　数字出版与媒介融合

相较于传统的口语传播、印刷传播和视听传播时代，现代社会已经进入跨媒介融合传播时代。跨媒介融合传播这一概念最早由美国学者于1983年提出，其核心思想是随着电视、网络和移动通信技术的不断进步，各类媒体间的藩篱将被打破并进一步融合，从而实现立体化传播。所谓出版融合并不是单纯的出版形态的改变，也不是传统媒介和网络数字媒介简单的叠加，而是整个出版产业结构的调整，是一个出版生态的重构，从而形成在生产流程、内容生产、组织结构、盈利模式、技术手段、市场反馈等方面的综合转型。《关于推动传统出版和新兴出版融合发展的指导意见》指出，出版融合就是要"坚持一体化发展，推动传统出版和新兴出版实现出版资源、生产要素的有效整合；坚持内容为本技术为用、内容为体技术为翼……探索和推进出版业务流程数字化改造，建立选题策划、协同编辑、结构化加工、全媒体资源管理等一体化内容生产平台，推动内容生产向实时生产、数据化生产、用户参与生产转变，实现内容生产模式的升级和创新。顺应互联网传播移动化、社交化、视频化、

〔1〕　阅文集团发布2016年网络文学发展报告[EB/OL].［2017－2－15］. http://www.cbbr.com/article/110002.html.

互动化趋势,综合运用多媒体表现形式,生产满足用户多样化、个性化需求和多终端传播的出版产品"[1]。互联共享的出版新模式,需要实现的是针对不同读者群体的出版内容的精准定位和定向出版,以多维呈现的方式满足读者的多元立体阅读,利用网络的技术优势,加快发展移动阅读、在线教育、知识服务、按需印刷、电子商务等新业态,做到传统出版与数字出版真正意义上的融合。

作为全球最大、最著名的图书销售商,亚马逊的发展是具有示范意义的。它在近20年中开拓出一种最大限度压缩中间环节的扁平化的知识管理模式。从2010年开始,亚马逊进军数字出版业。亚马逊宣称其Kindle电子书的销量已经超越了精装本纸书,Kindle的优势在于它依托亚马逊,通过Kindle可获取的数字内容是海量的,读者可以免费使用亚马逊的云服务器,任意存储电子图书、歌曲、电影和私人文件。2011年10月亚马逊签约了第一位作者——提姆·菲利斯(Tim Ferriss)。随后,又以高价签下了演员兼导演潘妮·马歇尔(Penny Marshall)回忆录的独家发行权。这些举动表明亚马逊已成功从销售领域转向出版领域。亚马逊签约的作家可以通过Nielsen Book-Scan的销售数据库,直接查看自己作品的销售数据,在网络上观察读者的反映,了解读者的反馈,与读者一对一交流,将读者的反馈作为创作的依据之一,甚至有可能根据读者的好恶改变创作的方向和风格。[2]简言之,亚马逊不仅直接服务于读者,也直接服务于作家,不仅提供纸质图书的销售,也提供数字出版与电子销售。在亚马逊的出版新模式中,出版社、图书发行商、书店等传统出版产业的重要组成部分变得不再那么泾渭分明。

在我国,豆瓣的模式提供了另一种出版融合的途径。豆瓣不仅是一个阅读社区,它正在成为集阅读、出版、评论、销售于一体的阅读集成平台。2011年11月豆瓣阅读推出读者投稿系统,2012年5月发布了豆瓣书店,读者可以购买作品,2013年11月上线了针对绘画作者的投稿平台,到2015年7月豆瓣阅读正式推出"数字出版平台"接受作者投稿,并将稿件直接出版为数字作品。与阅读的低门槛一样,豆瓣阅读的出版门槛也不高,通过点击"投稿"按钮即可直接进入上传内容界面,及时发布作品供读者阅读,豆瓣阅读给了用户创作的自由,这些用户可以是作者,也可以是读者。豆瓣阅读在公告中写

---

〔1〕 关于推动传统出版和新兴出版融合发展的指导意见[EB/OL].[2019-1-10].http://www.mof.gov.cn/mofhome/he/lanmudaohang/zhengcefagui/201504/t20150413_1215711.html.

〔2〕 Nielsen Bookscan. http://nielsenbook.co.nz/.

第六章 图书出版模式转型

·155·

明个人作者可以在豆瓣上直接发布作品，内容领域不限，唯一要求是质量优秀。开售后，作者可直接从作品销售中获得分成。豆瓣阅读一直强调其推出的是"作品"，而非"书"，这意味着作品并不局限于图书这一固定的形态，而可以是一组诗歌、一篇主题文章，甚至一篇报道，这些都可独立售卖，高质量的作品无疑有可能带来后续的盈利。年轻作家海棠所撰写的热门小说《我的朋友陈白露小姐》就是在豆瓣上连载，接受读者点评，在豆瓣出版电子版，并后续销售的。[1] 作者海棠的主页既是她作为读者的个人阅读兴趣和评论的汇集之处，同时在其主页下也聚合了作者身份的她的读者与评论者，从而形成一个小众的"阅读圈子"。

豆瓣阅读与个人作者之间是不涉及版权交易的，作者在审核通过并在向豆瓣阅读投稿之前，需要签订"数字阅读授权合作协议"。在合同的有效期内，作者需要授权豆瓣网世界范围内作品的信息网络传播权、互联网的发行权与汇编权，但是完整、有效的著作权是在作者自己手中。换言之，豆瓣阅读提供了一个免费的展示平台，并通过一定的技术手段对作品的内容进行版权方面的保护。对于在豆瓣平台比较热销的图书，豆瓣阅读将在作者的授权下，对作品的纸质出版事宜进行代理，同时也会将有潜力的作品改编成影视剧形式，为原创作品的宣传寻找更多地途径。

尽管阅读内容的产生方式和传播方式在网络新媒体时代，可能会依靠流量和多元化的渠道吸引和影响更广大的读者，提供和更新读者的阅读体验，但归根结底，数字阅读改变的只是阅读行为和阅读环境，而对于阅读内容的追求是永远的，阅读的本质不会改变，仍然是读者去阅读内容，作者创作的内容带给读者全新的知识、经验，以及由此产生的感悟和心灵的冲击。因此在新闻出版总署发布的《关于发展电子书产业的意见》[2]中，数字阅读产业的发展重点最终还是在于内容资源的创作和生产。

由国际出版咨询公司吕迪格·魏申巴特（Rüdiger Wischenbart）执笔的《全球电子书业报告（2015）》，以翔实的数据呈现了全球新兴电子书市场的概况，并对世界市场发展的关键点进行深入分析。根据美国出版商协会 2015 年对将近 1 200 家出版商的数据统计，发现电子图书虽然似乎有着横扫市场的气势，但其实只占有 20% 左右的市场份额，80% 仍然是传统纸质图书的市

---

〔1〕 海棠的主页. http://www.douban.com/people/30056740/.

〔2〕 新闻出版总署. 关于发展电子书产业的意见[EB/OL]. [2012-9-11]. http://culture.people.com.cn/GB/70670/70899/12913707.html.

场,不仅如此,2015 年前 5 个月电子书的销售还下跌了 10%,出现纸质书回暖的迹象。国内出版传媒业也出现类似的现象。相比美国电子书市场 20% 的份额,我国目前电子书的市场总份额更低,只有 15%。[1] 从某种意义上讲,纸书在经历了数字暴风雨突发的迅猛侵袭之后,正在慢慢赢回它固有的影响力。

数字出版和网络数字媒介无疑正在日益融合,相互取长补短。这种变革的最终影响目前尚不清晰,还不能给出令人信服的答案,但从目前年轻一代的阅读倾向而言,网络原创作品的影响已经远远超过传统出版社出版的电子书。写作者们告别了过去在纸张上先手写再交给出版社印刷出版的创作方式,改为直接利用电脑进行数字化写作而后交给出版机构或网站进行数字化出版的方式。与此同时,网络文学创作也逐渐由非专有性社会生产向专业写作过渡,桐华、唐家三少、天蚕土豆、匪我思存等一大批新兴网络作家,推出了穿越、玄幻、宫斗、武侠、科幻等诸多类型的网络文学作品,以《甄嬛传》《步步惊心》《明朝那些事儿》等为代表的网络文学作品逐步摆脱"草根"文学的境地,吸引了出版社、影视公司等行业的关注,不仅印刷出版了线下纸质作品,还被制作成电视剧、电影、漫画、游戏、戏曲等各种形式的作品,有些还被翻译成其他语言文字。

因此,未来出版的大趋势一定是多媒体融合、多媒体出版。传统读者、作者、出版社三位一体稳定结构即将被打破,形成以读者阅读为主导的创作、阅读、评论、出版"四位一体"的新型结构。而在这一过程中,读者将会是全过程的主导,决定着作者和出版社的兴亡。准确定位读者市场,把握目标读者人群,真正提供个性化的服务,将适合的内容推送给有需求的读者,实现出版内容和读者需求的匹配,这正是传统出版商在出版和销售中十分薄弱的环节。对于作者而言,出版商不仅是其作品的版权经纪人、编辑、装帧设计者,同时也是作品的投资者和营销者,更是读者反馈信息的收集、分析和挖掘者,并将这些信息反馈给作者,从而实现作者对于市场和读者的有效跟踪和把握。因此,数字阅读不是对传统出版的简单否定,而是传统出版的发展和衍生。随着数字技术的发展,数字出版的范围会越来越宽泛,真正营造出和谐的数字阅读生态系统。

---

〔1〕 中国电子书市场的现状与最新趋势[EB/OL].[2020 - 7 - 10]. https://site. douban. com/210084/widget/notes/13298573/note/568543520/.

第七章

图书馆阅读服务重建

尽管一直有全民阅读数量下降的报道，但也有数据表明读者的阅读时间不仅没有减少，相反还有所增多，只不过年轻一代读者改变了固有的阅读形态，由书本转向了手机。青年读者倾向于将数字阅读作为首选阅读方式：目前微信用户平均年龄为 26 岁，86.2％的微信用户在 18～36 岁之间，近 80％的用户关注微信公众号。[1] 网络数字阅读已经成为这个时代阅读的最主要趋势和特征。网络数字阅读资源往往由多种新媒体呈现，通过各类在线听书网站、APP 应用和网络读书平台、阅读虚拟社区等等途径提供多媒体的图文资源和视频资源的阅读。这些新形态的阅读吸引了大量读者，改变了读者的阅读方式、思维方式和认知方式，甚至于生活方式。

如图 7-1 所示，数字阅读改变的不仅是阅读的载体，也改变了阅读场景、阅读行为以及阅读体验，在传统印刷时代，阅读场所可能是书房、书店、图书馆，而现在更可能是在地铁、公交、餐厅。伴随互联网成长的年轻一代读者，对图书馆的依赖程度不断降低。

Brian T. Sullivan 的《2015 年高校图书馆尸检报告》清晰阐述了图书借阅率下降的事实，馆员们精心挑选的书刊多次出现借阅率为零的尴尬；尽管

---

〔1〕 腾讯. 2015 微信用户数据报告［EB/OL］.［2015 - 10 - 8］. http://www. wtoutiao. com/p/f0bfAI. html.

图书馆致力于改革,提供培训,但培训的内容和形式也已为新时代的用户抛弃。[1] 种种现象都表明:当网络大范围普及,数字资源铺天盖地,搜索引擎功能愈发强大之际,图书馆正处于一个危机时刻。面对读者流失的严峻挑战,图书馆在数字时代该如何重新定位,如何留住读者,引发了业界新一轮的思考。

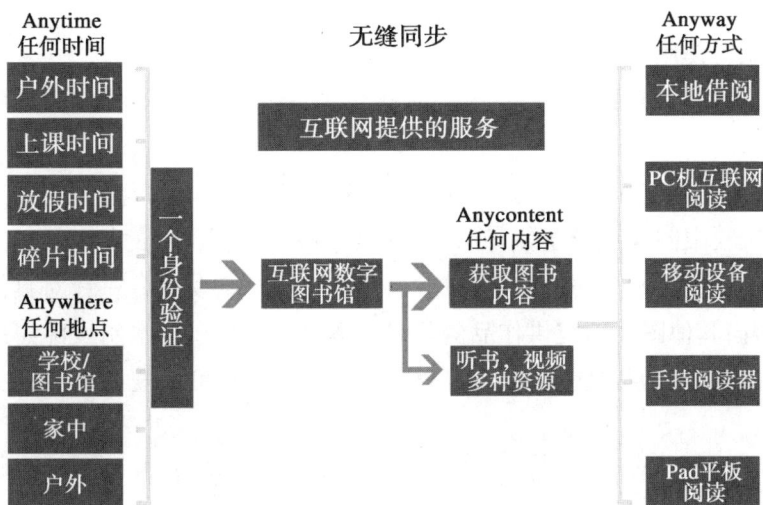

图7-1 数字阅读的服务场景

7.1 图书馆阅读服务模式更新

著名未来学家约翰·奈斯比特(John Naisbitt)曾说过,"我们淹没在信息之中,但仍处于知识的饥渴中"。用户缺乏的不是泛滥的信息,而是满足自身移动阅读需求的高质量的资源。根据美国大学与研究图书馆协会(ACRL)的数据,图书馆人均借阅量正在急剧下降,由此引发强烈的图书馆危机意识。[2] 如何留住现有用户、发展潜在用户,成为图书馆阅读服务未来发展至关重要的因素。为了顺应网络时代的技术发展和网络一代读者的阅读行为

〔1〕 Brian T. Sullivan. Academic Library Autopsy Report, 2050〔EB/OL〕.〔2012 - 10 - 12〕. http://chronicle.com/article/article-content/125767/.

〔2〕 The End of Academic Library Circulation?〔EB/OL〕.〔2012 - 10 - 12〕. http://acrl.ala.org/techconnect/? p=233.

的转变,图书馆不得不改变其服务模式,将越来越普遍的数字阅读纳入到图书馆的服务中。如何更好地引导阅读,发挥传统纸质阅读和网络数字阅读各自的优势,满足读者需求,对图书馆的阅读服务提出了更高的要求。

2013年国际图联IFLA发布《图书馆电子书借阅原则》,提出六项原则,具体包括[1]:

(1)图书馆必须拥有在没有禁止期的条件下对市面上任何电子书进行购买或获得使用许可的权利。

(2)图书馆必须能够按照合理的条款与协议并以公平的价格购买电子书。

(3)电子书许可使用/购买条款必须遵守国家法律中适用于图书馆及其用户的版权限制与免责条款,例如以下权利:① 复制作品的部分内容;② 如果已购买或获得永久访问权,可以转换作品格式以便保存;③ 针对具体用户的请求,向其他图书馆提供作品的临时副本;④ 为存在印本阅读障碍的人士转换作品格式以便其使用;⑤ 如若不以侵权为目的,可以规避作品的技术保护措施。

(4)面向图书馆提供的电子书应能够兼容多个平台,并符合一系列可用性标准。内容应能够集成至图书馆系统以及联机公共检索目录,且支持在图书馆或用户所使用的各个平台、应用程序、电子阅读器之间进行互操作。

(5)图书馆必须制定并实施相应战略,以保证电子书的长期保存。

(6)电子图书服务必须保护图书馆用户的隐私。

IFLA发布的《图书馆电子书借阅原则》虽然只是针对电子书提出的,但其理念同样也适用于数字阅读、网络阅读和移动阅读。以中国台湾地区来说,图书馆界已经开展了大量推动电子书借阅服务方面的尝试,其中以云端书库电子借阅模式影响最大。2013年9月高雄市政府与远流出版社合作推出云端书库,读者借阅电子书所需的费用由高雄市政府和"高雄市新图书馆百万藏书计划"款支付。云端书库参考公共借阅权概念,采用记点借阅方式,读者持借阅证或身份证向图书馆申请点数,每人可累计申请60个点,读者每借阅1本书被扣1点,借阅期限14天,到期后电子书会自动归还系统。这一尝试截止2015年3月,高雄市图书馆的云端书库使用人数已有59 615人,总

---

〔1〕 IFLA Principles for Library eLending[EB/OL]. [2017-1-12]. http://www.ifla. org/files/assets/hq/topics/e-lending/principles-forlibrary-elending-rev-aug-2013. pdf.

借阅量达 204 188 册,其图书馆电子书总借阅量与藏书量的比例超过18∶1,大大提高了图书馆电子书的利用率。[1] 2014 年 12 月起"台湾中央图书馆"推出电子书 ATM 系统,民众可以在台北市 17 个地铁站与机场的电子书 ATM 系统借阅电子书。2006 年开始,台湾大学图书馆也推出了开放获取电子书平台,有超过 220 万种电子书供读者开放获取,电子书的利用情况逐年上升,见图 7‑2。

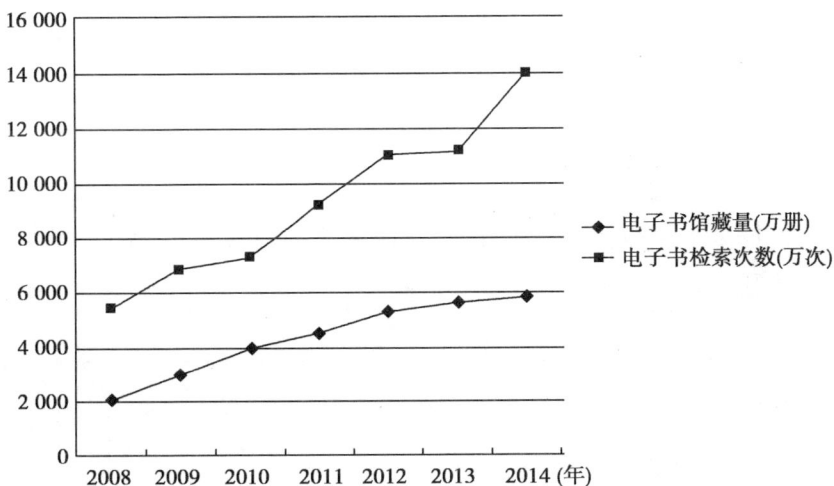

图 7‑2　台湾地区高校图书馆电子书馆藏量与利用情况分布图(2008—2014)

为了了解网络数字阅读对于我国图书馆的影响究竟有多大,特别是对于流通阅读服务的影响程度,本研究 2015 年进行了《高校图书馆借阅服务现状调查》,之所以选择高校图书馆作为调查对象,是因为大学生群体是目前进行数字阅读最普遍的人群。

7.1.1　图书馆流通借阅服务现状[2]

调查选取了江苏省苏南、苏北、苏中三大区域的 10 所本科高校图书馆近5 年(2010—2014)的借阅服务数据,一定程度上揭示出图书馆阅读服务的境况,从一个侧面反映出高校图书馆纸本图书流通借阅的整体现状。

---

〔1〕　吴小翠,傅文奇.台湾地区图书馆电子借阅服务研究[J].图书馆学研究,2015(15):61‑66.
〔2〕　杜开敏.高校图书馆虚拟阅读社区模型构建研究[D].东南大学硕士学位论文,2016.

表 7‑1　江苏本科高校图书馆纸本图书流通量情况(2010—2014)

单位：册次

序号	机构名称	2010	2011	2012	2013	2014
1	中国矿业大学图书馆	613 178	543 495	457 507	461 052	446 705
2	扬州大学图书馆	384 648	394 547	343 522	246 000	233 485
3	苏州大学图书馆	447 207	380 182	384 760	334 292	277 378
4	东南大学图书馆	636 300	534 899	464 429	394 896	353 556
5	南京航空航天大学图书馆	515 346	479 443	419 102	365 408	402 609
6	南京林业大学图书馆	450 368	386 367	326 644	271 751	264 019
7	南京工业大学图书馆	330 444	293 576	260 141	181 743	229 470
8	南京医科大学图书馆	119 985	98 598	94 198	84 994	66 716
9	南京审计学院图书馆	110 226	84 533	78 873	80 345	94 043
10	南京财经大学图书馆	428 355	349 258	284 050	243 232	222 244

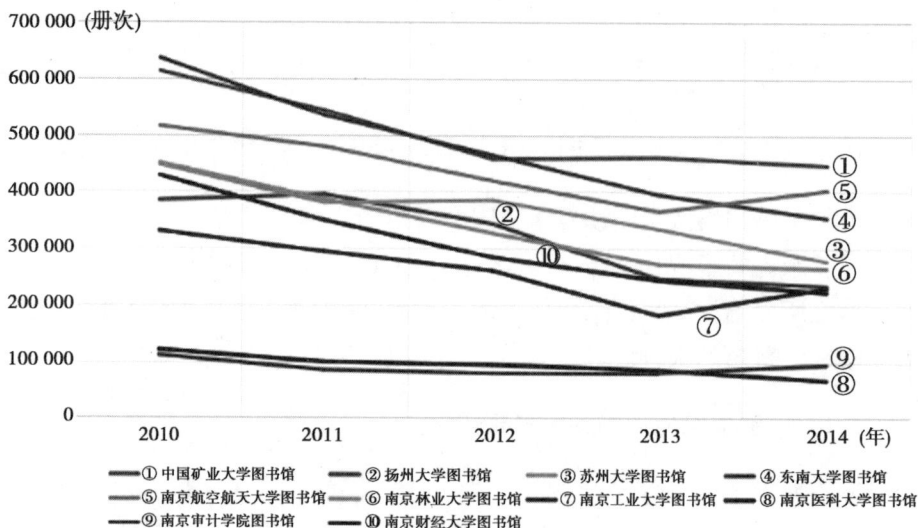

图 7‑3　江苏本科高校图书馆纸本图书流通量情况(2010—2014)

　　由表 7‑1 的借阅量数值和图 7‑3 的折线图变化,可以清楚看出图书馆纸本图书借阅的总量与趋势。2010—2014 年的 5 年内纸质图书的借阅总体呈现逐年下降的趋势,在趋势折线图中可以发现南京医科大学图书馆和南京审计学院图书馆 5 年来保持在 10 万数量级上下波动,相对平稳;其余 8 家高校图书馆的纸质图书流通量下降 30 万～60 万数量级,下降幅度惊人。2013 年以后南京工业大学、南京航空航天大学、南京林业大学开始有一定程度的回升趋向。

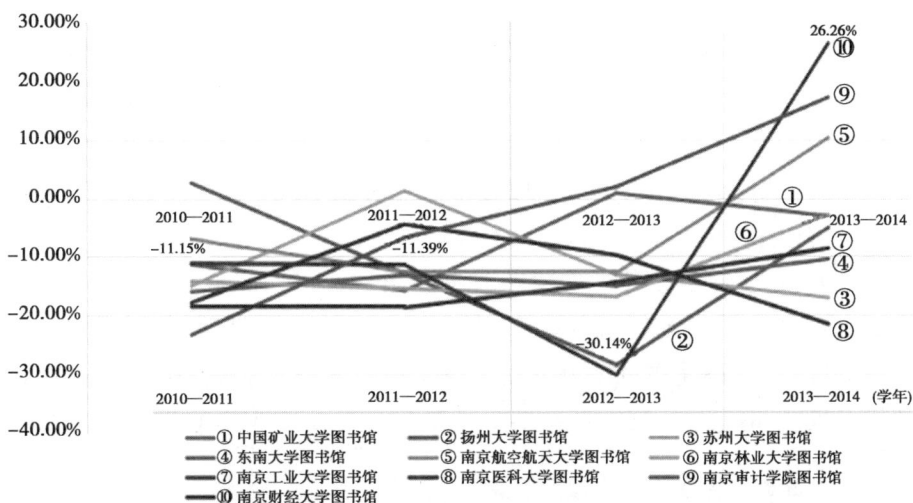

图 7 - 4　江苏本科高校图书馆纸本图书流通量增长情况(2010—2014)

　　尽管从纸书的总流通数量上看是逐年下降的趋势,但具体到流通数量的年涨跌幅度上,还是存在着一些微妙的变化。图 7 - 4 将 2010—2014 年这五年划分为 4 个间隔时间段,第一阶段 2010—2011 年,10 所高校图书借阅数量均下降;第二阶段 2011—2012 年,仅有苏州大学图书馆借阅量上升,增长率为 1.2%;第三阶段 2012—2013 年,中国矿业大学(徐州)图书馆、南京审计学院图书馆两个馆借阅量上升,增长率分别为 0.77%、1.87%;南京工业大学图书馆在第三阶段的借阅量增长率为−30.14%,为历年各馆中最低值,但随之的第四阶段 2013—2014 年增长率为 26.26%,回升幅度最大。第四阶段有 3 个馆借阅量上升,其中南京航空航天大学图书馆和南京工业大学图书馆在流通总量基础上有较显著增长,增长率分别为 10.2%、26.3%,南京审计学院图书馆增长率为 17.1%,虽然其基数小,增长曲线变化不明显,但南京审计学院图书馆是唯一连续两年连续实现借阅总量上升的高校图书馆。南京审计学院四个阶段的借阅量增长率分别为−23.31%、−6.70%、1.87%、17.05%,其借阅量数值曲线呈现 U 形,下降趋势不断被扭转,并且有回升至五年前较高水平的可能。此外,扬州大学图书馆从 2.57%、−12.93% 到第三阶段达到−28.39%的谷值后第四阶段增长率也回升至−5.09%。对照图 7 - 3 和

图7-4可知，东南大学图书馆虽然在近5年图书借阅量不断下降，但细究增长率曲线，仍然可以发现在紧随前三阶段平缓负增长曲线之后的第四阶段终于出现了负增长趋势的大幅放缓，说明该馆的流通量降低趋势也在止跌的转变之中。

上述调查数据表明，数字阅读对图书馆传统借阅服务确实存在很大冲击，纸质图书流通率首当其冲，整个江苏高校图书馆的借阅情况都基本呈现下降面貌。尽管如此，从2013年开始各个大学图书馆借阅率下降趋势开始止步，也许是各高校图书馆对于阅读推广服务的日渐重视，纸本图书的借阅率在下降中蕴含有回升趋势，并已经有缓缓上升的迹象。

因此，若要促进读者快速、理性地回归图书馆阅读，一方面需要积极转变自身服务以顺应当今读者的阅读行为取向；另一方面也要思考如何加强对读者阅读服务和阅读推广的正确定位。图书馆必须自主求变，主动采取新的阅读服务模式和阅读推广方式，才能引导读者向图书馆回流，真正留住读者。

7.1.2 图书馆数字阅读服务需求

如何吸引年轻的读者群体进入图书馆，成为图书馆不得不面对和深入思考的问题。为了揭示流通量下降的更深层原因，本研究选择东南大学图书馆作为研究对象，对该馆近5年的到馆人数的变化以及该校近5年的在校生人数进行统计和分析。

东南大学近5年的在校生人数是基本持平的，如图7-5。无论是博士生、硕士生还是本科生，在校生人数基本稳定；而近5年的到馆人数，如图7-6所示，研究生（博士生和硕士生）的到馆人数与其在校生人数保持一致，未见有下降，其中硕士生还有适度的增长，到馆人数真正急剧下降的其实是本科生，说明本科生才是图书馆读者群体中流失最严重的一群读者。本科生是高校图书馆传统借阅服务的服务对象，也是利用图书馆阅读服务最多的一个群体，不仅是图书馆纸质资源的利用者，同时也是图书馆物理空间的主要利用者，然而数据恰恰表明是这一群体流失最为明显。这在一定程度上反映出在网络数字环境下出生的"N世代"（主要指"九零后"），其阅读行为模式确实发生了根本性的变化，这种变化既可能体现在图书馆阅读资源的内容建设和提供方面，也可能体现在图书馆阅读服务的配套和实施方面，而无论哪一方面，对于图书馆的地位和影响都是不容忽视的。

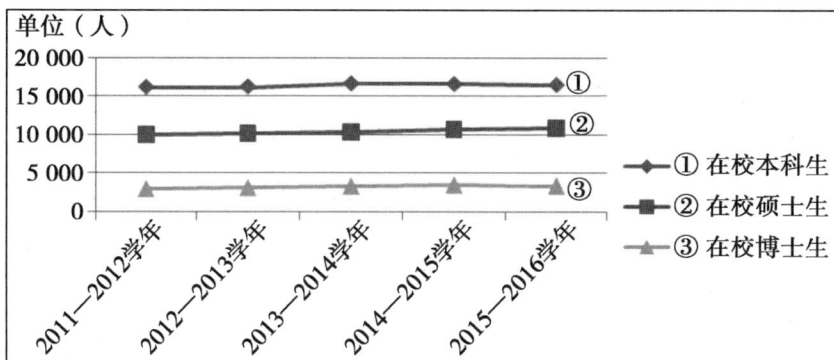

图 7‑5　东南大学在校生人数统计(2011—2016 学年)

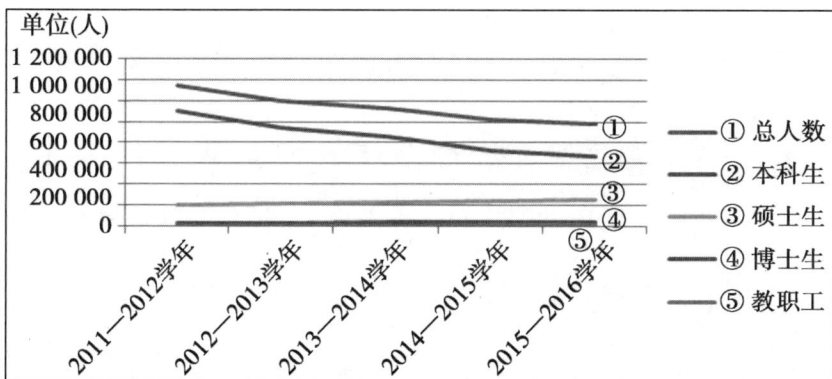

图 7‑6　东南大学图书馆到馆人数统计(2011—2016 学年)

根据本研究的前期调查,以本科生读者为代表的年轻读者群体(18～22岁)有着迥异于其他读者群体的信息利用行为习惯,他们通常希望用最简单、最省时的方式获取最具价值的信息。图 7‑7 所示,有 24.6％的在校本科生很少去图书馆,这是一个很大的比例,如果排除其中在图书馆单纯上自习的同学,那么,从不利用图书馆的同学比例会更高。与之对应的,也有 12.8％的学生平均每周会去图书馆 5 次以上,愿意去充分利用图书馆的资源。说明在利用图书馆的问题上,存在着两极分化现象。

在对"图书馆阅读服务"的需求调查中,如图 7‑8 所示。读者最大的期待是希望图书馆能够"提供电子书查询书目",占比 71.24％,与之不相上下的是"提供电子书新书推荐服务"和"提供电子书阅读器",分别占比 58.81％和

58.51％，对于"图书馆数字阅读导读形式选择"方面，"读者推荐、书评式"获得将近半数调查对象的青睐（占 48.76％），再者是指导课/讲座（占23.18％），游戏、交流式（16.32％）以及读书会、朗读式（占 11.74％）。特别提出了图书馆的阅读服务有必要"开设文本导读相关课程"，比重为 40.90％。此外，37.31％的调查对象表示会"偶尔"参加图书馆组织的读书活动，表示从不参加的读者接近三成（29.15％）。

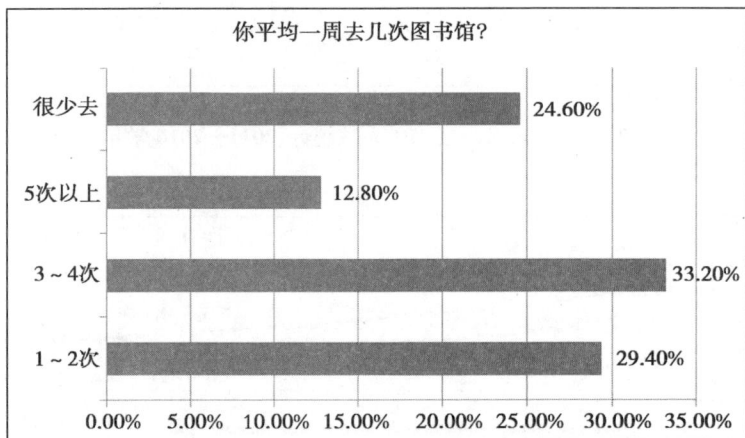

图 7－7　东南大学本科生去学校图书馆的频率

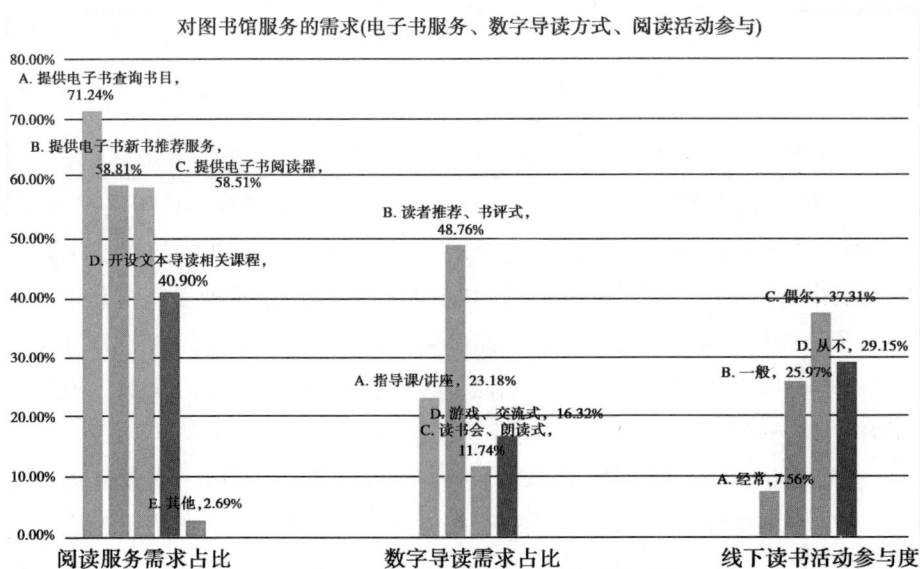

图 7－8　读者群体对图书馆阅读服务需求情况统计

上述数据表明,年轻读者所希望的服务与图书馆提供的服务之间是有距离的,这种距离既体现在信息资源的提供上,也反映在图书馆提供的信息服务方式和内容上。事实上,每一次新技术的引入都会促使图书馆服务方式发生改变。传统图书馆服务在图书馆物理实体内,以纸本馆藏和数字馆藏为基础,馆员发挥自身专业知识和服务意识,从事与用户的沟通联络、参考咨询、用户培训等工作。[1] 而随着网络及数字信息技术的发展,图书馆如果依然因循既有的服务模式和内容,势必会遭遇生存和发展的危机,面临更多读者流失的危险。

调查对象对于电子书目推荐服务、阅读器提供服务、作品导读服务等的期待反映了图书馆现有阅读服务中在电子资源数字导读服务方面的缺失。调查数据中显示出大部分调查对象对于线下的读书活动参与度不高,兴趣不够,说明图书馆传统的阅读活动组织例如读书会之类可能存在定位不准的问题;如果通过虚拟阅读社区的线上交流带动校园阅读活动的线下交流,打通线上线下的壁垒,实现"O2O"的连接,促进线上读者走到线下,也许是一个更为恰当和有意义的阅读推广和读书活动组织途径。因此,探索出一种符合当下青年群体阅读习惯、能够凝聚这一群体的阅读服务模式是一个值得关注并亟待解决的问题。

7.1.3 图书馆阅读服务流程重组

作为网络时代的新型阅读方式,数字阅读已经对传统阅读构成了挤压效应,越来越多的读者青睐于手机阅读、网络阅读和微信阅读,而更少进入图书馆进行纸质阅读,利用图书馆的借阅服务和导读服务。伴随"N 世代"的成长,图书馆不可能无视他们对于数字阅读的需求,图书馆已经到了必须要考虑将数字阅读纳入到图书馆业务流程中去的时候了。

2013 年 11 月上海市图书馆学会在"2013 中国图书馆年会"上发布了《图书馆电子书服务宣言:原则与最佳实践》,对目前图书馆开展电子书借阅服务的相关原则、服务规范和技术标准进行了规定和总结。提出图书馆从版权方或代理人处购买资源,经过加工后向读者提供免费的借阅服务,应该成为图书馆的基本业务模式。图书馆的借阅服务应遵循版权法所规定的"首次销

---

〔1〕 初景利,张冬荣. 第二代学科馆员与学科化服务[J]. 图书情报工作,2008(2):6-10,68.

售原则"，即版权拥有者对作品复制件的控制权在销售行为结束之后即"用尽"了，此时购买方可以不经版权人的同意，出借该作品的复制件。电子书的借阅行为应被认同为一种复制行为。[1] 尽管提出了上述倡议，但在各个图书馆的具体业务层面，所开展的数字阅读服务仍然处于摸索和探究阶段，并未推开。原因在于，数字阅读服务不是一个单一的服务内容，而涉及数字阅读资源与传统阅读纸质资源在采访、书目组织以及服务上的全线整合，涉及图书馆服务流程的重组，因而这一步的迈出是艰难的。图书馆在阅读服务上仍然维系着纸质图书借阅、数据库资源下载等等服务方式，仍然是以印刷时代所建立起来的服务架构和框架在应对网络数字时代。这种服务框架和模式带来的结果必然是读者的流失，特别是年轻读者的大量流失。

时代往前发展，无论是豆瓣、Amazon、腾讯阅读还是百度贴吧、知乎，甚至微博、微信以及种种阅读客户端，都在采用不同的技术方法，利用读者的阅读行为信息、阅读收藏和阅读评论数据，进行数据挖掘、关联分析和推荐计算，在此基础上有针对性地向读者进行阅读推荐，拓展读者的阅读范围和阅读深度。总的来说，目前商业阅读社区发展的大趋势是跨媒介，向着创作、阅读、评论、出版一体化方向发展，每一位阅读社区或其他阅读网站和社交平台的参与者，如豆瓣阅读、磨铁中文网等，都可以是阅读者、作者和评论者，读者是阅读全过程的主导。与之相对，图书馆如果不正视网络数字阅读的影响，忽视读者的阅读行为改变，因循于传统的服务和存在模式，那么危险的降临几乎是必然的。有鉴于此，开发出一种集成网络数字阅读、传统纸本阅读，并能够促进读者间阅读交流、提高图书馆图书利用率等多种功能的阅读服务平台，已经是迫在眉睫的任务了。

目前已经有相当数量的图书馆开始尝试提供某些形态的电子书阅读，例如提供超星电子书阅读器、提供 iPad 等的借阅服务以及自建的电子书服务平台。但是就电子书和网络数字阅读服务而言，还无法与图书馆传统的馆藏阅览与流通服务相提并论，还存在着一系列需要解决的问题，诸如：图书馆采访人员在获取网络阅读资源使用授权契约时，如何确认版权限制、授权使用程度及其范围？在流通管理方面如何管理读者对于网络小说这类资源的访问、认证权限？在资源保存方面，如何建立一个数字资源长期保存的技术

---

〔1〕 刘炜,谢蓉.图书馆电子书服务宣言：原则与最佳实践[J].图书馆杂志,2014(2)：10-13.

平台？以及如何将网络免费资源的检索纳入图书馆的集成检索范围,提供统一检索入口？凡此种种问题,有待于逐一解决。

目前国内图书馆的电子阅读服务尚处在摸索尝试时期,不仅模式尚未固定,实际的服务内容也在不断更新与完善中。但有一点已经慢慢成为共识,那就是数字阅读服务必须和图书馆既有的业务流程重组,将数字阅读服务纳入到图书馆整个业务流程之中。其实,图书馆数字阅读服务并非是一种全新的服务内容和模式,而更应该是传统图书馆流通阅读服务的拓展和衍伸,需要与图书馆传统业务流程衔接和整合,与图书馆的馆藏建设、读者服务及系统保障有着密切的关联。图书馆的数字阅读服务是一个系统性工程,包括数字阅读内容的提供、数字阅读内容的组织、数字阅读内容与纸质阅读内容的整合、阅读服务新价格、阅读环境建设和系统设施保障、阅读引导及读者阅读素养提升等多个方面。唯此,才能留住读者,才能促使图书馆的阅读服务和读者工作重获生机,真正引导读者的阅读。

鉴于上述认识和既有研究,图书馆数字阅读服务模式的建构可以从以下方面考虑,具体思路如图 7－9 所示。

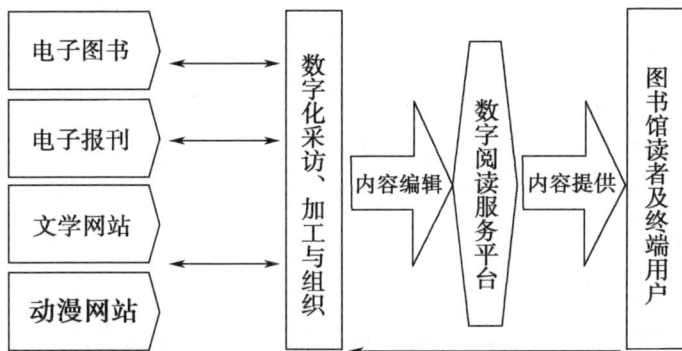

图 7－9 图书馆数字阅读服务模式框架

这一框架基本覆盖了目前图书馆数字阅读服务领域的几个主要方面,包括数字阅读资源的采访、整合加工,数字阅读服务及其读者管理。其中数字阅读服务平台是这一服务框架中的中心,关联着图书馆的最终用户——读者和阅读资源,又涉及与图书馆既有业务部门及其管理者的协同合作。数字阅读服务平台必须要有机地契合到图书馆的服务流程中去,才能够真正有目的、有规划地开展数字阅读内容的建设,创造良好的数字化阅读环境,促使数字阅读服务在图书馆业务流程中落地生根。

图 7-10 是上述数字阅读服务模式中数字阅读服务平台的功能框架,该框架实现的是数字阅读服务如何与图书馆既有业务工作的衔接和对应。图书馆数字阅读服务平台的业务职能及其管理结构大致可以描述为:从不同电子书资源厂商处获得资源,完成与图书馆资源的整合、集成与管理,例如在 OPAC 中可以检索发现并点击链接等,包括与 DRM 封装的过程,向读者提供在线浏览或阅读下载服务,支持读者在安装各类认证和支持软件的前提下在任何平台、设备上阅读,并尽可能实现推荐导读和阅读评论等扩展性服务功能,以提升数字化阅读的效果。

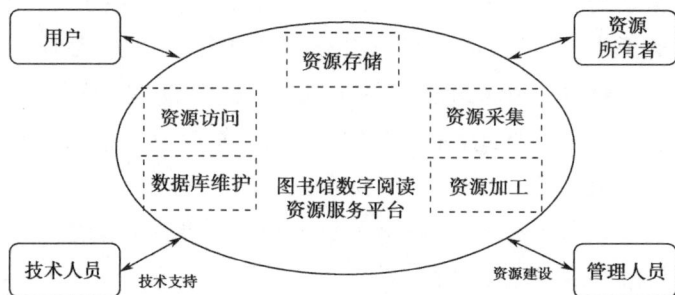

图 7-10　图书馆数字阅读服务平台框架

其中:

资源采集模块:包括数字阅读内容的获取、版权管理与内容下载;

资源加工模块:包括数字阅读内容的编辑、组织包括分类编目以及阅读内容的碎片化重组等等工作;

资源访问模块:包括数字阅读终端管理、读者管理等;

资源存储模块:包括第三方内容聚合、纸质资源与网络数字资源的整合等;

数据库维护模块:包括阅读软件客户端的维护、网络设施管理以及数字技术支持等。

总之,图书馆数字阅读服务平台架构的宗旨是既要能够充分利用图书馆馆藏资源、区位和馆员优势,又要广泛联接读者的阅读生活,达成读者线上和线下的阅读交流。

7.2 网络原生阅读资源管理

上述构想中资源存储和维护模块更多涉及的是网络数字环境和硬件设施的建设，属于技术层面的保障；真正重要也是最为关键的部分是网络阅读资源的采集和组织加工。其中，数字资源的采集模块，主要涉及的是数字阅读资源的采访和购买，在这一方面图书馆已经有了学术数字资源建设的经验和成功范例，例如高校图书馆的学术数据库集团采购联盟等；目前多数图书馆已经建立起数量可观的数字馆藏，以购买的各类学术数据库为主。

概括来说，图书馆的数字馆藏可分为两类：图书馆购买的商业数据库和图书馆自建的数字馆藏。目前自建的数字馆藏的数量还比较少，主要是基于图书馆的特色馆藏建设而成，涉及资源类型主要是图片、古籍、音视频资源。购买的商业数据库馆藏类型较为单一，主要是学术数据库资源，多数为电子期刊，其他类型资源还有硕博论文、图片库、专利标准库等。例如超星数字图书馆，包含上百万册电子书、7 800 万份报纸、大量的视频资源，应用读秀、百链等元数据检索引擎，可以实现一站式检索资源，且能够通过代理服务器的方式实现用户通过移动终端即可获取到所有图书馆已经购买的资源全文，当图书馆未购买该资源时，百链的文献传递功能提供用户通过发送一条文献传递的请求，就能在电子邮箱中获得全文的服务。[1]

现阶段很少有图书馆涉足将网络阅读资源诸如网络小说、动漫等等整合进馆藏资源。图书馆所收藏的馆藏资源仍然是以传统出版社系统为主，似乎认为原创的网络阅读资源不是图书馆应该关注的范畴，这无疑是一种认识上的误区。试想当年轻一代的读者都在阅读网络原创小说的时候，图书馆却不能够提供相应地阅读服务，无论如何这都是一种认识上的滞后、服务上的欠缺。

由此也带来了另一亟待解决和真正困难的问题，即假设图书馆购买了网络原生阅读资源，比如网络小说资源，那么该如何解决网络数字阅读资源的组织加工，如何将这部分原生的阅读资源纳入到图书馆的一体化管理之中？

---

〔1〕 福建师范大学图书馆[EB/OL]. [2012 - 10 - 12]. http://library. fjnu. edu. cn/s/155/t/529/98/cc/info39116. htm.

7.2.1　网络原生阅读资源建设

就目前图书馆网络数字阅读资源建设的紧迫性而言,存在两大方面问题:

其一,网络阅读资源获取来源局限。目前图书馆资源建设的思路仍然是以购买现有的数据库产品为主,例如集团采购电子书,如 Springer、Wiley 电子书等;而没有考虑到,网络上的阅读资源数量十分庞大,其中不乏高质量的阅读内容。就我国的电子书市场来说,目前电子书的市场总份额只占全部图书市场的 15%,这 15%中网络文学占到 12%,真正属于出版社系统的电子书份额只有 3%[1],见图 7 - 11。

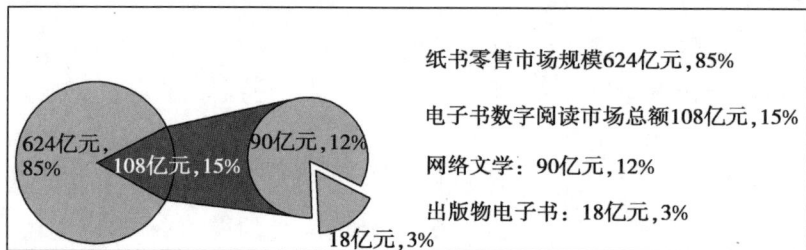

图 7 - 11　中国图书市场规模(2016)

可见,能够真正反映数字阅读资源基本面貌的主要还是网络原创作品。如果图书馆不考虑将网络小说作为数字阅读资源建设的来源,而只考虑出版社的电子书,对于年轻一代的读者来说无疑是舍本逐末的。图书馆必须要回答是否应该为读者提供网络小说的阅读服务? 是否应该将网络小说资源作为图书馆馆藏的一部分,网络作品是否应该成为馆藏建设的内容? 以及如何确认网络小说的版权限制、授权使用程度及其范围等等问题。

年轻的读者群体更倾向于在网络上阅读网络小说或新闻,利用手机、iPad、Kindle 等阅读工具进行微博、微信、网络小说这类微阅读或浅阅读,这不仅是成为他们的主要阅读方式,而且也是休闲方式。如果图书馆不正视这一点,那么读者的流失只会越来越严重。面对数字化的阅读环境,图书馆理应改变观念,重塑资源建设流程,为用户挑选、加工、提供网络数字阅读资源,并系统整合网络阅读资源,包括网络阅读资源与电子书的整合,以及与纸质

---

〔1〕　中国电子书市场的现状与最新趋势. [EB/OL]. [2020 - 7 - 10]. https://site. douban. com/210084/widget/notes/13298573/note/568543520/.

书的整合,由此,扩充图书馆的馆藏储备,提高阅读资源供给能力;另一方面也可发挥图书馆的资源组织优势,满足读者对信息资源深层次需求,在提供与豆瓣等阅读、文学网站差异化服务的过程中,改写和提升图书馆形象。[1]

其二,现有阅读资源的组织加工模式不符合用户阅读习惯。目前图书馆网络资源的组织模式基本仍以分类和主题方式进行,但这一做法其实与当下青年读者群体的阅读需求、阅读习惯以及网络阅读环境是存在差距的。

众所周知,网络文学具有变化快、类型化、无序化、信息多、可扩充性、版本不固定等特点,传统的图书分类法运用到网络文学分类时,弊端凸显。首先,更新速度慢,以"中图法"为例,目前更新到第五版,过于严谨和复杂,不适应变动不居的网络文学作品;其次,传统分类法分得太细,一本书往往需要分到第三或第四级类目,不符合数字阅读的实际;再次,传统分类法主要采用参见、组配方式来表达主题间关系,表达能力有限,在针对体裁分界十分不明显地网络文学时,显得捉襟见肘。就图书馆的数字阅读服务转型而言,如何有效组织网络数字阅读资源,并与读者的阅读行为和阅读习惯对接,实现网络阅读资源和印本阅读资源的整合,是现阶段实现图书馆数字阅读服务的首要问题。

7.2.2 网络原生阅读资源分类[2]

网络小说的分类是以读者的阅读趣味和倾向来划分的,通常以标签的形式呈现。以云中书城为例,其首页的文学作品类型以如下标签方式进行小说分类:

玄幻、奇幻、武侠、仙侠、言情、都市、历史、军事、游戏、经济、科幻、悬疑、灵异、同人、图文、剧本、短篇、博客及其他。每个分类下又有各类细分的子类,如都市分类下,就设有热门词汇组成的子分类:恩怨情仇、合租情缘、商战风云、现实百态、异术超能、娱乐明星、官场沉浮、职场励志、乡土小说、真人故事、其他等。

豆瓣图书的标签共有文学、流行、文化、生活、经管和科技 6 个大类,不同大类下的各种分类存在重叠现象,各类之间的区分界限不是非常严格。譬如一本都市情感小说,同时也可能是青春馆大类下的热门主题词分类。

---

〔1〕 王子熙.高校图书馆隐蔽网络资源的开发利用[J].新世纪图书馆,2007(2):69-71.

〔2〕 吴琼,袁曦临.基于 Folksonomy 的网络文学书目资源本体构建[J].图书馆杂志,2013(7):27-31,39.

表7-2 豆瓣图书标签分类

豆瓣图书标签						
分类	文学	流行	文化	生活	经管	科技
标签	小说 外国文学 文学 随笔 中国文学 经典 日本文学 散文 村上春树 诗歌 ……	漫画 绘本 推理 青春 言情 科幻 东野圭吾 悬疑 武侠 奇幻 ……	历史 心理学 哲学 传记 文化 社会学 艺术 设计 政治 社会 ……	爱情 旅行 生活 成长 励志 心理 摄影 女性 职场 美食 ……	经济学 管理 经济 商业 金融 投资 营销 创业 理财 广告 ……	科普 互联网 编程 科学 交互设计 用户体验 算法 Web 科技 UE ……

总的来说，现行的文学网站对网络文学的分类主要采用 Folksonomy 分类法。因此，图书馆在网络阅读资源的组织过程中有必要考虑引入 Folksonomy，一方面有利于连接网络阅读平台的阅读资源，另一方面也方便用户为馆藏资源添加标签，实现对馆藏资源的筛选、评比、推荐和评论，加强对馆藏资源的揭示和利用。

国外一些图书馆已经以各种方式逐步顺应这一潮流，如福特托马斯纪念图书馆在 delicious 上创建了涉及 IM 工具、购物和有关美国各州风土人情等内容范围广泛的信息资源库；又如美国国会图书馆的 Flickr 图片项目，将 3 000 张国会图书馆藏历史图片通过 Flickr（http://www. flickr. com /photos/Library_of_Congress）进行在线图片管理和分享，而读者可以自行标签来丰富这些图片的编目记录，独特的大众化标签促进了读者对其的理解。[1]在国内厦门大学图书馆基于汇文 OPAC 系统，开发出自己的标签服务。它通过标签的方式使读者参与到数字图书馆的建设中来，实现馆藏书目的标签功能。

社会化标签无疑有着灵活、自由、与时俱进等优点，但同时也存在以下缺陷：标签冗余、语义重复、专指度不高、缺乏准确性。因此，在图书馆阅读资源的组织中，可以结合图书分类法以及 Folksonomy 各自的优劣，在借鉴相关

---

〔1〕 郑燃. 基于 Folksonomy 的图书馆信息组织应用研究[J]. 图书馆杂志，2011(4)：19-23.

文学网站分类的基础上,构建基于 Folksonomy 的网络文学分类系统框架,以实现对于网络阅读资源的有效组织以及与传统资源的整合。具体思路见图7-12。

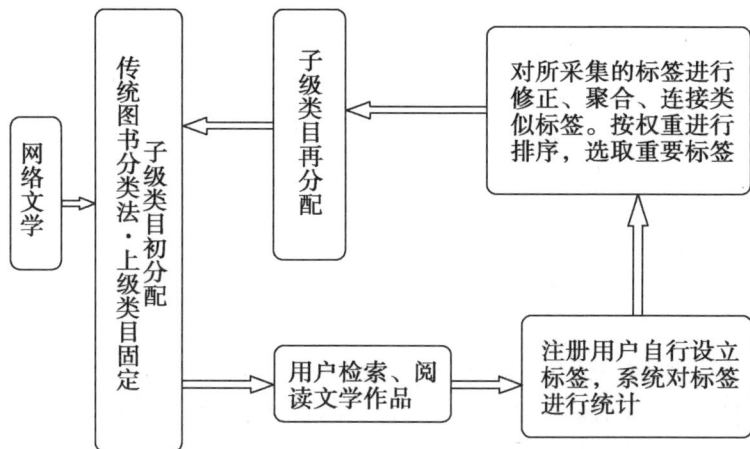

图 7‐12　基于 Folksonomy 的网络文学分类框架

如图 7‐12 所示:

首先,在初始对所引进的网络文学进行分类标引时,上级类目严格按照传统图书分类法如中图法等进行分类,这是保证分类的准确性所必需的。在确定上级类目的同时,依据分类法和相关约定俗成的既有理解对子级类目进行初步的划分并标引;随即,进入流通的过程,用户开始对所引进的作品进行阅读和检索,阅读过程中对所读作品有了相应地深化认识;每一位注册的用户,均可以根据自己的理解及需要,对所读的作品自行设立标签并保存于系统中,方便以后浏览查询。

同时,后台系统对于新增加的用户自定义标签进行实时采集和统计;对所采集的标签进行诸如修正、聚合以及关联类似标签等方式处理,按照相关权重进行排序,选取其中排名靠前的重要标签;这些反映和体现用户个性化特色的重要标签组成了子级类目更新的标准。

最后,由专业人员或系统自动将最初确定的子级类目与这些标签进行对比、择取,修订形成子级类目,并逐一归入各上级类目之下,形成一种上级类目不变,而各子类却不断修正流动的分类体系。

网络资源尤其是网络文学,因其给予用户极大的自由度以及信息传播的迅速性,导致了网络语言的通俗性、前卫性,如单纯按照 Folksonomy 来对网络文学进行标签聚合分类，势必会造成不够严谨、缺乏准确度等问题，最终造成读者查找和检索的困难。譬如网络文学中流行的"穿越文"，其相近似或者可以归于一类的就有"时空穿越""清穿""明穿""男穿女""女穿男"等词，若不对其进行关联处理，在分类的时候便很容易形成干扰。所以，在适当运用Folksonomy 法选取自定义标签的同时，有必要对所聚类的标签进行规范意义的处理，以有效解决同义、多义、词义模糊等问题。

解决标签词语规范和语义消歧，可以通过以下几种手段来处理：

（1）后控词表。也称为词间关系表，是利用受控语言的基本原理和方法编制后控词表，通过与自然语言检索系统相结合，可以在很大程度上弥补自然语言"不受控制"产生的缺陷，从而大大提高自然语言检索系统的性能和效率。

（2）分类主题一体化。即通过分类标引与主题标引的相互映射，实现不同的主题与同一分类类别的对应，以及不同分类与同一主题的对应。《中国分类主题词表》理论上可以适用于传统文献和电子信息资源的有序组织和检索，但事实上，其在网络上的使用还需经历一个漫长的磨合和试错过程；因此，更现实的方案可能是，采用分类主题一体化的思想，结合 Folksonomy 的优点，将标签归入大类，在此基础上允许用户对子类的标签进行细分，同时通过分类作为对标签的归纳，以丰富标签的层次结构，降低 Folksonomy 的平面结构所带来的多义、语义模糊等难题，实现分类与标签的结合。[1] 在传统分类法的基础上，对 Folksonomy 加以优化和调控，可能将会成为未来网络文学分类的一个良好途径。

（3）与本体结合法。如果 Folksonomy 中的标签趋于动态平衡，其间的语义关系也日益丰富，则可以从 Folksonomy 中挖掘语义关系来构建本体。通过这种方式，能有效提高其可用性与规范性，扩大应用面。[2]

7.2.3 网络原生阅读书目本体

随着网络文学的愈加普及，图书馆终有一天会将网络原创文学纳入自己的馆藏体系。众所周知，图书馆资源组织的第一步就是通过分类，建立目录

---

〔1〕 马然，向林燕.网络信息分类法的新亮点——Folksonomy[J].中国索引,2006(10)：102-105.

〔2〕 徐静，卢章平.基于 Folksonomy 的信息组织及其优化[J].新世纪图书馆,2011(4)：34-46.

体系,那么对于网络阅读资源的组织而言,首当其冲的难题是分类问题。以网络小说为例,其分类迥异于传统出版社的文学作品分类,如果不解决这一问题,就无法实现纸本资源与数字资源的整合揭示与利用,所以如何对网络文学进行有效的分类是一个重要课题。基于上述分析,图7-13初步构建一个网络文学书目的本体原型。

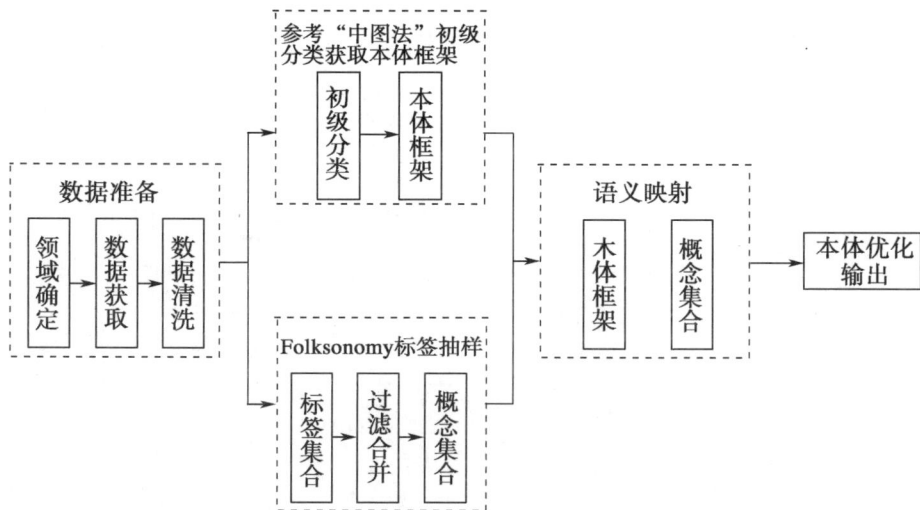

图 7-13   网络阅读资源书目本体构建模型

图书馆阅读资源 Folksonomy 中的标签在一定时间积累过后,会逐渐趋于动态平衡,标签间的语义关系也更加丰富,使得从中抽取语义关系构建本体成为可能。在由 Folksonomy 构建本体的过程中,一方面要从系统的角度规范用户添加标签的行为,选择切合实际的方法抽取标签中潜在的语义关系;另一方面,要利用本体来引导、规范用户的词汇,实现 Folksonomy 与本体间的双向融合。提高 Folksonomy 的可用性、有效性和规范性。[1] 图7-14为"中图法"与 Folksonomy 语义映射过程。

具体过程主要考虑以下步骤:

(1) 拟以豆瓣图书为标签获取来源,对相关图书资源的标签进行抽样、清洗。隐藏冗余标签,合并同义标签,优化低质标签,最终获得标签集 A。

〔1〕 张有志,王军.基于 Folksonomy 的本体构建探索[J].图书情报工作,2008(12):122-125.

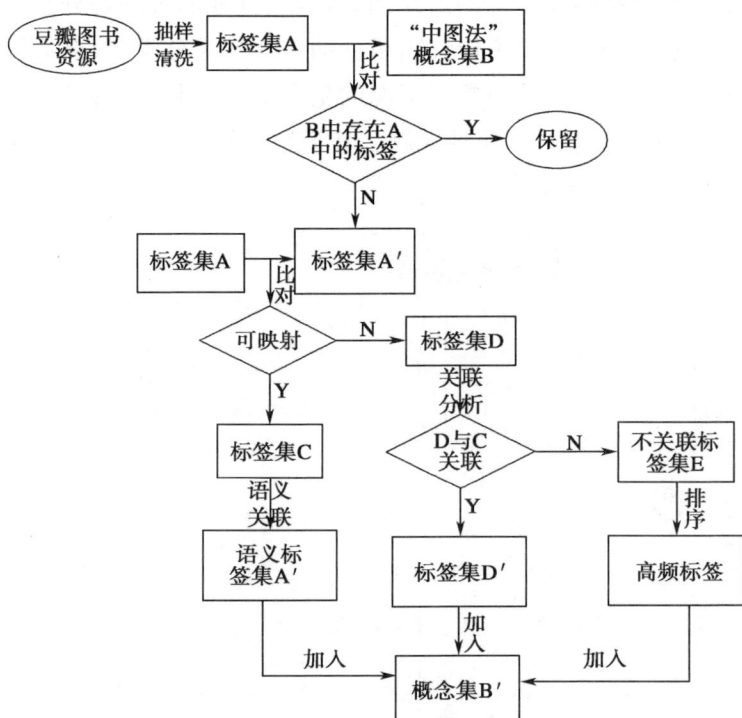

图 7－14 "中图法"与 Folksonomy 语义映射过程

（2）将获得的标签集 A 与"中图法"概念集 B 进行比对,若概念集 B 中存在标签集 A 中的标签,则该标签不用处理,直接保留;对于不存在的标签集 A′则进行下一步操作。

（3）比对标签集 A′与规范词表或网络词表,验证标签集 A′是否可映射,若可映射则形成标签集 C,反之则形成标签集 D,两个标签集分别执行以下（4）、（5）操作。

（4）对于标签集 C,对其进行语义关联形成语义标签集 A′,并将语义标签集 A′加入最终概念集 B′。

（5）对于标签集 D,对其进行关联分析,若标签集 D 与标签集 C 关联,则形成标签集 D′并将其加入最终概念集 B′,对于不关联的标签集 E,对其进行降序排序,筛选出高频标签,并将其加入最终概念集 B′。[1]

――――――――――

〔1〕 张云中,李佳佳.基于社会化标签的电影资源本体构建研究[J].图书情报工作,2016（12）：130－138.

在完成对标签和分类法的语义对接之后,即可实行对网络文学资源的本体构建。在本研究中,明确创建的网络文学书目本体的类包括:责任者、诗歌散文、小说、作品集四大类,其中每一类下分若干子类,小说类中集合当前流行的大众分类趋势归为穿越、经济、军事、历史、仙侠、玄幻、言情、游戏和侦探九小类,某些小类还可以下分更细的子类。

定义本体的对象属性和数据类型属性,将个体数据录入 Protégé 软件中,本体类之间的属性关系主要设置以下几种:Create、is Created By、is Published By、Publish,通过 OWLViz 将其可视化,即可输出如图 7-15 所示网络小说书目本体模型。

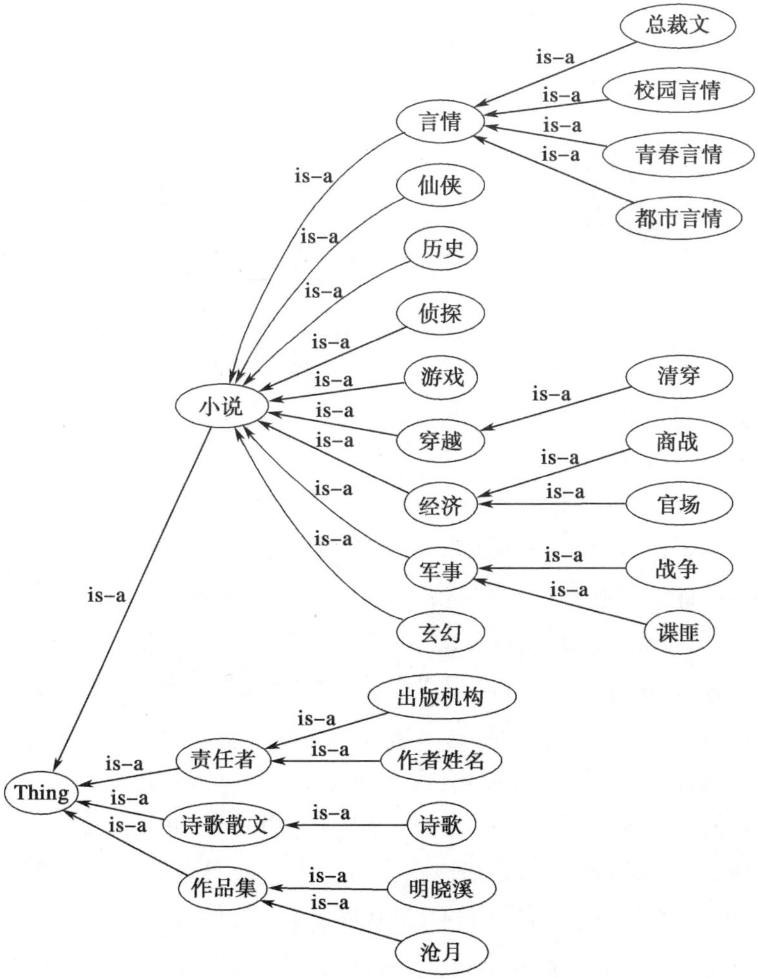

图 7-15　网络小说书目本体模型

语义关系查询是一个发现书目关联信息的过程,本文采用 OntoGraf 查询。输入检索词"步步惊心"后,可以得到并输出图 7 - 16。

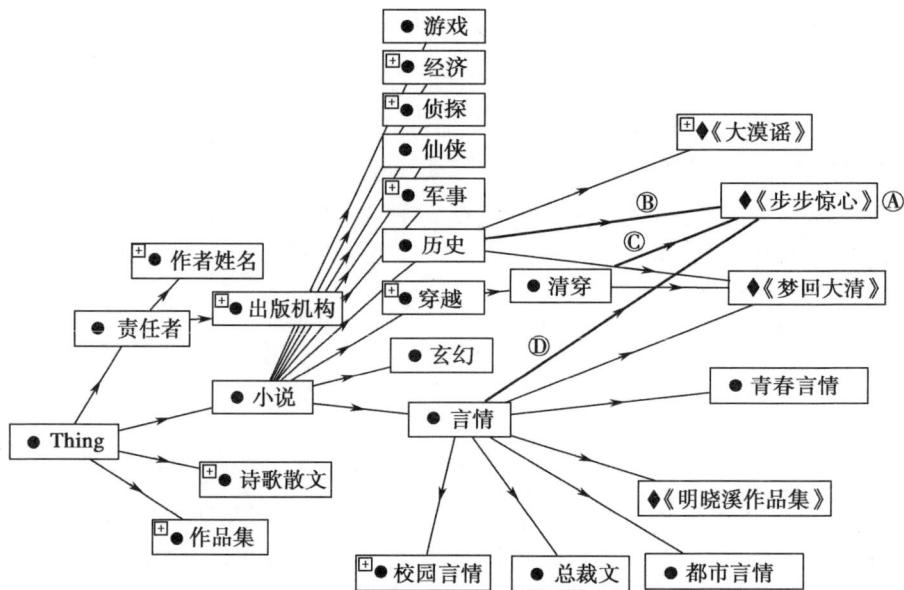

图 7 - 16　网络文学书目本体语义关系图

边框Ⓐ凸显的为本次的检索词"步步惊心",图中线条的头端为母类,线条的尾端为与大类有关系的个体实例,而线条ⒷⒸⒹ的尾端为与大类有关系的子类。由此可见《步步惊心》同时属于清穿、历史和言情三个大类,点击每个大类的标签,可以更具体显示出其包含的所有子类。通过图中线条及路径分析,可以看出,与其有较大共同点的小说为金子所著的小说《梦回大清》,两本皆为清穿、历史、言情、小说。此外,点击"步步惊心"标签,还可以很清楚地显示其作者为"桐华",出版机构为"晋江文学城",进一步点击作者名称,会出现该作者所著的其他小说,如《大漠谣》。

在查询过程中,有些实例通过某种关系直接关联起来,如创作者和作品;而有些实例通常情况下并不相关,但是由于中间存在的逻辑关系,因而实现演绎推理,建立了某种关系;此外,在书目库中并未明确揭示出两者之间的相互关系,也可以通过与其他实体间关联而被揭示,例如上段所提的《步步惊心》与《梦回大清》,在本题中并未直接标注其联结属性,但通过检索可以判断出两部小说为同一类别。

这种类似"智能推理"的方法,若能被查询者熟练使用,就能十分便捷地对所查询的具体实例进行辨别分析。在图书馆借阅流通领域,当读者面对完全陌生的两本书时,即能通过该方法较快速而准确地辨别,这对提高图书馆服务效率以及图书的有效利用度无疑会有很大的帮助。

7.3 图书馆数字阅读社区建设[1]

从宏观的角度去思考,作为有文化教育职能的图书馆,在网络数字阅读大背景中,究竟应该承担怎样的角色? 是完全顺应读者的浅阅读、微阅读倾向,还是在此基础上引导他们回归经典阅读、深阅读? 如果是后者,那么又该采用什么措施和策略去引导读者? 该作出怎样的角色定位? 以及图书馆应该实现怎样的服务转型才能适应网络数字阅读的需求? 对于这些问题的回答,不可能贸然下结论,但是无论作出哪一种选择和定位,图书馆都必须改变现有阅读服务模式,以读者为中心,真实面对网络环境和阅读生态的变化。

与豆瓣这样的虚拟阅读社区相比,图书馆目前提供的阅读服务仍然是面向个体的、大众化的、缺乏互动交流的一种服务,几乎沿袭了传统的纸质阅读服务,不仅在书目揭示上没有很好实现 OPAC 与数字阅读资源的关联,而且传统阅读服务中的导读、推荐等也没有在网络数字阅读中迁移,没有实现数字阅读与传统纸本阅读服务的有机衔接。流通服务台的馆员基本只负责借还纸书,采编部的工作仍然以纸质资源的采访为主,数字资源的采访基本集中在数据库订购方面,很少有馆员关心读者的数字阅读情况。图书馆和馆员习惯于把图书馆和网络割裂成为两个不同领域,从主观上已然放弃对于网络阅读资源的关注,并潜在地认为读者的网络数字阅读不属于图书馆的服务范畴。正是这样的一种思维逻辑和惯性,使得越来越多的读者流失到网络的数字世界中。这种认识和服务上的缺失在读者的专业阅读和学术阅读中还不是十分突出,但在读者的社会化阅读中表现得尤为明显,图书馆面对正在成长起来的网络一代,不仅不了解什么是目前网络上最热的小说,更不要说动漫或游戏了,图书馆依然故我地认为自己是知识和文化的殿堂,殊不知正处在"沉舟侧畔千帆过"的危险之中。

世界上最大的书籍推荐专业阅读网站 Goodreads,也是一个以营利为目

〔1〕 杜开敏.高校图书馆虚拟阅读社区模型构建研究[D].东南大学硕士学位论文,2016.

的的图书分享型社交网站和书评网站。[1] Goodreads 注册用户可以添加新书目和推荐书单，也可以建立自己的图书讨论小组。Goodreads 拥有 4 万多名志愿者编辑，对作者名、页码和书籍封面进行审核和校对。Goodreads 用户读过、正在阅读或者想要读的书目超过了 3.6 亿本。Goodreads 在被 Amazon 收购后，开始支持将购得的亚马逊图书自动添加至虚拟书架，Goodreads 用户亦可在更新的 Kindle APP 上分享自己的阅读进度、文章精华、引用、读后感以及评价。Goodreads 同时以多种形式的客户端程序适应移动阅读的需求，以联合手段打破不同网络平台之间的壁垒，如 Goodreads 与 Facebook、Amazon、Worldcat 的联结，从而为相关一系列平台的用户迁移提供便利途径。

相比之下，图书馆的阅读服务是如此孤立、单调和乏味，几乎不考虑读者的情感需求和交流需要，也不关心读者的使用感受与阅读心得，置身于网络时代的图书馆存在着把自己割裂在网络之外的倾向，从某种层面上看，图书馆的读者流失并不是网络数字时代的必然趋势，而是图书馆因循守旧、抱瓮灌畦的结果。幸运的是，图书馆已经逐渐意识到服务中存在的这些问题，开始采用新技术、多媒体的方式开展阅读推广活动，增加读者黏度。当前图书馆的阅读推广与导读服务虽然在实践中仍以传统模式为主，但已经开始有向数字化、网络化发展的趋势，开始以线上、线下活动方式鼓励读者参与，提高读者的黏度，试图打通图书馆纸质和网络的壁垒，为读者的沙龙阅读、小众阅读、个性化阅读提供平台支撑，以赢回读者，真正承担起移动阅读精选、导读和推广的职能。

7.3.1 图书馆阅读社区框架设计

基于上述分析，开发一种集成网络数字阅读、传统纸本阅读以及能够促进读者间阅读交流、提高图书馆图书利用率等多种功能的阅读服务平台，构建一个基于校园读者的图书馆虚拟阅读社区势在必行。以图书馆为主体的虚拟阅读社区与豆瓣和 Goodreads 这样的商业化阅读社区的不同之处在于其公益性，图书馆利用馆藏资源和馆员优势，可将虚拟阅读社区的各项功能与图书馆各项服务对接起来，实现虚拟阅读社区的功能与图书馆服务环节的对接。充分利用图书馆馆藏资源、区位和馆员优势，培养读者阅读、思考和写

---

〔1〕 鱼冰彬.豆瓣阅读数字自出版平台综合分析[D].西安:陕西师范大学,2014.

作习惯;通过组织丰富多样的阅读文化活动,达成读者线上和线下的阅读交流。

创建"图书馆虚拟阅读社区"的意义在于:提高图书馆资源利用率,激发读者阅读渴望,满足读者需求。其最终目标是将现阶段图书馆位于阅读过程两端(借书和还书)的角色转变为参与读者阅读过程中来的角色,拓宽服务范围和功能。从功能需求来看,虚拟阅读社区的运行发展离不开四个方面的要素,即阅读资源、社区成员、互动网络和阅读服务。阅读资源是维系社区运营的根本,图书馆阅读相关服务是直接加诸社区成员以推广阅读、实现导读的措施;社区成员的知识交换构成社区内的互动网络,而社区成员则得以在虚拟阅读社区中建构自己的社交网络和个人空间。这四大要素的综合运用支撑着整个虚拟阅读社区良性运行。

由此,图书馆虚拟阅读社区模型可对应划分为特色鲜明的四类子空间:资源空间、读者个人空间、社交空间以及图书馆服务导读空间,分别对应虚拟阅读社区模型中的四大要素:阅读资源、社区成员、互动网络、阅读服务,如图 7 – 17 所示。

其中,资源空间是社区内成员共享阅读资源、展示相关知识以及图书馆馆员组织管理资源的空间。应赋予读者可最大限度地参与阅读社区的资源建设的权利,成为提高社区活跃度的源头。

图 7 – 17 图书馆虚拟阅读社区核心要素分析
注:实线箭头表示直接联系,虚线箭头表示间接联系

个人空间是读者或者说社区成员个体自我塑造并最终展示独特个性的区域。读者作为社区成员通过个性空间的展示可以获取社区认同。

社交空间是虚拟阅读社区运转的关键,也是该平台构建的核心。是指用户(包含读者与读者、馆员与读者、作者与读者等对应关系)进行在线交互,完成阅读交流、讨论和评价互动的空间,以及延伸至线下的阅读交流活动形成的社交空间。

服务空间即图书馆改进阅读推广,进行导读服务的阵地。在此空间中包含了依托资源空间提供在线阅读、书目推荐服务,依托社交空间提供协作式阅读服务、真人图书馆服务等。服务空间的职能是发挥传统阅读和网络阅读各自的优势，满足读者需求，更好地实现对于阅读的引导。

7.3.2　图书馆阅读社区功能描述

虚拟阅读社区的功能描述如下：

（1）阅读资源组织与发布

阅读资源主要有图书馆员上传和社区用户创作两大来源。用户创作内容需经过系统管理员的简单审核才可发布呈现。传统方式是在平台网站上设置一个投稿系统来接受稿件，豆瓣阅读的模式是支持 MathType 转化为 LaTeX 来显示内容，不仅仅限于直接呈现一个 PDF 式的文档作品，而是事先在平台排版系统里做简单排版，保证在网页版和移动端等各类设备中阅读体验良好。虚拟阅读社区平台致力于成为校园读者的个人作品典藏库，因此按年度在毕业季为毕业的校园用户读者在线出版个人作品电子版书籍，这对于提升用户黏度与体验都是十分有益且可期实现的设想。

（2）图书馆线上阅读服务

图书馆传统的阅读服务是以图书的流通借阅为基础的，强调借阅数量和读者到馆率等物理量化指标。在新媒体网络阅读日趋主流的今天，图书馆以虚拟阅读社区的形式提供线上阅读服务，可以弥补传统阅读服务的时空缺陷，确保随时随地阅读资源获取与读者咨询的反馈。虚拟阅读社区还作为创作平台，发布读者原创作品，提供在线浏览与下载，以及论坛式的读者实时评论交流，以使图书馆的线上阅读服务内涵得以扩展。

此外，以超星、阿帕比等为代表的图书馆常购电子书库，其中的纯电子文本有很多沉睡的优质资源，与馆内实体藏书间是互补关系。藉由整合的书目查新，可以将电子书的书目推荐、书评导读联合推出，引导读者有意识地使用下载该类电子资源，增加数字资源利用率。

（3）线上线下服务及活动

关注重点是提高虚拟社区的用户黏度，或者说促使读者实现"O2O"（线上到线下或线下到线上）迁移。

首先，是阅读资源的线上与线下的整合。图书馆虚拟阅读社区具有商业阅读平台所不具备的优势，即图书馆既有的资源服务、读者服务、咨询服务，可以帮助读者从数字阅读资源联结到纸质阅读资源，进而通过原文传递，联结到校外资源，通过荐购系统采购读者需要的阅读资源，简而言之，可以实现图书馆实体和虚拟资源以及配套服务的全线整合。

其次,基于图书馆的读者群体和读者社团网络,可以提供安全可靠的熟人社区的线下交流。线上线下联结的形式可以有:评奖、征文、创作活动、TED 大会、真人图书馆、采风、集中荐购等。以读书会为例,读书会的产生来自于读者互动阅读的需要,反之,读书会也创造了新的阅读需求,新的阅读需求和倾向又凝结形成不同阅读取向的社团,社团则再次创造新的更具特色的需求。

以阅读需求为纽带联结社团,是图书馆虚拟阅读社区的主旨。通过线下社团组织活动,可以吸纳更多地读者参与到线上的社区阅读活动中,增进平台用户对阅读社区的联系与情感交流。线上线下活动相辅相成,最终指向的是书、图书馆服务、阅读活动和人。

(4)交互式阅读分享功能

作为一种传统的导读方式,书评在数字环境下依然有着自己独特的魅力。在移动互联网高速发展的今天,人们可以即时、随手将阅读过程中的评论、荐语、感悟、疑问等分享到微博、微信、书评广场去。除去传统读书会,在线阅读小组、读书贴吧、网络读书平台等也是社会性阅读的重要场地。因此,图书馆虚拟阅读社区中的一个重要的功能是交互性评论功能。交互性评论功能包括:阅读、评论、交流讨论、写作,换言之,读者可以实现阅读的全过程,从看书、讨论、发书评、创作到组织读书会等等。通过虚拟阅读社区,读者可以以匿名方式,找到同类人群,实现兴趣型社区中无负担的交互、交流。

7.3.3 图书馆阅读社区运作管理

馆员是虚拟阅读社区的设计者与管理者。馆员负责阅读资源的组织、社区成员的管理以及平台监控管理等,更为重要的是延伸到线下活动的组织管理。包括定期举办不同阅读主题的线下活动,从在线离线多方面引导成员回归阅读,最终实现图书馆进行阅读推广的初衷。

图书馆馆员承担着对整个社区的管理职能,不仅包括对社区的风格和样式进行设计、调整,增减功能模块,还承担着对阅读资源进行有效的信息组织,并对社区成员进行用户管理。馆员在社区建设初期需要对用户需求进行充分了解,规划、设计社区的功能和模块,针对阅读资源进行有效组织与合理布局,设定社区成员权限。在虚拟阅读社区的功能中,为用户"提供阅读资源与指导"服务与为用户"提供交流互动保障"这两种服务功能最为重要。

具体的运作流程如图 7 - 18 所示。

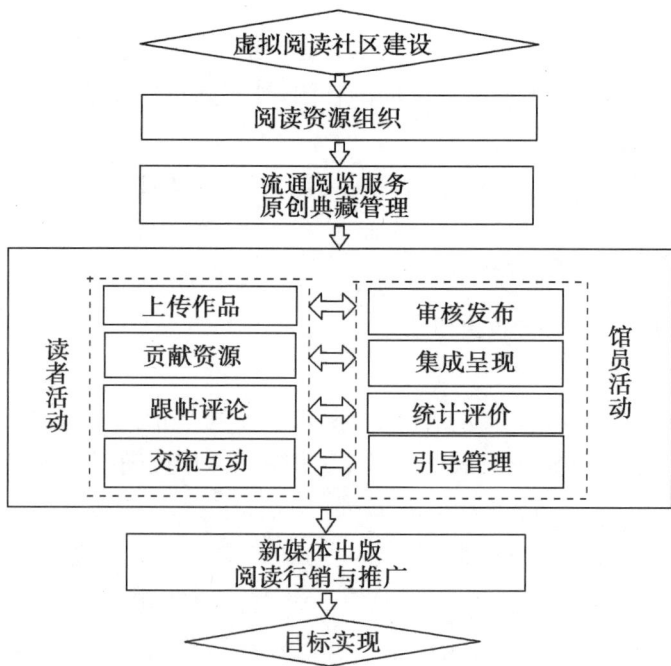

图 7 - 18　图书馆虚拟阅读社区运作流程图

（1）读者子系统

读者子系统是整个虚拟阅读社区的核心部分。按贡献信息的内容不同，主要分为资源模型和行为模型两个部分，见图 7 - 19。其中资源模型主要存储用户上传作品、发表跟帖评论和提供的导航资源信息等内容，而随之产生的行为模型中则存储有关用户的交互行为以及上传、评论、浏览、点赞等一系列动态。管理员通过行为信息的分析统计，赋予不同层级用户不同的权限，再通过更深层次的数据挖掘去获知虚拟阅读社区用户潜在的阅读需求，从社区管理者的角度更好地为其服务，更有目的性地提升社区黏度，挖掘潜在用户，引导其阅读习惯的养成。

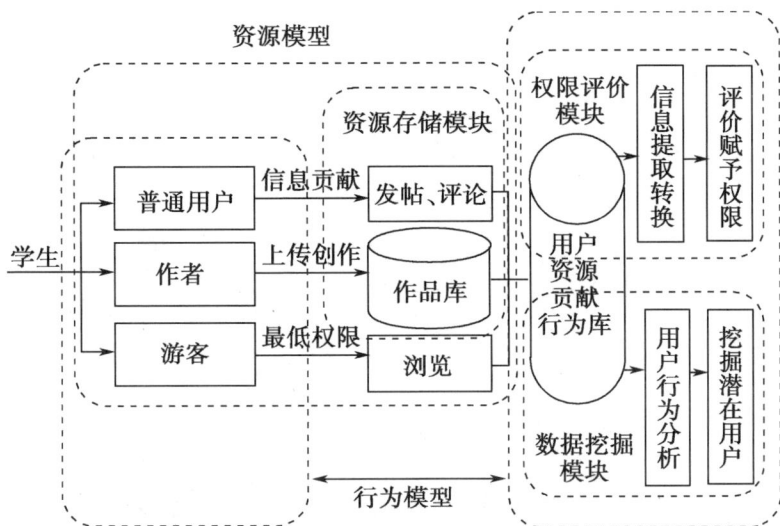

图 7‐19　图书馆虚拟阅读社区构成之读者子系统

（2）馆员子系统

图书馆虚拟阅读社区的价值，或者说与商业阅读社区的最大差别就在于读者的阅读活动可以和图书馆的服务无缝联结。这就意味着阅读社区的相关功能需要与图书馆日常工作流程的各个模块相对接。具体设计见图 7‐20。

图书馆传统服务体系主要包括：外借服务、阅览服务、参考咨询服务、读者教育与培训、信息服务五个方面。[1] 借助虚拟阅读社区的功能支持，图书馆可以变被动服务为主动引导读者服务需求，亦可实现一对一服务转变为一对多甚至多对多的高效率服务。图 7‐20 反映的就是虚拟社区要实现的功能与馆员工作流程、岗位职责的对接关联设计。

（1）资源荐购

图书馆大多建有单独的网上荐购系统或者在"我的图书馆"等读者虚拟空间中设有荐购模块，但由于缺乏宣传且与读者日常文献需求关联较弱，因而影响力不大。如图 7‐20 所示，在阅读虚拟社区中开辟资源荐购版块，实时收集读者荐购信息，并将不同来源渠道和用户对象的荐购需求一站式收集齐全是获取资源推荐的一个良好窗口。同时，图书馆可以通过用户的论坛跟

〔1〕 施蓓,杨光武,唐艳,等.信息资源检索与利用[M].北京：高等教育出版社,2007：23.

帖、评价等了解更多地资源试用情况,最后通过信息综合制订最为合理的资源采购和建设方案。

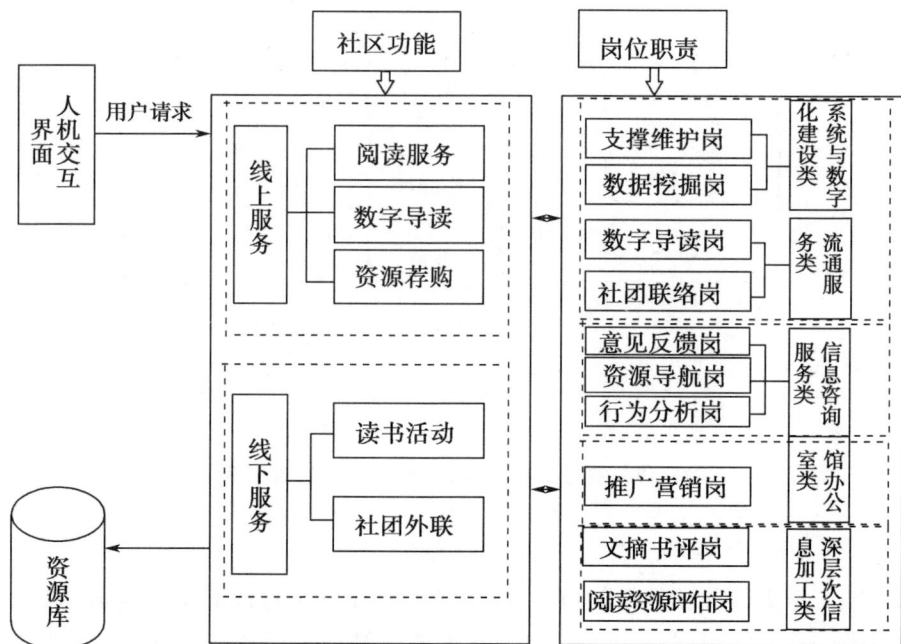

图 7-20　虚拟阅读社区功能与图书馆业务对接

（2）数字导读

数字导读块包括了馆藏数据库资源的宣传推广、新书推荐目录、借阅排行榜等资源信息推荐,也可以融入读者书评、荐语等。美国伊利诺伊大学香槟分校（UIUC）图书馆设计了一种在 Facebook 上使用的应用程序,它允许拥有 Facebook 账号的任何人在 Facebook 个人主页上添加一个检索框,该检索框可以调用 UIUC 简单检索的元搜索引擎来查找特定话题的图书和文章。[1] 但是更为成熟的服务还是来自系统的更新,通过系统去记录用户的访问行为,探究用户的浏览行为、交互行为,再做出进一步的挖掘推荐。LibraryThing 就是这样一个非集成图书馆系统。[2] LibraryThing 是功能全面的图书目录应用程序,读者可以在此搜索国会图书馆、亚马逊站点和 690

〔1〕 王倩,黄扶敏,黄筱瑾,尹云锋. 美国伊利诺伊大学香槟分校的嵌入式馆员模式及其启示[J]. 图书馆学研究,2014(20)：88-93.

〔2〕 LibraryThing. website. https://cn2. librarything.com/.

多个全球性图书馆。LibraryThing 提供免费账户,允许用户从任何地点访问自己的图书馆,并建立属于自己的书架,读者可以编辑自己的信息,进行搜索和筛选,给自己的书籍目录添加标签。LibraryThing 作为一项协助用户创建书籍目录的服务,使用 Z39.50 协议自动从书商及图书馆那里获取书籍数据。在读者对书进行标签等操作之后,LibraryThing 会向读者推荐其可能感兴趣的书籍。由于所有用户的目录集中在一起,LibraryThing 可以将拥有同样书籍的用户联系起来,建立起书友网络。

(3) 社团外联

区别于其他活跃的校园虚拟社区,高校图书馆虚拟阅读社区始终是以"阅读"为主旨,致力于"创意阅读、交流、写作、评论和服务",以满足读者的交互式阅读、个性化数字阅读为己任,提供阅读资源和阅读配套服务。包括知乎日报式的高品质阅读信息推送、书评、荐书通道、原文传递、纸本图书借阅、电子图书资源链接或是具体馆藏位置信息以及各类型阅读活动等等。

外联工作还包括:联系读书相关社团之成员,为社团扩展成员、活动主题征集、协商活动时间地点、在平台发布线下活动消息、活动结束后的记录展示等等相关事务提供支持。定期组织召开征求读者用户意见座谈会,广泛征求师生读者、社区用户成员对本馆本虚拟社区工作的意见和建议。

上述功能的实现有赖于阅读虚拟社区工作与图书馆既有岗位职责的对接设计。图书馆虚拟阅读社区在建立之后的运营维护是重点,其中参与管理和维护的馆员更是重中之重。因此,只有将虚拟社区运行维护职责与图书馆现有岗位工作业务相对接,才能使分工到位,实现阅读社区的长期运营和发展。

一般来说图书馆都根据"采、编、流、典、参"的工作流程来组织本馆业务和设置工作岗位。随着图书馆数字化水平的提升以及专业化程度的加深,图书馆的岗位设置和业务流程发生了改变,目前常见的图书馆岗位设置包括采访岗、编目岗、典藏岗(含特藏岗)、流通借阅岗、参考咨询岗、读者服务岗、教育培训岗、技术系统岗、学科馆员岗以及其他行政支撑岗位。[1] 有鉴于此,对虚拟社区工作职能与图书馆既有岗位的衔接提出如下设想:

① 系统与数字化建设类

支撑维护岗:负责虚拟社区系统开发与日常运行维护;

---

〔1〕 王铮,张鹏. 海外新型图书馆员岗位研究[J]. 情报资料工作,2015,36(2):106-111.

数据挖掘岗：虚拟阅读社区平台中应设有日志采集系统，通过这些系统去记录用户的访问行为。基于用户贡献系统采集而产生的大量日志数据，本机构可以在第一手的数据中采取数据挖掘的统计分析和关联算法来探究用户的浏览行为、交互行为，得到基本的数据挖掘结果，再移交给参考咨询部进行进一步分析提取。

② 流通服务类

数字导读岗：岗位职责包括了馆藏数据库资源的宣传推广、新书推荐目录、借阅排行榜等资源信息推荐，也可以融入读者书评、荐语等。

社团联络岗：联系读书相关社团之成员，在平台发布线下活动消息、活动主题征集等等相关事务信息。

③ 信息咨询服务类

意见反馈岗：在评价交互系统中认真倾听读者用户的声音，尤其是意见与建议信息，及时做出反应与改进；设立读者提议接待处、服务咨询反馈岗倾听读者意见，定期组织召开征求读者用户意见座谈会，广泛征求师生读者、社区用户成员对本馆、本虚拟社区工作的意见和建议。

行为分析岗：基于数字化部、系统部对用户信息行为数据、使用偏好信息进行采集和数据挖掘分析的初步成果，再次进行内容分析。通过对用户信息行为模式的分析为系统平台的优化设计和图书馆信息决策提供参考依据。最终参考分析结果来指引系统管理者进行各项改版以提高虚拟社区的用户黏度，进而提高图书馆信息服务水平。

资源导航岗：岗位职责主要是读者资源荐购需求以及相关数据库的试用反馈信息收集整理，也需要兼顾读者资源需求的及时满足和明确指引。

④ 馆办公室类

推广营销岗：负责在微信平台或其他新媒体宣传平台上对阅读社区内新生成内容中的经典书评或精彩原创进行整合推送，实现推广本平台的目的。

⑤ 深层次信息加工类

文摘书评岗：根据馆内每月借阅排行榜或新书通报为热门图书及新书撰写书评或推荐词，可以馆员自撰或者邀请虚拟社区活跃用户撰写。

阅读资源评估岗：对多途径来源的阅读资源进行评估、筛选、分析、整合，提供阅读资源的精选、整合和评价服务。

上述对虚拟阅读社区与图书馆既有部门与岗位对接的功能描述与分析，

仅仅是一种理论上的设计,在具体的实践过程中无疑需要因地制宜,在工作的衔接和部门归属上灵活应用。但基本的原则和出发点不变,应体现移动互联网的精神,增强图书馆阅读虚拟社区的用户黏度,联通纸质图书和电子图书,整合图书馆相关的业务部门,提供面向阅读服务的一揽子流程。唯有以读者的需求为第一导向,借助互联网平台,将数字阅读内容资源、用户资源和图书馆专业馆员紧密联结起来,通过馆员把有价值的阅读内容推向用户,鼓励引导用户在虚拟阅读平台上落地生根,图书馆的阅读服务和读者工作才有能真正在数字阅读环境中跟上读者的需求,步入一个更为广阔的空间。

图书馆虚拟阅读社区是以图书馆为中心,构建一个图书馆与读者、读者与读者交互的平台,以优质精选的阅读内容吸引社区用户加入其中,在阅读中创作,在创作中阅读,二者共同促进读者对阅读社区的黏度。通过这种模式,读者可以最大限度地参与本阅读社区的资源建设,并成为提高阅读社区活跃度的源头。

图书馆虚拟阅读社区应该是一个可以生长内容、传递知识、交流情感的平台。应该铭记,网络数字阅读改变的只是形态和方式,不变的永远是阅读。面对图书馆阅读人数的降低,浅阅读的盛行,图书馆只有采取积极有效的行动,才能促进图书馆读者服务工作的健康发展,才能提升图书馆的形象,真正在网络数字时代找到自己的定位,焕发新生。

第八章

数字经典导读模型构建

　　随着网络数字环境下图书馆阅读服务的创新和发展,网络导读或数字化导读逐渐成为图书馆阅读研究中一个新领域。在网络数字化导读工作中,对于古籍经典的导读既是最为重要的,也是最为困难的。毋庸多言,古籍导读的质量优劣与读者的阅读体验直接关联,如果仅仅提供若干国学必读书单,加之振臂一呼的阅读推广,只能博得短时关注热度,很难设想会有读者因之而去切实阅读的。囿于古籍的古典文献特质,以图书馆为主体开展的古籍导读并不活跃,相对冷僻。目前国内图书馆的古籍工作主要集中在收藏、整理与保存方面,古籍导读方面的专门研究甚少。[1] 虽然古籍数字化技术在一定层面上已经为古籍导读提供了新的认识角度和可行的实现方法,国内外也出现一些古籍数字化系统,但这些系统基本都是为古籍研究服务的,其导读功能并不适用于一般的社会读者。[2] 文化是有继承性的,不继承本民族的学术文化,是无论如何都不可能屹立在世界学术之林的;如果没有现代对古代学术文化的进一步研究,那么古代学术文化就会退步为博物馆文化,不再可能获得发展和新生。

　　中华民族拥有悠久的历史,并在数千年的社会发展历程中积累了丰富的

---

　　〔1〕 高娟,刘家真.中国大陆地区古籍数字化问题及对策[J].中国图书馆学报,2013(4):110-119.

　　〔2〕 常娥,黄建年,侯汉清.古籍智能整理与开发系统构建研究[J].情报资料工作,2009(4):43-47.

经典文本。大浪淘沙，这些经典文本非但没有淹没在滚滚长河中，反而因一次次的淬火而弥现光辉，古籍经典记载了中国传统文化的精髓部分，是中国人民乃至全人类的宝贵精神财富。古籍在传统文化传承方面扮演了极为重要的角色。阅读和学习中国古代经典作品，可以了解其中承载的中国传统人文精神、道德哲学、政治智慧、文化审美等，认识与社会生活密切相关的民风民俗等诸多领域。可以说，对古代经典作品的阅读是认识和理解一个民族传统文化最直接的途径；作为保藏古籍的最主要机构，图书馆除了文献保存和整理职能之外，其另一项重要职能是促进全民文化素质的提升。古籍经典导读工作理应成为图书馆阅读推广和读者教育的一项重要工作。但是，现代社会中的一般读者在阅读古代经典作品时，常常倍感吃力，困难重重。通常存在以下两个主要障碍：

首先是古代汉语障碍。自"新文化运动"倡导白话文伊始，古老的汉语经历了一系列改革，语言的变化使得人们对古代汉语的应用束之高阁，几近遗弃，即使是接受高等教育的大学生，阅读文言文时也存在不小困难。

其次是缺乏古代历史常识。近代中国在谋求国家富强的过程中，政治体制、经济文化、社会生活等各个方面都发生了巨大的变化，最突出的特征是知识谱系的"西化"。现代中国在"现代化"过程中，或主动或被动地与古典中国文化传统渐行渐远，这也造成了一般读者在阅读古代经典作品时深感隔膜。

面对上述这两方面的困难，图书馆无疑有责任做好经典古籍的导读工作，但图书馆的馆员其实也同样面临上述障碍，很难真正胜任古籍经典的导读任务。由此可见，如何开展古籍在数字化环境中的导读是一个重要的研究领域和课题。

8.1 古籍经典数字导读模型

古代经典作品的导读连接着两个端点，一端是作品，另一端是读者，只有将这两端真正联结起来，才能够实现读者对于作品的阅读理解和学习思考。因此，首先需要分析当下读者对古籍经典的阅读需求及阅读行为倾向；在此基础上，选择合适的示例典籍作品，采用数字化技术对其文本进行分析、解构和再组织，进而构建符合当下读者阅读习惯的古典经典作品的数字化导读系统。

8.1.1　古籍经典作品的界定

对于何为"经典"（Classic 或 Classics），《现代汉语大词典》的解释为：一是旧指作为典范的儒家载籍，如《论语》《孟子》乃儒家之经典；二是宗教典籍，如三教经典，都是教人为善的；三是权威著作，具有权威性的。[1]《经学词典》将"经典"解释为专指古代具有法典地位的儒家经籍，故称经典。[2]《当代汉语词典》则将其范围扩大到儒家之外的古代权威著作。[3]

最初"经典"一词并不特指儒家典籍，而是广泛意义的传统权威著作，如《庄子·天运》："孔子谓老聃曰：丘治《诗》《书》《礼》《乐》《易》《春秋》六经。"孔子同时代的道、法、名、墨、杂、农、兵等各家典籍也各自成其源流，奠定中国传统思想及文化的基础。专指儒经，则是随着后世儒家在中国地位的提升而来的。一般来说，无论是何家经典，其共同特点都需要具有"权威性"和"典范性"。前者更多地关注文本本身，即在学术上要立得住，但学术化程度过高经常会影响文本的可读性；后者则在前者基础上关注读者，具备推动读者走向一本书的内在动力，并使读者在阅读文本时有效地获得前人的经验和知识。

鉴于此，对"古代经典文本"的判断依据应当包括以下三点：

一是对文化的影响深远，具有较强的典型示范作用，是最核心的传统文化读本；二是具有较强的学术性，经过长期地讨论和研究，学界普遍认可；三是流传范围广，读者较为熟悉且容易接受。

对于导读文本的选择，主要基于以下三个原则：

一是学术性原则。即所选文本需要具有较高的学术价值，被古今学者所重视。对于古代经典文本而言，讲解精当、阐释合理，是在学界具有较高权威性的文本。

二是普适性原则。一方面，所选文本需要被普通型读者所熟悉，使其乐于阅读该文本；另一方面，所选文本的注释方式和讲解内容，能够被包括普通型读者在内的多数读者阅读和理解。这一原则直接影响文本的可读性和阅读价值。

三是典型性原则。即所选文本应当具有示例价值，可以对其他古代经典文本的数字化导读起到探索和试验的作用。

〔1〕　阮智富,郭忠新.现代汉语大词典·下册[Z].上海：上海辞书出版社,2009：1923.

〔2〕　黄开国.经学辞典[Z].成都：四川人民出版社,1993：427.

〔3〕　莫衡,等.当代汉语词典[Z].上海：上海辞书出版社,2001.

儒学在先秦时期就已成为显学,在汉武帝接受董仲舒"诸不在六艺之科孔子之术者,皆绝其道"的对策之后,儒学的地位更是上升为官方学说。此后两千多年来,儒学对中国传统文化和学术思想的发展作出突出贡献,其流传之广泛、影响之深刻是其他任何诸子百家的思想不能比拟的。其中,《论语》作为阐述儒学思想的核心文本,其经典地位和学术价值更是不言而喻。同时,《论语》已成为中华文化的代表符号之一,被全球各国民众认识和了解,颇具可读性和阅读价值。最后,《论语》以语录体为主要体例,具有系统而成熟的篇章结构,其后各代典籍效仿者众多,也符合典型性原则。

有鉴于此,本研究选择受众面最广的儒家经典《论语》作为导读实验文本。众所周知,《论语》是阐述儒学思想的核心文本,是中华文化的代表符号之一,其经典地位和学术价值不言而喻。选择《论语》作为试验文本,通过对其进行解构和再组织,以《论语》作为范例作品进行数字化导读系统的研究与开发,具有示范意义。

8.1.2 古籍经典阅读需求调查

对于古籍作品存在阅读需求的读者群体主要可分为两类:研究型读者和普通型读者。

前者的阅读动机出于专业学习和研究的需要,是目前古籍阅读最主要的群体。这一群体读者人数很少,但古典文献学修养较高,一般情况并不需要图书馆提供导读辅导,其古籍阅读行为也迥异于普通读者。本研究所作网络调查《古籍经典阅读需求及阅读行为调查问卷》(样本数量>1 000)结果表明:古籍阅读需求最为明确的是普通型读者,其阅读目的以"个人兴趣"和"自我提升"等为主。阅读需求最高的是一般青年群体,尤以年龄在 16～30 岁之间、拥有本科学历者为主。

(1) 对原文和点评(讲解)的态度

在"更倾向于直接阅读原文,还是现代人的点评或讲解"的问题中,总体上来看,有 33.92% 的人选择了"都喜欢",高于选择"原文"的 33.74% 和选择"点评或讲解"的 30.24%。说明调查对象并不明确区分原文和现代点评或讲解,而是两者都读;其中,相对于点评或讲解,调查对象则更倾向于直接阅读原文。

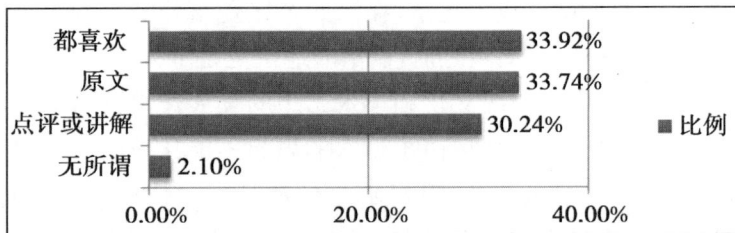

図 8-1　对古籍原文/导读文本的偏好分布

（2）古籍导读服务的需求

在"希望获得哪些帮助"的问题中，调查对象最希望获得的帮助是"字词释义"，比例为79.60％，远高于其他各类；其后依次为"名家点评"（54.23％）、"作者背景"（51.74％）、"成语典故"（49.65％）、"相关文章"（36.52％）、"拼音标注"（34.93％）。"字词释义"的高需求说明现代人在阅读古文时存在基本的语言障碍，结合上节来看，正是由于更多地人倾向于直接阅读原文，因而希望获得更多针对古文字词的解释。这也是古籍导读应当关注的首要问题，即将文言文翻译成现代汉语。由此产生古籍导读需要解决的一个关键问题，即如何翻译、解释古籍文本。古今中外对中国各种古籍的译注文献众多，几乎每种古籍都有专门的学术研究群体，各家观点自有不同。但就本文而言，重点并不在古典文献学的研究，裁判对错、辨真求伪非笔者能力所及，也非本文的研究范围。因此，本文将重点放在运用数字化技术手段，消弭文言文与现代汉语之间的间隙，拉近读者与古籍之间的距离，帮助读者可以方便的阅读古籍原文。

从其他几个需求来看，"名家点评""作者背景"和"成语典故"的比例也比较高，都在50％上下，这几个方面也是古籍导读应当提供的服务内容；"相关文章"和"拼音标注"的需求不高，说明普通读者对古文的阅读深度有限，也并不十分需要朗读。

调查反映了普通型读者最需要的古籍导读功能有三方面：首先是"字词释义"；其次是作品、作者及其所处时代背景介绍；再次是对作品中涉及的各类关系和背景知识的需求，如人物关系、名物制度、成语典故等。可以看出，这三个方面需求确实是帮助读者理解作品涵义的最必要功能。此外，调查还显示读者对于古籍经典的版本没有明确要求，未表示出对于原典、注释、点评、讲解等不同文本的偏好。说明普通型读者对于经典作品的阅读定位在了解和知晓层面，并不执著于深入学习和研究；在阅读介质的选择上，读者表示仍习惯于阅读纸质的文字，尤其是对原文；但对阅读点评或讲解等导读材料，更愿意选择图片、动画、音频、视频等多媒体形式。

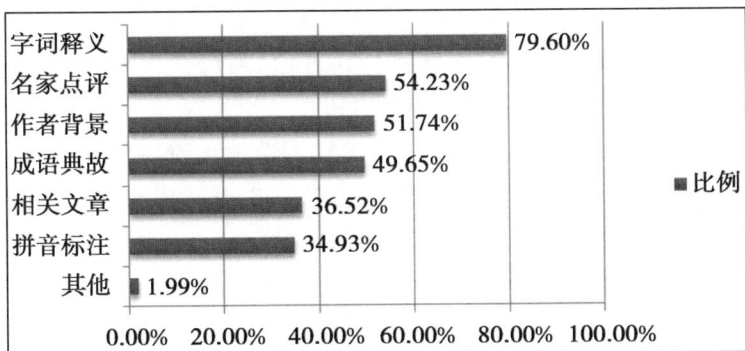

图 8-2 古籍阅读所需帮助的分布

综上所述，在面向普通型读者群体所开展的古籍经典作品导读中，语义导读是首要的，必须要帮助和方便读者读懂古代经典作品的基本含义，在此基础上考虑进一步对古籍经典作品背景和相关资源的推荐和发掘，并采用读者习惯和接受的数字化媒介形式，实现古籍经典文本与数字化阅读技术及环境的有机融合。

8.1.3 古籍经典数字导读设计

对古代经典作品开展导读，最首要的工作即需要对作品的版本及源流进行梳理。《论语》自成书以来，历朝各代对其进行注释、释义、注疏等著作蔚为壮观。西汉之后有三种版本并行于世，分别是《鲁论》《齐论》和《古论》，各自在章句和篇次上有所不同。根据何晏在《论语集解·叙》中的记载，《鲁论》有20篇，为三个版本中篇数最少的；《齐论》有22篇，比前者多了《问王》《知道》2篇；《古论》有21篇，无《问王》《知道》，而是将《尧曰》篇中"子张问"之后的文字单列为1篇，命名为《从政》。[1] 在现行本《论语》之前，《论语》的原始文本还曾经历过两次较大篇幅的改订：

第一次是西汉末年的张禹对《论语》的改订。张禹将《鲁》《齐》《古》"三论"作了考订，依从《鲁论》的篇次，删去《齐论》中的《问王》《知道》2篇，被后世称为《张侯论》；第二次是东汉末年郑玄对《论语》的改订。对于郑玄所用底

---

〔1〕 黄立振.《论语》源流及其注释版本初探[J]. 孔子研究,1987(2)：9-17.

本的讨论目前未有定论。依据何晏、皇侃、陆德明等人的观点，郑玄主要以《鲁论》20 篇为底本，后也有观点依据《隋书·经籍志》中"以《张侯论》为本，参考《齐》《古》而为之注"的记载，认为由于《张侯论》出自《鲁论》，兼采《齐论》，故郑玄应当是以《张侯论》为底本，以《古论》为校本。[1] 可见，历代众多学者多以《张侯论》为校订阐释《论语》的底本。

秦汉以后，对《论语》的理解随着朝代的更迭发生着巨大的变化，出现了许多集解、注疏、注译等版本，尤以《论语集解》《论语义疏》《论语注疏》《论语集注》《论语正义》最具代表性。后世三国魏何晏的《论语集解》[2]、南朝皇侃的《论语义疏》、北宋邢昺的《论语注疏》[3]、南宋朱熹的《论语集注》、清人刘宝楠的《论语正义》以及近人程树德的《论语集释》、杨伯峻的《论语译注》等都是以《张侯论》为底本，故可认为《张侯论》为现行《论语》的祖本。[4]

近代以来，程树德的《论语集释》和杨伯峻的《论语译注》是《论语》阐释诸多文本中最为流传的版本。《论语集释》兼顾训诂、考据和义理，博采古今论语及相关著作，力求不分门户宗派，每章都列出所引各家的观点，是近代以来《论语》整理研究的集大成之作。[5]《论语译注》是语言学家杨伯峻先生编撰，其在例言中写到，"著者的企图是帮助一般读者比较容易而正确地读懂《论语》，并给有志深入研究的人提供若干线索；同时，有许多读者想藉自学的方式提高阅读古书的能力，本书也能起一些阶梯作用"。[6] 可见，该版本面向的对象是普通读者。考虑到读者的古文阅读能力，该版本在结构上采用较为系统的"原文—译文（现代汉语）—注释"三个部分，以帮助读者理解原文精要。

比较而言，《论语集释》考据翔实，《论语译注》解释通俗，两者结合起来宜于现代读者阅读使用。因此，本研究选择《论语译注》为主要参考文本，辅以程树德的《论语集释》及其他文本，并广泛搜集网络上的资源，如图书馆数字古籍特藏、数字博物馆、国学网站、个人博客、视频音频等，汇集整理，为读者提供多资源、多视角且集中方便的《论语》导读。在阐释的表述上吸收不同版本的阐述和观点，加以甄别综合，个别处稍有改动。从普通读者阅读的角度出发，

---

〔1〕 唐明贵.郑玄《论语注》探微[J].中华文化论坛,2005(2)：83-89.

〔2〕 高华平.《论语集解》的版本源流述略[J].中国典籍与文化,2008(2)：5-10.

〔3〕 唐明贵.邢昺《论语注疏》的注释特色[J].儒家典籍与思想研究,2009(1)：291-307.

〔4〕 胡鸣.《张侯论》源流考辨[J].哈尔滨师范大学社会科学学报,2014(2)：97-99.

〔5〕 程俊英,蒋见元.程树德教授及其《论语集释》[J].古籍整理研究学刊,1988(4)：8-9,37.

〔6〕 杨伯峻.论语译注[M].北京：中华书局,1980.

依据读者的阅读行为与阅读习惯,对《论语》进行多维度的解构及再组织,利用数字化技术和网络技术将各个解构维度相关联,提供个性化阅读,增强读者阅读体验,以期实现对古代经典文本的导读,达到普及传统文化的目的。

读者对古代经典文本导读的功能需求可以归纳为两个方面:阅读和理解。其中,阅读需要对字词句进行注释,即对文本中基本字词的解释及对句子的翻译,以使读者能够读懂作品的文字内容;理解则是针对作品中出现的特殊知识点进行更加深入的阐释[1],包括古代历史、文化、地理、社会制度、风俗习惯、用具器物等各方面的背景知识,以方便读者更深一步理解《论语》的内涵。

对于这两方面的导读所采取的方法和手段应该是不一样的,前者更多关注字和词汇的理解层面,后者则更多进入了语义和语境的层面。传统上,对《论语》的导读并不区分阅读和理解两个方面,而是将所有相关注释全部列于某一章节的原文之下,这种方式可以方便读者将注释与原文相联系,有利于对本章节内容的理解。但是,在不同章节之间,分散于各处的注释间缺少联系,没有形成系统的结构,不利于对整本《论语》的知识内容的组织和揭示。对读者来说,既不利于快速检索,又会导致读者对《论语》的理解常常沦为片段式的警言名句。

基于这一认识,设计针对《论语》的数字导读方案,具体如图 8-3 所示。

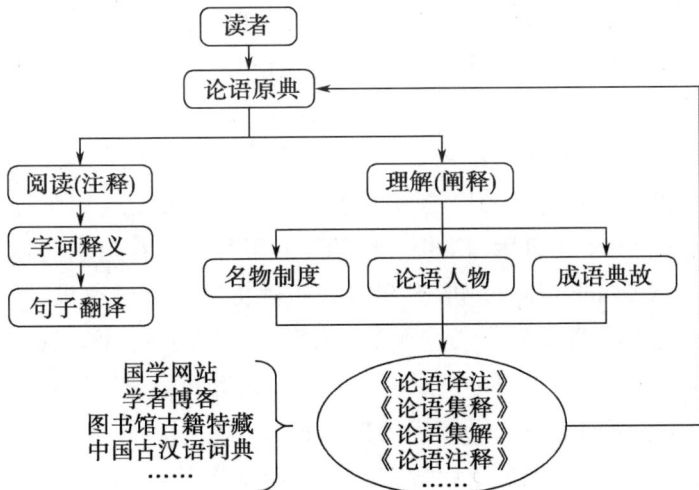

图 8-3 《论语》数字导读方案

---

[1] 袁曦临,常娥. 通识教育中古代经典导读的数字化解决方案[J]. 新世纪图书馆,2010(5):11-14.

在阅读释义部分,主要解决的是字形、字义、词义、注音以及现代汉语翻译问题。字形主要关注繁简体的识别,字义、词义主要关注一词多义和词义变迁,在本导读方案中考虑将原文及译文分栏显示,并将不同论语阐释版本中的注释等内容通过超文本链接嵌入到原文中。

读者调查结果显示,相比于文本的字形和字词义,读者对注音的需求并不高,但读音对于读者理解字词义的影响其实是很大的,同一个字的不同读音往往代表不同的词性和含义,正确的读音可以有效帮助读者理解古文的意思。如"学而篇"中第四节的"传"字:

（1·4）曾子曰:"吾日三省吾身——为人谋而不忠乎？与朋友交而不信乎？传不习乎？"

"传"是多音字,有两种读音：chuán 和 zhuàn。依据《汉典》的解释,"传"读 chuán 时,意为传授、推广、散布。而读 zhuàn 时,共有三种意思：一是解说经义的文字,如《左传》；二是传记类以演述历史和人物故事为中心的文学作品；三是古代设于驿站的房舍。在此处,"传"当读 chuán,"传授"之意,引申为"传授的知识",原文可解释为：传授的知识温习了吗?

因此在本导读系统的设计方案中,仍然在重要的字、词处加入了注音功能,以期帮助读者通过正确的读音来理解《论语》的原意。

对于中国古代经典的学习,本非仅仅通过阅读原典即可完成,历朝历代的注疏不可胜数,其间还时常夹杂旁引、集解、校记等考据资料或学者个人见解。要想将这些注疏一并加以学习,无疑是皓首穷经的任务。对于普通读者而言,阅读这类文本十分困难,也无此必要。现代读者在追求阅读内容丰富性的同时,对文本的载体表现形态和方式产生出了更高的要求,希望能够通过图片、视频、音频等多种形式直观、立体地了解孔子的生平及周游列国的行迹。因此,可以采用一种更加直观的方式对论语进行导读。以孔子生平导读为例,一方面借鉴前人以孔子年表为序考据孔子生平,另一方面利用数字化手段,在文字介绍的基础上于相应位置插入有关图片（如《孔子圣迹图》）、历史地图、视频（如影视剧《孔子》片段）、音频（如《诗经》诵读）等多媒体资源。

上述各导读维度都设计"所涉章节"字段,利用元数据的关联特性,将原文与注释、注释与注释、原文与原文组成系统的整体。利用超文本方式和辑录方法,以清晰的形式将对于某一古代典籍的不同解读呈现给读者借鉴参考,博采众说于一书之下,读者可以因此了解各家对于此书的论述,既有利于比较考证,也便于读者从不同的著述中选择自己更能接受和理解的阐释,发现差别,融会贯通,形成自己的观点。

同时,对于古代经典的导读,不仅涉及对字词句及篇章文意的注解,也有对人物的介绍,以及名物制度、成语典故的诠释等,这些是后人阅读和理解原文的重要纽带,也是继续研究的前提。因此,对于这些典故和特殊点也需要进行注解,包括历史年表、历史人物目录、电子地图(如《中国历史地图集》)等。

8.2 "子曰"数字导读元数据方案

鉴于此,本研究对《论语》中的人物、名物制度、成语典故三个维度进行系统组织,并分析各个维度的特征及子导读维度,运用元数据方法进行系统的组织。例如,人物维度包括主要人物孔子,其他人物则先按身份划分为弟子及再传弟子、士大夫、国君、君夫人、逸民、传说人物、不确定等7类,并统一设置下级维度;名物制度包含甚广,本导读系统主要针对国家、官职和器物三个方面进行组织,其他如礼仪、风俗习惯、古代地名、旧称俗语等内容则统一划为一类;成语典故则重点针对典故的事件进行导读。

8.2.1 人物导读元数据

关于孔子的生平,前人多有研究,如司马迁所撰《史记·孔子世家》以编年史详述了孔子生平。但前人所著几乎清一色都是纯文本形式,其间还时常夹杂旁引、集解、校记等考据资料或学者个人见解,对于普通读者而言,阅读这种文本较为困难。现代读者更希望能够通过图片、视频、音频等多种形式直观、立体地了解孔子的生平及周游列国的行迹。

《史记·仲尼弟子列传》共列出77位孔子的门人弟子,但介绍过于简短。并且,非孔子门人弟子的人物散见于《孔子世家》及其他列传中,抽检整理十分繁琐。明人薛应旂曾编撰《四书人物考》一书,该书的初衷是为了当时仕子准备科举之用,故旁证杂引,对"论语人物"进行了集中介绍,有两大优点:一是较为全面,据本研究统计,《论语》中除孔子外出现姓名或身份者共139人,孔子弟子及再传弟子32人、士大夫54人、国君10人、君夫人2人、逸民8人、传说人物29人、身份不确定4人。其中,《四书人物考》整理考据有传者有

134 人，季平子、陈司败、太宰、伯氏、僎 5 人无传。二是该书语言朴实简要、通俗易懂，尤其适合古文阅读能力较弱的现代普通读者。对于人物的导读包含两个方面：其一为内容的导读，主要包括姓名、别称、生卒年、国别、人物简介等方面；其二为与原文的链接，添加"所涉章节"字段，作为人物与原文的链接，方便读者通过阅读原文深入认识人物。此外，还添加"人名拼音"字段，方便读者正确朗读人物姓名。人物导读的元数据结构如表 8 - 1 所示。

表 8 - 1　人物导读元数据结构（示例）

人物名称	闵损
人名拼音	Mǐn，sǔn
别称	闵子，闵子骞
生卒年	公元前 536 年～前 487 年
国别	鲁国
所涉章节	6·9；11·3；11·5；11·13；11·14
人物简介	闵损（公元前 536 年～前 487 年），名损，字子骞，汉族，春秋末期鲁国人，孔子高徒，在孔门中以德行与颜回并称，为七十二贤人之一，并以孝著称。作为二十四孝子之一，孔子称赞说："孝哉，闵子骞！人不间于其父母昆弟之言。"

8.2.2　名物制度导读元数据

名物制度是社会历史文化的缩影，名物主要指历史上各种事物的名称和形貌，制度主要指历代在政治、经济、文化方面所制定的政策、法规以及各个时代和地区相沿成习的风俗等。清代史学家汪中曾说："古之名物制度，不与今同也，古之语不与今同也，故古之事不可尽知也。"可见，要想了解一个时代的风貌，必须要从基本事物的命名和基本概念的界定着手。对于《论语》所述时代的认识，必须要结合当时的名物制度，与当今名物制度对应起来，方能有切乎当时语境的理解。

名物制度的研究历来受到学者的重视，因此本导读系统从读者理解和阅读导读的角度，选择《论语》中对于读者阅读最为关键和重要的三个维度进行解析，分别是：国家、官职、器物。

对于《论语》中国家的导读，主要以孔子游历行径为主线，介绍当时各国的基本情况,包括国家名称、国名拼音、建立及灭亡的时间、相传世代数、都城及所辖疆域、建立者及其与东周王室的关系、主要国君及历史事件等,帮助读者了解当时的社会情况。并添加"所涉章节"字段作为索引,标识出其在《论语》中出现的位置,便于读者对《论语》文本及孔子思想的对照理解。国家导读的元数据结构如表8-2。

表8-2 国家导读元数据结构(示例)

国家名称	鲁
国名拼音	lǔ
历时	公元前11世纪~前256年
相传世代数	相传25世,36位君主
首君	伯禽
都城及疆域	都城在曲阜,疆域在泰山以南(今山东省南部),兼涉河南、江苏、安徽三省小部分
所涉章节	3·23;5·3;6·24;9·15;11·14;11·18;13·7;14·14;18·6;18·10
国家简介	鲁(公元前11世纪~前256年),为周武王的弟弟周公旦之子所建立,姬姓诸侯国。西周初期,武庚叛乱,周公旦辅佐周成王平息一同叛乱的奄国,事后成王封周公长子伯禽于奄国故土,建立鲁国。首都在曲阜,疆域约为今山东南部,以及河南、江苏、安徽的小部分。先后相传25世,36位君主,历时800年左右。在周代的众多邦国中,鲁国是姬姓"宗邦",诸侯"望国",故"周之最亲莫如鲁,而鲁所宜翼戴者莫如周"。因此,鲁国成为典型周礼的保存者和实施者,世人称"周礼尽在鲁矣"

《论语》中多篇写到孔子对于做官的看法,如季康子向孔子询问子贡、子路、冉求三人是否可以从政,孔子则答以"由也果""赐也达""求也艺"(6·8)。还有一次,孟武伯也问及子路、冉求、子华是否仁,孔子则只评价三人的能力特点,即"由也,千乘之国,可使治其赋","求也,千室之邑,百乘之家,可使为之宰","赤也,束带立于朝,可使与宾客言"(5·8)。由此可以看出孔子对于弟子出任官职的态度,一方面肯定他们的政治才能,另一方面也鼓励弟子积极出仕。

东周末期的中国正处于由奴隶社会向封建社会转变的历史阶段,尤其是春秋后期到战国,社会制度发生了根本性变化,当时的官职及官制与相隔两千多年的现代社会差异巨大。《论语》中出现的专门官职名称并不太多,次数最多的是"宰",指先秦时代王或诸侯等贵族的副官,总管内外事务。薛安勤在《国语译注》中说其"掌王家内外事务,有在王的左右而赞王命者"。东周时,卿大夫总管家务的家臣,卿大夫所属私邑的长官,也都称"宰",如在"原思为之宰"(6·5)中,原思便是孔子的管家。此外,《论语》中还有"令尹"一职,如"令尹子文三仕为令尹,无喜色;三已之,无愠色"(5·19)。

因此,本系统采取从两个方面对《论语》中的官职这一维度进行导读,一是介绍东周及春秋各国的官制,使读者从宏观上对当时的整个官僚权力的结构有所了解;二是重点介绍孔子及其弟子出任的官职,兼顾其他涉及官职的内容。具体如表8-3。

表8-3 孔子任职表

时间	年龄	官职	职掌内容
公元前532年,周景王十三年,鲁昭公十年	二十岁	委吏	古代管理粮仓的小官。《孟子·万章下》:"孔子尝为委吏矣,曰:'会计当而已矣。'"赵岐注:"委吏,主委积仓廪之吏也。"后泛指小吏
		乘田	春秋时鲁国设置,掌管畜牧的小吏。《孟子·万章下》:"[孔子]尝为乘田矣,曰牛羊茁壮长而已矣。"赵岐注:"乘田,苑囿之吏也,主六畜之刍牧者也。"后用以指小吏
公元前501年,周敬王十九年,鲁定公九年	五十一岁	中都宰	"宰"指先秦时代王或诸侯等贵族的副官,总管内外事务。习惯上,在内管家称"宰",在外理事称"相"。薛安勤在《国语译注》中说其"掌王家内外事务,有在王的左右而赞王命者"。东周时,卿大夫总管家务的家臣,卿大夫所属私邑的长官,也都称"宰"。"中都"指鲁国国都,"中都宰"即都的长官
公元前500年,周敬王二十年,鲁定公十年	五十二岁	司空	西周始置,位次三公,与六卿相当,与司马、司寇、司士、司徒并称五官,掌水利、营建之事。各诸侯国亦置此官,职掌同周,金文皆作"司工"。另一说,司空主管礼仪、德化、祭祀等
		司寇	西周始置,位次三公,与六卿相当,与司马、司空、司士、司徒并称五官,掌管刑狱、纠察等事。各诸侯国亦置此官,职掌同周,楚、陈等国称司败。后世也用作刑部尚书的别称

《论语》中的器物众多,本系统统计整理了《论语》中出现的器物共 94 条,大致包括以下九类:

一是交通工具类,如"乘"(1·5)、"輗軏"(2·22)、"式"(10·25)、"辂"(15·11)、"驷"(16·12)、"舆"(18·6)等。

二是典籍乐曲(器)类,如"诗"(1·15)、"书"(2·21)、"韶武"(3·25)、"瑟"(11·15)等。

三是礼仪用具类,如"饩羊"(3·17)、"反坫"(3·22)、"瑚琏"(5·4)、"蔡"(5·18)、"笾豆"(8·4)、"诔"(7·35)、"殡"(10·22)、"椁"(11·8)、"俎豆"(15·1)等。

四是日常用具(农具)类,如"奥灶"(3·13)、"皮"(3·16)、"木铎"(3·24)、"桴"(5·7)、"朽"(5·10)、"纲、弋"(7·27)、"沟洫"(8·21)、"楗"(9·13)、"席"(10·12)、"蓧"(18·7)等。

五是动植物类,如"粟"(6·4)、"宿"(7·27)、"谷"(8·12)、"唐棣"(9·31)、"骥"(14·33)、"豚"(17·1)、"匏瓜"(17·7)、"稻"(17·21)、"凤"(18·5)、"五谷"(18·7)等。

六是度量用具类,如"釜、庾、秉"(6·4)、"尺"(8·6)等。

七是衣冠颜色类,如"黻冕"(8·21)、"麻冕"(9·3)、"齐衰"(9·10)、"缊袍"(9·27)、"圭"(10·5)、"绀緅"(10·11)、"亵服、袗絺绤、缁衣、羔裘、素衣、麑裘、亵裘、寝衣、帷裳、玄冠"(10·6)、"绅"(10·19)、"端章甫"(11·26)、"韠"(12·8)、"涅"(17·7)等。

八是饮食及用具类,如"醢"(5·24)、"箪"(6·11)、"觚"(6·24)、"束脩"(7·7)、"斗筲"(13·20)等。

九是建筑类,如"塞门"(3·22)、"节棁"(5·18)、"牖"(6·10)、"谅阴"(14·40)、"萧墙"(16·1)、"阼阶"(10·14)等。

其他如"缧绁"(5·1)、"夏之时"(15·11)等因特殊性质而并未归入以上某一类。

对于器物的导读,主要包括器物名称、拼音、器物类别、器物简介等,并设置"所涉章节"作为索引标识,便于读者查阅。器物导读的元数据结构如表 8-4。

表 8 - 4　器物导读的元数据结构(示例)

器物名称	輗
名称拼音	ní
器物类别	交通工具类
器物简介	古代用牛力的车叫大车,用马力的车叫小车。两者都要把牲口套在车辕上。车辕前面有一道横木,就是驾牲口的地方。那横木,大车上的叫做鬲(通"槅"),小车上的叫做衡。鬲、衡两头都有关键(活销),輗就是鬲的关键,軏就是衡的关键。《韩非子》中有:"用咫尺之木而引三十石之任,盖辕与鬲相接之关键曰輗也。"
所涉章节	2·22

8.2.3　成语典故导读元数据

对成语典故的导读,系统主要包括两个部分:其一是对内容的解释。在比较数种网络资源与纸本资源后,选取较为恰当的成语大全网站(http://chengyu.aies.cn/)的解释,对于少数该网站未收录的成语典故,则综合其他网络资源进行解释。其二是与原文的链接。添加"所涉章节"字段,作为成语典故的出处典籍及所在章节的索引标识,方便读者将成语典故与原文对照理解。成语典故导读的元数据结构如表 8 - 5。

表 8 - 5　成语典故元数据结构(示例)

成语名称	食无求饱
成语解释	饱:吃足。饮食不要求饱,指饮食要有节制
成语繁体	食無求飽
成语注音	shí,wú,qiú,bǎo
成语用法	作宾语、定语
使用实例	老舍《特大的新年》:"可是初二祭财神,您还能讲君子食无求饱?"
近义词	食不求饱、食不念饱
英语翻译	be half fed〈In food,I do not aim at eating my full.〉
成语典故	春秋时期,孔子在鲁国为官受排挤后,带领弟子们周游列国,经历卫、郑、陈、晋等地碰壁后,在蔡国闲居,他们的生活十分拮据,经常是三月不知肉味,因此孔子通过"君子食无求饱,居无求安"来教育弟子追求更高的精神层次
所涉章节	1·14

8.3 "子曰"数字化导读系统

基于上述导读方案的设计思考,进一步完成古代经典作品《论语》的数字化导读系统构建,即"子曰数字古籍导读系统"。"子曰"导读系统为读者提供原文阅读、重点导读、扩展阅读、评论等四大功能模块。

8.3.1 "子曰"导读系统架构

《论语》数字导读系统整体结构如图 8-4 所示。

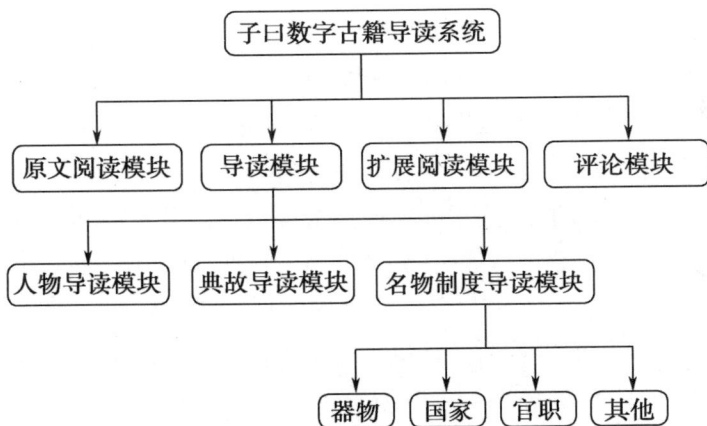

图 8-4 《论语》数字导读系统架构

"子曰"导读系统的搭建环境是基于经典的 JavaScript ＋ Apache ＋ MySQL 组合,并采用流行的 BootStrap 作为前端开发工具,符合最新的 CSS3/HTML5 框架规范。

JavaScript 是一种直译式标准脚本语言,具有基于对象、易用性、动态性、跨平台和安全性等优点。[1] 首先,JavaScript 能够通过 DOM 以及自身提供的对象和方法来实现复杂的功能,并实现与当前页面上的显示对象进行交互的能力,因此具有较大的灵活性。其次,它是一种中间层的解释脚本,连接了 HTML 和 Java 两种语言,可以简洁而规范地设计网页内容和布局。再次,JavaScript 技术与 CSS 技术结合使用,可以使网页具有个性化的动态效果。

---

〔1〕 黄维.分布式 JS 解析系统的设计与构建[D].北京:北京交通大学,2014:6-7.

最后，JavaScript 可以嵌入 HTML 文件中，由浏览器解释执行，而不需要进行任何预处理和预编译过程，可以实现跨平台浏览。

BootStrap 是由 Twitter 推出的一个开源的前端开发工具包，其基于 HTML、CSS、JavaScript 的开发框架。[1] 它拥有 12 列的响应式栅格结构、排版、表单控件、丰富的组件、JavaScript 插件等完备的前端工具，以及完整的示例文档，能适应不同技术水平的开发者。该工具包既适用于开发简单的小程序，也能满足复杂应用的开发需要，其快速灵活的开发步骤和简洁明快的界面风格也使其成为当前网页前端设计开发的流行技术。

MySQL 是一个开放型的中小型关系数据库管理系统，它具有功能完善、使用简便、管理方便、运行速度快、安全可靠性高等优点，不仅可以在 Windows、Linux、Unix 等多种操作系统上运行，而且兼容 C、C++、Java、PHP 等多种编程语言。[2] 目前，MySQL 数据库有社区版和商业版，其社区版占用资源相对较小且操作更加简单，适合作为一般中小型网站开发的数据库。

Apache 是目前世界上应用率最高的中小型 Web 服务器，其拥有完全开源的特性，具备强大的功能，并可实现跨平台运行。其主要功能包括支持最新的 HTTP 1.1 协议、支持通用网关接口 CGI、支持虚拟机、可以监视服务器状态和可定制日志、支持 SSL 安全协议等。[3] 并且，Apache 的跨平台特性使其可以运行在几乎所有的计算机平台上。同时，Apache 还具有优越的稳定性和安全性，这些特点都使它成为最流行的 Web 服务器。

8.3.2 "子曰"原文阅读模块

原文阅读模块的数据表主要有 2 个：篇目表（article）和章节表（sentence），两表通过 article_id 字段链接，实现章节与篇目的多对一链接。具体字段如下：

篇目表（article）共有 3 个字段：article_id（篇目标识）、article_name（篇目名称）、article_desc（篇目简介），其中 article_id 为主键。

章节表（sentence）共有 5 个字段：sentence_id（章节标识）、article_id（篇目标识）、sentence_content（章节内容）、sentence_img（章节封面）、sentence_

---

〔1〕 于静. 一种 Web 应用框架的设计与实现[D]. 石家庄：河北师范大学，2014：18-19.

〔2〕 兰旭辉，熊家军，邓刚. 基于 MySQL 的应用程序设计[J]. 计算机工程与设计，2004(3)：442-443，468.

〔3〕 侯景华. 基于 Apache 的 Web 服务器性能优化和分析[D]. 西安：西安电子科技大学，2006：10-12.

translation(章节译文),其中 sentence_id 为主键,article_id 为外键。具体结构如图 8-5 所示。

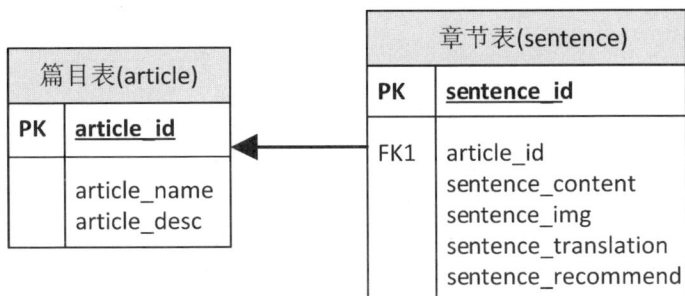

篇目表(article)	
PK	article_id
	article_name article_desc

章节表(sentence)	
PK	sentence_id
FK1	article_id sentence_content sentence_img sentence_translation sentence_recommend

图 8-5 原文阅读模块表结构

从主页有两种方式进入《论语》原文界面,一是通过界面顶部菜单栏的"论语原文"选项,二是通过界面中部右侧的"论语导读"动态卡片。具体界面如图 8-6 所示。

图 8-6 主页界面

原文导读模块的界面设计主要包括两个部分,一是篇目界面,二是章节界面。

篇目界面采用分栏的形式显示《论语》全部二十篇,除将各篇篇名作为章节界面入口外,还显示各篇首句作为提示,并配以相应图片。具体界面如图 8-7 所示。

图 8-7　篇目界面

　　章节界面同样以分栏的形式显示原文及译文，并将上章整理汇集的注释及人物、成语典故、名物制度等导读内容嵌入到原文中，同时以下划线作为提示，具体界面如图 8-8 所示。

图 8-8　章节界面

　　对于注释及其他内容的导读，"子曰"导读系统放弃了跳转页面的显示方式，而采用卡片形式动态悬浮于原文页面之上，这样可以保证读者的注意力充分集中于原文上，避免了其在查阅注释时因为页面跳转而导致的信息迷航。具体设计如图 8-9 所示。

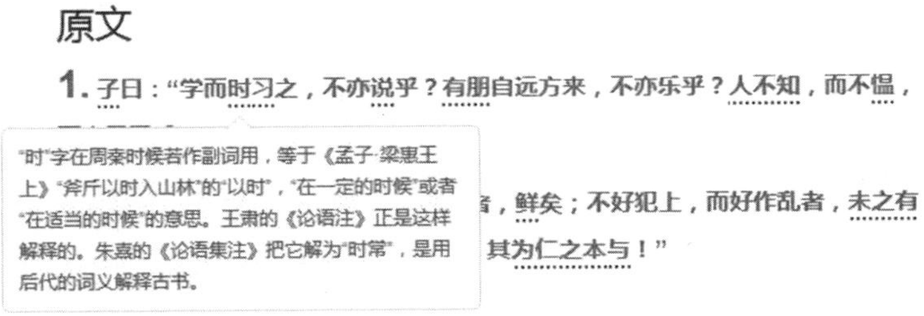

原文

1. 子曰："学而时习之，不亦说乎？有朋自远方来，不亦乐乎？人不知，而不愠，

"时"字在周秦时候若作副词用，等于《孟子·梁惠王上》"斧斤以时入山林"的"以时"，"在一定的时候"或者"在适当的时候"的意思。王肃的《论语注》正是这样解释的。朱熹的《论语集注》把它解为"时常"，是用后代的词义解释古书。

鲜矣；不好犯上，而好作乱者，未之有

其为仁之本与！"

图 8 - 9   动态悬浮卡片注释界面

8.3.3 "子曰"导读阐释模块

（1）人物导读模块

人物导读模块的数据表主要有 2 个：人物表（people）和人物映射表（people_relation），两表通过 people_id 字段链接；people_relation 表则通过 sentence_id 字段与 sentence 表链接，实现将人物嵌入到原文中。具体字段如下：

人物表（people）共有 8 个字段：people_id（人物标识）、people_name（人物名称）、people_spell（人名拼音）、people_nickname（人物别称）、people_life（生卒年）、people_desc（人物简介）、people_article_sentence（人物所涉章节）、people_recommend（人物扩展阅读链接），其中 people_id 为主键。

人物映射表（people_relation）共有 3 个字段：people_id（人物标识）、sentence_id（章节标识）、people_name（人物名称），其中 people_id 和 sentence_id 均为外键。具体结构如图 8 - 10 所示。

图 8 - 10   人物导读模块表结构

"子曰"系统除在原文中嵌入人物导读外，还设计了专门的人物导读界面，对整理的《论语》人物进行集中导读。鉴于孔子的特殊地位，左侧菜单栏将其单列，其他人物根据身份划分为门人弟子、士大夫、国君、传说人物、逸

民、君夫人及其他等类别；界面主体部分则以列表方式显示人物的图片、姓名、简介，并设置了"阅读更多"按钮，可以跳转到人物详情页面。具体界面如图 8－11 所示。

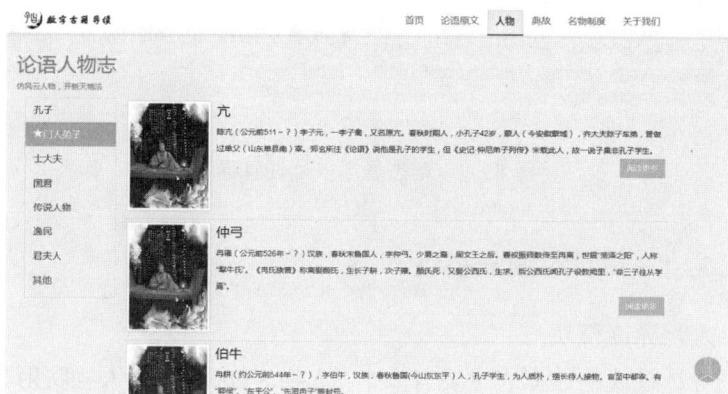

图 8－11　人物导读界面

人物详情界面共分为三大部分：右上部分为人物简介，列举人物图片、本名、别称、所属国家、生卒年等信息，其中所属国家与下节名物制度导读中的国家相链接，可跳转至相应地国家导读页面；右下部分列举人物在原文中出现的章节，同样与对应的原文页面相链接；主体部分则详细介绍人物的生平事迹。内容包括文字、表格、图片、视频和音频等多种类型，并提供相关扩展阅读的链接。以孔子为例，既包括《孔子圣迹图》、电视剧《孔子》片段、《诗经》诵读、孔子年表、弟子序列表等。具体界面如图 8－12 所示。

图 8－12　人物详情界面

（2）名物制度导读模块

名物制度导读模块的数据表主要有 2 个：名物制度表（materule）和名物制度映射表（materule_relation），两表通过 materule_id 字段链接；materule_relation 表则通过 sentence_id 字段与 sentence 表链接，实现将名物制度嵌入到原文中。具体字段如下：

名物制度表（materule）共有 11 个字段：materule_id（名物制度标识）、materule_name（名物制度名称）、materule_spell（名物制度拼音）、firstLevel_kind（名物制度第一类别，包括国家、器物、官职、其他四类）、secondLevel_kind（名物制度第二类别，即器物类及其他类的下位类）、materule_desc（名物制度简介）、materule_last（国家起止年限）、materule_kings（国家历代君王）、materule_img（名物制度图片）、materule_article_sentence（名物制度所涉章节）、materule_recommend（名物制度扩展阅读链接），其中 materule_id 为主键。

名物制度映射表（materule_relation）共有 3 个字段：materule_id（名物制度标识）、sentence_id（章节标识）、materule_name（名物制度名称），其中 people_id 和 sentence_id 均为外键。具体结构如图 8－13 所示。

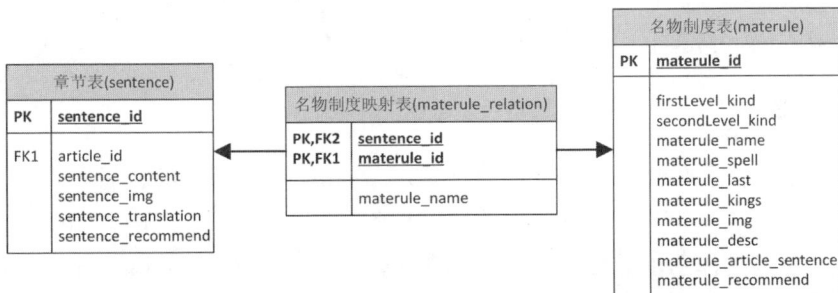

图 8－13　名物制度导读模块表结构

与人物导读模块相似，"子曰"系统除将名物制度的导读嵌入在原文中外，还设计了专门的名物制度导读界面。右侧菜单栏提供筛选功能，列举了"所有、国家、器物、官职、其他"五个类目，读者点选相应选项后，界面主体部分则以"瀑布流"方式动态显示当前类目下的名物制度，内容包括名物制度的示例图片、名称、简介等，并在右下位置提供相关推荐阅读的链接。具体界面如图 8－14 所示。

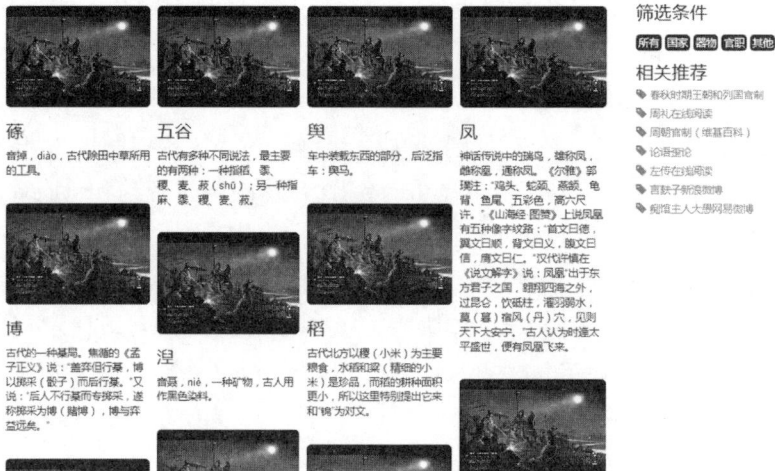

图 8-14　名物制度导读界面

（3）成语典故导读模块

成语典故导读模块的数据表主要有 2 个：成语典故表（idiom）和成语典故映射表（idiom_relation），两表通过 idiom_id 字段链接；idiom_relation 表则通过 sentence_id 字段与 sentence 表链接，实现将成语典故嵌入到原文中。具体字段如下：

成语典故表（idiom）共有 13 个字段：idiom_id（成语典故标识）、idiom_name（成语典故名称）、idiom_spell（成语典故拼音）、idiom_traditional（成语典故名称的繁体写法）、idiom_eng（成语典故的英文翻译）、idiom_desc（成语典故的解释）、idiom_synonym（成语的近义词）、idiom_use（成语的用法）、idiom_example（成语用法的示例）、idiom_article_sentence（成语典故所涉章节）、idiom_initial（拼音首字母）、idiom_wordnumber（字数）、idiom_recommend（成语典故扩展阅读链接），其中 idiom_id 为主键。

成语典故映射表（idiom_relation）共有 3 个字段：idiom_id（成语典故标识）、sentence_id（章节标识）、idiom_name（成语典故名称），其中 idiom_id 和 sentence_id 均为外键。具体结构如图 8-15 所示。

对于成语典故，"子曰"导读系统也设计了专门的导读界面，为了方便读者使用，分别根据字数和拼音首字母进行索引。界面主体部分则以列表方式显示当前索引下的成语典故,包括成语典故的示例图片、名称、所涉章节等。具体界面如图 8-16 所示。

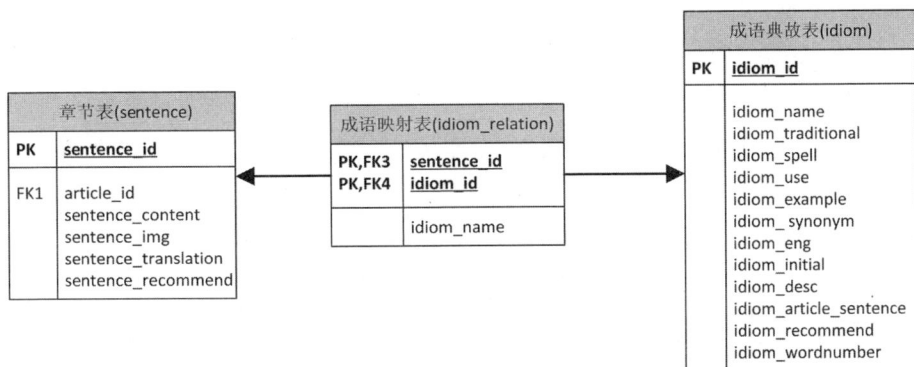

图 8-15　成语典故导读模块表结构

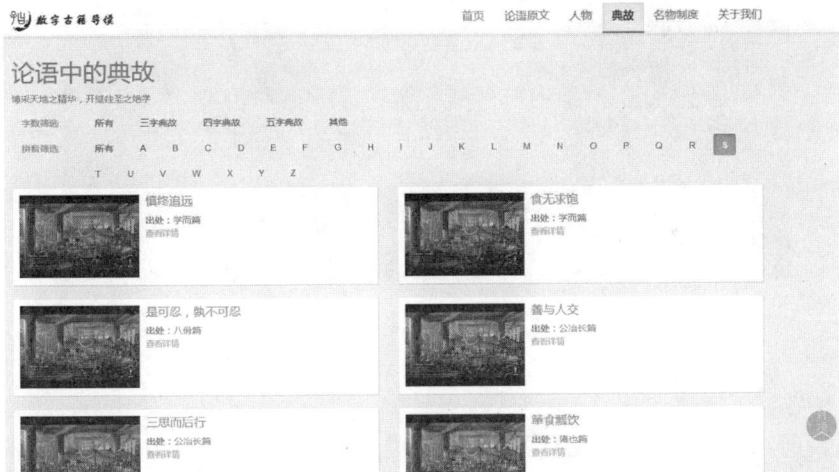

图 8-16　成语典故导读界面

　　此外,这一部分的导读分为两个层次,一是浅层次导读,即仅提供成语典故名称、出处、原文、释义等内容,并以悬浮卡片形式动态显示在成语典故界面上;二是深层次导读,即提供包括文字、图片、视频等多种形式的详细介绍,并提供相关扩展阅读的链接。具体界面如图 8-17 所示。

　　(4)扩展阅读模块

　　扩展阅读模块主要有两大部分:一是主页下方的友情链接部分,提供了国学网(http://www.guoxue.com)、古诗文网(http://www.gushiwen.

org）、论语原文（http：//www. lunyu. org）、中国国家图书馆·古籍资料库（http：//www. nlc. gov. cn/dsb_zyyfw/gj/gjzyk）、中国国家博物馆（http：//www. chnmuseum. cn）等链接，上述网站或为国内较为权威的古籍资料网站，或为应用广泛的古籍导读网站，其资源丰富、蔚为大观，可以帮助读者扩充古代知识和古籍阅读面。二是在人物导读、名物制度导读、成语典故导读等主要导读模块中，添加"扩展阅读链接"的字段（people_recommend、materule_recommend、idiom_recommend），链接内容包括相关古籍、评论文章、博客站点、音频视频等，可以帮助读者针对某一特定人物、名物制度或成语典故等进行扩展阅读。

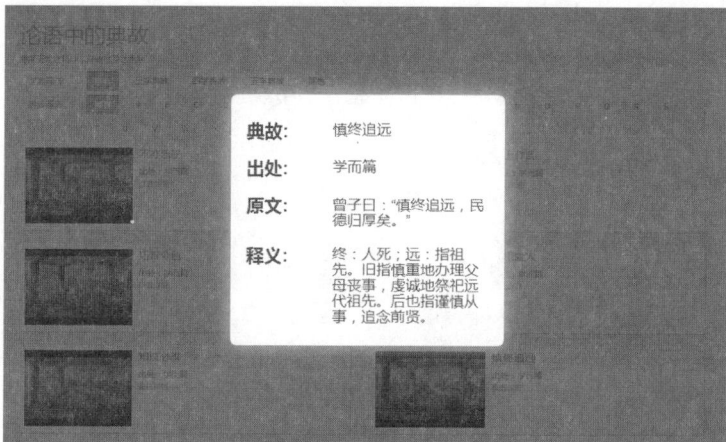

图 8－17　成语典故浅层次导读界面

（5）评论模块

目前，通行的评价功能有两大类，一类是传统的用户管理模式，用户必须先在系统中注册账号并登录后，才可以对相关内容进行评价，该方式可以实现用户权限的分层和对用户数量的限制，其对系统用户的选择较为严格，限制也较多；另一类则更加自由，不需要用户注册登录，可匿名发表评论，这一趋势在当前众多新兴网站上都有体现，最典型的是爱奇艺等视频网站的弹幕功能。比较两者，传统的用户管理模式其优势在于对用户的管理更加系统，由于可以追溯用户个人信息，因此对评论内容的可控性较高。但随着互联网的开放程度越来越高，更为自由的网络互评已成趋势。并且，后者可以使用户摆脱繁琐的注册步骤，可以方便而快捷地发表自己的看法。因此，系统的评论模块考虑采用自由评论模式。

该模块的数据表主要有评论表(comment),并通过 sentence_id 与 sentence 表链接。其共有 5 个字段:comment_id(评论标识)、sentence_id(章节标识)、comment_nickname(用户昵称)、comment_content(评论内容)、comment_date(评论时间)。具体结构如图 8-18 所示。

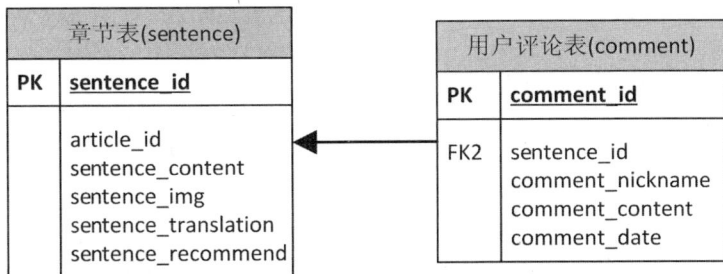

图 8-18　评论模块表结构

该模块的界面主要包括对原文的评论,具体界面设计如图 8-19 所示。点击右侧"添加评论"按钮后,即弹出评论输入框和个人昵称输入框,输入完毕后点击"提交"按钮,评论即可显示在相应原文页面上。

图 8-19　评论界面

"子曰"数字导读系统模型的意义在于:

尝试了以数字碎片化重新组织古代经典文本的方法,为挖掘传统经典的现代意义提供了有益的尝试。通过对古籍文本的数字化导读,可使束之高阁的古籍走向读者,帮助普通读者较为容易地阅读古籍。选择《论语》为示例,将古代经典文本作为一种开放性系统,对其进行多维度的解构,并重新组织,可视其为图书馆对传统经典文本进行数字化挖掘的一项实验。数字化技术在解构文本内容、提炼文本知识、加强知识间联系等方面具有其他方式无法比拟的优势。通过超文本技术可以将文本标记层次细化到句子甚至单个字词的层面,建立起每个字词之间的链接,形成新的知识体系,并通过 PC 机、手机、平板等电子设备灵活显示。

"子曰"数字导读系统作为一项实证研究成果,在文本知识的组织及推动古籍导读方面具有一定的优越性,将导读层次从书目层面进一步推动到内容层面,可为今后古籍数字化导读研究提供参考。

结　语

从宏观角度来看，目前已经进入了高度数字化和媒体化的网络时代；从文化形态学上看，人类文明经历了从口传文化到读写（印刷）文化，再到数字文化的两度转变。而理想的方式当然是两种文化平安相处，但事实上数字文化的异军突起已经对阅读文化造成了某种程度的压制和排斥。

在漫长的历史长河中，阅读媒介和阅读行为始终在发生相互的作用，并在相互作用中变化发展。在书本普及之前的漫长阅读历史中，耳朵一直是人类语言文字信号输入的主要管道。由于教育为贵族垄断，书籍稀缺，能够识文断字的读者很少，能够拥有书籍的人更少，因此文化传播主要依靠朗读，普通大众扮演了听众的角色。

在我国古代，朗读是读书人的最常态。李商隐《与陶进士书》中说："出其书，乃复有置之而不暇读者，又有默而视之不暇朗读者，又有始朗读而中有失字坏句不见本义者。"这说明至少在唐代，朗读仍是读书人眼中的主流的正确方式。[1] 从公元前4世纪到公元10世纪，西方人阅读的主要形态都是朗读，默读是伴随书本的普及而产生的新的阅读行为和阅读模式。神学家奥古斯丁记录了公元5世纪的这一有关阅读的转变："他的眼睛扫描这书写，而他的心则忙着找出意义，但他不发出声音，他的舌头静止不动"。[2] 因此，阅读过程及其内在机制不是固定不变的，会随着信息环境的变化而变化。

---

〔1〕 吴宗国. 唐代科举制度研究[M]. 北京：北京大学出版社，2010：213.

〔2〕 [加拿大]阿尔维托·曼古埃尔. 阅读史[M]. 吴昌杰，译. 北京：商务印书馆，2002：52-53.

网络数字阅读环境和阅读载体的变化,确实创造了一种全新的认知环境,随之带来的是阅读内容的多元化,以及阅读行为的解放。读者在数字阅读过程中,藉由数字文本,可以随时随地阅读,随心所欲选择阅读内容;同时,由于置身网络环境,因而可以即时发表自己的见解,并获得网络上的即时反馈,从而实现读者与读者、读者与阅读文本之间的即时动态交互。这种参与性改变了传统阅读的单向性,激发了读者阅读的积极性,提高了读者的思考深度,也生发出不一样的阅读效果。碎片化、即时性和互动性是数字阅读行为非常显著的特征。这一根本性改变所带来的影响目前尚未完全展现,但其深远性或许可以和印刷文本的产生带给人类的影响相提并论。

　　印刷书籍产生之初也曾受到古希腊先哲们的抵制,原因是印刷图书削弱了人们的口头表达传统。在早期希腊人的口述传统里,听取和记忆能力是比读取和理解能力更重要的。在希腊哲人看来,纸本阅读无疑削弱了一个人的记忆和学习能力。今天当网络把过去需要牢记在头脑中的知识内容,转化为一个个文献单元,通过链接和检索即可获取时,也许人类将不再有足够的动力对着书本去死记硬背了。随之而来的,人类的认知和记忆模式也将会发生新的改变,进而改写今天阅读认知链条上的所有环节。

　　这一改变对于阅读理解的影响是巨大的,至少表现为两个方面:

　　其一,数字阅读行为有可能导致读者深入思考复杂事物的能力弱化。长期接受碎片信息,习惯于用孤立的知识点去看待问题,习惯于通过搜索、收藏或者交互获得和存储知识,有可能降低大脑将所获得知识转化为长时记忆的能力。众所周知,不常用到的知识和技能会随着时间的流逝慢慢被遗忘。既然网络上随时可以检索获取所需知识,大脑就不必增加认知负荷,通过“深度阅读”将其转化为长时记忆,长此以往,有可能导致大脑发展形成一种类似于“记忆外包于网络”的思维模式,从而影响到高质量的系统思考。

　　其二,数字阅读过程的多任务处理模式需要数字素养的支持。网络数字阅读过程中大量的信息检索、屏幕阅读和快速浏览等行为,在数字阅读过程中不仅需要内容图式、语言图式的支持,还需要数字素养的支持。鲁姆哈特的相互作用的阅读加工模式认为阅读加工离不开内容图式和语言图式的支持,他所提出的这一理论是基于传统纸质阅读时代,在网络环境下数字阅读能力的提升将会需要网络信息获取、检索、筛选、评价等相关图式的支持。

　　传统的纸本阅读是对一种以语言(文字)为载体的线性思维、想象和体验,它促进了人类思维朝着秩序化、条理化、深度化方向发展和建构。而数字

结

语

阅读过程中，以屏幕扫视和快速浏览等方式完成的阅读行为，容易导致阅读注意力的分散和记忆淡漠，甚至在一定程度上破坏人对世界万物的系统思维和整体认识，最终导致人的认知将会是浅薄的（此处所说的浅薄，仅仅是客观性的陈述，而非批判性的贬低），可能无法生成深厚的知识积淀，无法形成对于时间和历史的景深感和空间感；但是，在正视数字阅读存在的问题以及可能带来的危险的同时，也绝不能够无视和回避数字阅读在另一层面所具有的极为显著的优势，比如数字阅读过程中读者的快速理解和反应的能力以及多任务处理能力。这种阅读理解和认知层面的改变，无疑会大幅度提升读者获取信息的效率以及知识加工的效率，使之在更短的时间接触和学习更多地知识和信息，在更为广阔的知识层面认识世界。互联网存储、检索、获取和交流传播技术的快速发展，使得读者不再需要记忆大量知识或信息，但是需要具备更强的批判性思维和分析能力，以及深度思考的能力，真正致力于问题的解决和知识的创造。

因此，数字阅读行为及其带来的影响究竟会对人类的学习、思维、创新乃至精神健康等等方面产生什么样的后果，目前的研究还不能完全预知。专家学者们对于网络数字阅读的研究和认识还处于起步与发展阶段，目前得出的结论也可能有失偏颇，人脑是否会发展出新的更为高级的认知形态尚未可知，现有的研究结论只是暂时性的，远未到能够确定的时候。但是，伴随网络环境的成熟和数字阅读技术的发展，人类正在形成一个适应于浏览、扫描、略读和跳读的新"阅读脑"。在口头传统文化中，人类的知识受制于记忆的能力；进入书本时代后，人们可以把更多地知识转移到纸本上，从而减轻了记忆的负担，提高了阅读的深度和广度；而随着网络知识的急剧增长，大脑可以放下更多地包袱，以便处理更多地信息，发掘更有意义的知识。伴随网络环境的发展以及数字阅读行为的不断演化，大脑必然会催生和发展出一种新的阅读模式和与之适应的进化的"阅读脑"结构。这可能是自印刷术和纸发明以来大脑发生的最深刻改变。

尽管人类可能永远热爱纸质的书籍，眷恋纸墨的清香，但不能不看到历史发展自有其轨迹。试想，如果没有苏格拉底的学生柏拉图对其老师言论的忠实记录，今天就看不到《对话录》，也就无法了解苏格拉底的美德和思想。尚处在文字和书籍的萌芽时期的苏格拉底没有能够看到文字和书籍的全部能力，没有切身体会到文字对于思维的更深远影响，以及由此产生的新的交流方式和知识形态；假设历史允许，苏格拉底最终一定会发现相比于朗读，沉浸式的书本阅读可以使人更专注于思考,并引导人的思维进入更为精确和深入的领域。今天也一样,知识和技术的力量并不以个人的意志为转移,社会总是发展变化的,面对习惯网络数字阅读的年轻一代读者,仅仅呼吁和倡导阅读是不够的,只有深入认识网络数字阅读对于阅读机制的影响,了解数字阅读行为的特质,才有可能提出更有意义和价值的阅读倡议,设计出更符合网络时代读者需要的阅读服务。目前迫切需要的是培养新一代读者形成适应网络数字阅读模式,即元阅读能力和数字素养,并逐渐渗透到阅读教学实践和图书馆阅读服务与阅读推广之中。

图书馆学家巴特勒在《图书馆学导论》中曾如此阐述,"书籍是存储人类记忆的一种社会装置,图书馆是为把它移入活的个人的意识的一种社会机构。"在网络数字阅读时代,阅读已经成为读者与文本、读者与读者、读者与出版社、读者与社会媒体、图书馆与读者、图书馆与文本作品之间多向互动并消解阅读文本的过程。面对阅读认知模式的改变,或许有一天图书馆将不再是仅仅承担还书、借书任务的地方,也不再需要层累式的图书分类法,引导读者在书架之间穿行。但无论世界如何改变,图书馆仍将扮演着将人类的知识传递到下一代人头脑中的角色,并守护着从书本迁徙到网络上的知识和智慧之花能够长久盛开、永不凋谢。

后　记

　　本书的写作缘于 2013 年申报的国家社科基金一般项目"数字阅读机制与导读策略研究"（13BTQ023），经过 4 年的研究，2017 年顺利结题。在项目研究过程中，笔者越来越清楚地认识到网络环境下阅读正经历着颠覆性的变革，阅读链条上的每一个环节，无论是读者，还是作者、出版社、图书馆，都处在激烈变化的洪流之中，概莫能外。碎片化的浅阅读虽然颇受争议，但其实正是大脑在数字环境下的一种适应性改变。

　　不免想起曾在美国国会图书馆见到《永乐大典》真迹的那一天，那些用馆阁体一笔一划写就的字真是秀美而端庄，精丽而工致。端详着陈列在玻璃柜中的珍贵抄本，不禁心生憧憬，但同时心里却是十分明白的，那个埋藏在微黄书卷之下的时代已经过去，埋在久远岁月的烟尘里了。散发油墨书香的纸质书籍尽管仍是读者所热爱的，但在更多的场景中，阅读已经是只发生在手掌之中小小屏幕上的事情了。好在阅读的本质不变，无论是纸书还是电子书，书籍仍然是人类最重要的发明，是我们认识世界、寻求真理的那一扇窗户。

　　非常感谢课题组的王骏、申艺苑、刘丹、徐美凤老师，同时也感谢我的学生吴琼、朱成林、杜开敏、刘禄和施艳萍，你们是研究工作中的合作伙伴，也是生活当中的朋友，和大家在一起研讨交流的时光虽然忙碌而紧张，但回想起来却是如此美好和温暖。由衷感谢东南大学出版社的编辑们在本书出版过程中的认真审读和细致工作。

　　期待和大家在下一个路口再见。

袁曦临

2020 年 5 月 8 日于南京